江苏高校优势学科建设工程
江苏省基础研究计划（自然科学基金）—青年基金项目（BK20210192）
江苏省"双创博士"（JSSCBS20210024）
自然资源部海岸带开发与保护重点实验室开放基金项目（2021CZEPK09）

南京大学人文地理优秀博士文丛

区域期望视角下国土空间多维利用效率交互作用研究

刘晶·著

南京大学出版社

图书在版编目(CIP)数据

区域期望视角下国土空间多维利用效率交互作用研究/刘晶著. —南京：南京大学出版社，2021.11
（南京大学人文地理优秀博士文丛／黄贤金等主编）
ISBN 978-7-305-24995-2

Ⅰ.①区… Ⅱ.①刘… Ⅲ.①国土规划—研究—江苏 Ⅳ.①F129.953

中国版本图书馆 CIP 数据核字(2021)第 195003 号

出版发行	南京大学出版社		
社　　址	南京市汉口路 22 号	邮　　编	210093
出 版 人	金鑫荣		

丛 书 名　南京大学人文地理优秀博士文丛
书　　名　**区域期望视角下国土空间多维利用效率交互作用研究**
著　　者　刘　晶
责任编辑　荣卫红　　　　　　　　编辑热线　025-83685720

照　　排　南京开卷文化传媒有限公司
印　　刷　江苏扬中印刷有限公司
开　　本　718 mm×1000 mm　1/16　印张 14.25　字数 219 千
版　　次　2021 年 11 月第 1 版　2021 年 11 月第 1 次印刷
ISBN　978-7-305-24995-2
定　　价　64.00 元

网　　址：http://www.njupco.com
官方微博：http://weibo.com/njupco
官方微信号：njupress
销售咨询热线：(025)83594756

＊版权所有，侵权必究
＊凡购买南大版图书，如有印装质量问题，请与所购
　图书销售部门联系调换

总　序

　　自 1921 年竺可桢先生创立地学系以来,南京大学地理学已走过百年发展路程。百年历史见证了南京大学人文地理学科发展的历程与辉煌,彰显了南京大学人文地理学科对中国当代人文地理学发展的突出贡献。

　　南京大学是近代中国人文地理学科发展的奠基者。从南京高等师范学校 1919 年设立的文史地部,到国立东南大学地学系,再到 1930 年建立地理系,一直引领着中国近代地理学科建设与发展;介绍"新地学",讲授欧美的"人地学原理"、"人生地理",以及区域地理、世界地理、政治地理、历史地理、边疆地理和建设地理等,创建了中国近代人文地理学学科体系。南京大学的人文地理一贯重视田野调查,1931 年"九·一八"事变前组织的东北地理考察团,随后又开展的云南、两淮盐垦区考察以及内蒙古、青藏高原等地理考察,还有西北五省铁路旅游、京滇公路六省周览等考察,均开近代中国地理考察风气之先;1934 年,竺可桢、胡焕庸、张其昀、黄国璋等先生发起成立中国地理学会,创办了《地理学报》,以弘扬地理科学、普及地理知识,使南京大学成为当时全国地理学术活动的组织核心。人文地理学先驱和奠基人胡焕庸、张其昀、李旭旦、任美锷、吴传钧、宋家泰、张同铸、曾尊固等先生都先后在南京大学人文地理学科学习或教学、研究。早在 1935 年,任美锷先生、李旭旦先生就翻译出版了法国著名人文地理学家白吕纳的《人地学原理》,介绍了法国人地学派;1940 年设立中央大学研究院地理学部培养硕士研究生,开展城市地理与土地利用研究;20 世纪 40 年代,任美锷先生在国内首先引介了韦伯工业区位论,并撰写了《建设地理学》,产生了巨大影响;胡焕庸先生提出了划分我国东南半壁和西北半壁地理环境的"胡焕庸线"(瑷珲—腾冲的人口分布线),被广泛认可和引用,是中国地理学发展的重要成果。张其昀、沙学浚先生所著《人生地理学》、《中国区域志》及《中国历史地理》、《城市与似城聚落》等，推进了台湾地区人文地理学科研究和教育的发展。竺可桢先生倡导的"求是"学风、胡焕庸先生倡导的"学业并重"学风，一直引领着南京大学人文地理学科的建设与发展。

南京大学积极推进当代中国人文地理教育，于1954年在全国最早设立了经济地理专业；1977年招收城市区域规划方向，1979年吴友仁发表《关于中国社会主义城市化问题》，引起了学界对于中国城市化问题的关注，也推动了城市规划专业教育事业发展；1983年兴办了经济地理与城乡区域规划专业（后为城市规划专业），成为综合性高校最早培养理科背景的城市规划人才的单位之一；1982年与国家计划委员会、中国科学院自然资源综合考察委员会合作创办了自然资源专业（后为自然资源管理专业、资源环境与城乡规划管理专业）；1991年又设立了旅游规划与管理专业（现为旅游管理专业）。这不仅为培养我国人文地理学人才提供了多元、多领域的支撑，而且也为南京大学城市地理、区域地理、旅游地理、土地利用、国土空间规划等人文地理学科的建设与发展提供了有力的支撑。

南京大学不仅在人文地理专业教育与人才培养方面发挥了引导作用，在人文地理学科建设方面也走在全国前列，当代人文地理学教学与研究中名家辈出。张同铸先生的非洲地理研究、宋家泰先生的城市地理研究、曾尊固先生的农业地理研究、崔功豪先生的区域规划研究、雍万里先生的旅游地理研究、包浩生先生的自然资源与国土整治研究、彭补拙先生的土地利用研究、林炳耀先生的计量地理研究等，都对我国人文地理学科建设与发展产生了深远的影响，在全国人文地理学科发展中占据着重要的地位。同时，南京大学人文地理学科瞄准国际学科发展前沿和国家发展需求，积极探索农户行为地理、社会地理、信息地理、企业地理、文化地理、女性地理、交通地理等新的研究领域，保持着人文地理学学科前沿研究和教学创新的活力。

南京大学当代人文地理学科建设与发展，以经济地理、城市地理、非洲地理、旅游地理、土地利用与自然资源管理、国土空间规划为主流领域，理论和应用并重，人文地理学的学科渗透力和服务社会能力得到持续增强，研究机构建设也得到了积极推进。充分利用南京大学综合性院校多学科的优势,注重人文地理学科与城乡规划学科融合发展,并积极响应国家2019年提出的构建国土空间规划体系建设要求,在地理学学科设立了土地利用与自然资源管理、国土空间规划等二级学科,引领了我国国土空间规划领域的博士生人才培养,整合学科资源,建设南京大学人文地理研究中心及国土空间规划研究中心。按照服务国家战略、服务区域发展以及协同创新的目标,与中国土地勘测规划院等单位共建自然资源部碳中和与国土空间优化重点实验室,与江苏省土地勘测规划院共建自然资源部海岸带开发与保护重点实验室。此外,还积极推进人文地理学科实验室以及工程中心建设,包括建设南京大学江苏省智慧城市仿真工程实验室、江苏省土地开发整理技术工程中心等,积极服务地方发展战略。

南京大学当代人文地理教育培养了大量优秀人才,在国内外人文地理教学、研究及区域管理中发挥了中坚作用。如,中国农业区划理论主要奠基人——中国科学院地理与资源研究所邓静中研究员;组建了中国第一个国家级旅游地理研究科学组织,曾任中国区域科学协会副会长,中国科学院地理与资源科学研究所的郭来喜研究员;中国科学院南京分院原院长、中国科学院东南资源环境综合研究中心主任、著名农业地理学家佘之祥研究员;中国区域科学协会副会长、中国科学院地理与资源科学研究所著名区域地理学家毛汉英研究员;我国人文地理学培养的第一位博士和第一位人文地理学国家自然科学基金杰出青年基金获得者——中国地理学会原副理事长、清华大学建筑学院顾朝林教授;教育部人文社会科学重点研究基地、河南大学黄河文明与可持续发展研究中心主任、黄河学者苗长虹教授;中国城市规划学会副理事长石楠教授级高级城市规划师;中国城市规划设计研究院原院长杨保军教授级高级城市规划师;自然资源部国土空间规划研究中心张晓玲副主任;英国社会科学院院士、伦敦大学政经学院城市地理学家吴缚龙教授等,都曾在南京大学学习过。曾任南京大学思源教授的美国马里兰大学沈清教授,南京大学国家杰出青年基金(海外)获得者、美国犹他大学魏也华教授也都在人文地理学科工作过,对推进该学科国际合作起到了积极作用。

南京大学当代人文地理学科建设与发展之所以有如此成就,是遵循了任美锷先生提出的"大人文地理学"学科发展思想的结果，现今业已形成了以地理学为基础学科，以经济学、历史学、社会学、公共管理、城乡规划学等学科为交融的新"大人文地理科学"学科体系。南京大学正以此为基础，在弘扬人文地理学科传统优势的同时，通过"融入前沿、综合交叉、服务应用"的大人文地理学科发展理念，积极建设和发展"南京大学人文地理研究中心"（www.hugeo.nju.edu.cn）。

新人文地理学科体系建设，更加体现了时代背景，更加体现了学科融合的特点，更加体现了人文地理学方法的探索性，更加体现了新兴学科发展以及国家战略实施的要求。尤其是在教育部新文科研究与改革实践项目支持下，南京大学人文地理学科联合城乡规划、公共管理等学科，牵头实施了"面向国土空间治理现代化的政产学研协同育人机制创新与实践"，为人文地理学跨学科融合发展提供了新的契机。为此，南京大学人文地理学科组织出版并修订了《南京大学人文地理丛书》，这不仅是南京大学人文地理学科发展脉络的延续，更体现了学科前沿、交叉、融合、方法创新等，同时，也是对我国人文地理学科建设与发展新要求、新趋势的体现。

《南京大学人文地理优秀博士文丛》将秉承南京大学人文地理学科建设与发展的"求是"学风，"学业并重"，积极探索人文地理学科新兴领域，不断深化发展人文地理学理论，努力发展应用人文地理学研究，从而为我国人文地理学科建设添砖加瓦，为国内外人文地理学科人才培养提供支持。

我们衷心希望《南京大学人文地理优秀博士文丛》能更加体现地理学科的包容性理念，不仅反映南京大学在职教师、研究生的研究成果，还反映南京大学校友的优秀研究成果，形成体现南大精神、反映南大文化、传承南大事业的新人文地理学科体系。衷心希望《南京大学人文地理优秀博士文丛》的出版，不仅展现南京大学人文地理学的最新研究成果，而且能够成为南京大学人文地理学科发展新的里程碑。

前 言

　　世界范围内的人口增长及快速城镇化和工业化进程使粮食安全、经济可持续发展及生态安全成为世界各国关注的重大社会问题,而这一切均与土地及如何利用土地息息相关。尤其是在当前资源环境约束趋紧、建设用地扩张无序、耕地保护压力加剧、生态环境污染日益严峻等现实挑战下,结合国土空间利用目标,基于效率视角科学认知土地资源在农业生产、经济发展及生态维护等方面的资源利用水平、彼此之间的权衡/协同关系、协调发展态势及其驱动因素,对在全域空间下理清土地利用在粮食生产、经济发展及生态维护之间的交互作用关系,深化区域发展差异认识,挖掘国土空间利用潜力,增强区域可持续发展能力具有重要意义。然而,当前土地利用效率研究主要针对特定土地利用类型、用途区域或特定经济部门,且多基于土地利用的经济效益产出视角侧重于区域间差异比较,而忽略同一区域内部土地利用状况的巨大差异以及不同类型土地利用效率之间的空间互动规律和影响,针对宏观区域尺度,通过综合测度全域空间下土地资源在农业生产、经济发展及生态维护等方面的利用效率及其相互作用关系进而指导区域国土空间优化利用的研究尚显不足。

　　江苏省是中国工业化和城市化发展的前沿地区,其以1.1%的国土面积承载了全国5.78%的人口和10.2%的经济总量,对促进国家经济建设、推进国家现代化进程发挥着重要作用。然而,伴随快速的经济社会发展及城镇化进程,江苏省在社会经济发展取得显著成效的同时,也面临人多地少、资源匮乏、区域发展失衡等发展制约,及经济发展与生态保护、城镇扩张与耕地保护等深层次矛盾和问题叠加、风险隐患增多的严峻挑战,人地关系矛盾异常突出。尤其是近年来因城镇建设用地规模扩张导致的对农业空间和生态空间的挤占、侵蚀等进一步加剧了区域土地利用在粮食生产、经济发展、生态保护之间的空间冲突和用地矛盾，资源约束趋紧、耕地保护不足、生态环境退化等问题日益成为困扰江苏省实现社会经济可持续发展的强劲阻碍。鉴于此，本书以可持续的国土空间利用为目标，按照"理论解析—单维效率时空演变—双维效率权衡/协同辨别—三维效率耦合协调态势及其驱动因素—国土空间优化调控"的总体思路，首先从土地利用"区域期望"视角提出了包含农业生产效率、经济发展效率和生态维护效率等子类别效率的国土空间多维利用效率解析新框架。在此基础上，构建包含 3 项目标层及 11 项准则层的国土空间利用效率评估体系，并以江苏省为例，基于多源数据及 GIS 空间分析和数理统计方法，在 1 km×1 km 的空间格网尺度下定量分析 2000—2015 年江苏省国土空间利用效率的时空演变特征，识别农业生产效率、经济发展效率及生态维护效率两两之间的权衡/协同关系及其时空演变，剖析农业—经济—生态效率三者之间耦合协调发展的时空格局特征及其驱动机制，据此提出促进国土空间优化利用的措施与建议，以期为提高区域国土空间利用效率、协调农业—经济—生态空间冲突、促进资源优化配置等提供导向支持。

　　本书是对博士阶段主要研究工作的系统思考、总结与集成，以期为国土空间规划、土地资源管理、资源环境利用等方面的科研、教学、管理等相关单位的科技工作者提供参考。也感谢南京大学地理与海洋科学学院金晓斌教授、周寅康教授的悉心指导与培养！

目 录

第一章 绪 论 ··· 001
 1.1 研究背景与意义 ··· 001
  1.1.1 研究背景 ·· 001
  1.1.2 研究意义 ·· 006
 1.2 国内外研究进展及述评 ··· 007
  1.2.1 效率及效率研究 ·· 007
  1.2.2 土地利用效率研究 ··· 009
  1.2.3 文献综述与研究切入点 ····································· 020
 1.3 研究目标与内容 ·· 022
  1.3.1 研究目标 ·· 022
  1.3.2 研究内容 ·· 022
 1.4 研究方法与技术路线 ·· 024
  1.4.1 主要研究方法 ·· 024
  1.4.2 研究技术路线 ·· 025

第二章 区域期望视角的国土空间多维利用效率交互作用理论基础 ······ 027
 2.1 国土空间及国土空间利用系统 ····································· 027
  2.1.1 国土空间 ·· 027
  2.1.2 国土空间利用系统结构和分类 ··························· 028
 2.2 区域期望视角的国土空间多维利用效率理论框架 ············· 030
  2.2.1 土地利用效率研究视角演进 ······························ 030
  2.2.2 土地利用的区域期望 ······································· 032
  2.2.3 区域期望视角下的国土空间多维利用效率 ············ 034
  2.2.4 新评估框架的特点 ·· 036

2.3 国土空间多维利用效率的交互作用 ················· 037
　　2.3.1 双维国土空间利用效率的权衡与协同 ············ 038
　　2.3.2 三维国土空间利用效率的耦合与协调 ············ 040

第三章　基础数据与模型方法 ························· 042
3.1 研究区 ··································· 042
　　3.1.1 研究区选择及依据 ······················· 042
　　3.1.2 经济板块划分 ························· 044
3.2 数据来源与处理 ···························· 045
3.3 国土空间利用效率多维评估 ······················ 048
　　3.3.1 国土空间利用效率评价指标体系构建 ············ 048
　　3.3.2 国土空间利用效率评价指标量化 ··············· 050
　　3.3.3 国土空间利用的区域期望阈值确定 ············· 066
　　3.3.4 国土空间利用效率定量估算 ················· 070
3.4 单维国土空间利用效率时空演变分析方法 ············· 073
3.5 双维国土空间利用效率权衡/协同识别方法 ············ 076
3.6 三维国土空间利用效率耦合协调测度及其影响因素识别 ···· 079
　　3.6.1 农业—经济—生态效率耦合协调测度 ············ 079
　　3.6.2 农业—经济—生态效率耦合协调发展类型识别 ······ 082
　　3.6.3 农业—经济—生态效率协调发展影响因素分析 ······ 083

第四章　国土空间利用效率的时空演变特征 ················ 085
4.1 国土空间利用效率的时间变化 ···················· 085
　　4.1.1 农业生产效率的时间演变 ··················· 085
　　4.1.2 经济发展效率的时间演变 ··················· 089
　　4.1.3 生态维护效率的时间演变 ··················· 092
4.2 国土空间利用效率的空间演变 ···················· 097
　　4.2.1 农业生产效率的空间演变特征 ················ 097
　　4.2.2 经济发展效率的空间演变特征 ················ 101
　　4.2.3 生态维护效率的空间演变特征 ················ 107
4.3 国土空间利用效率的时空演变模式 ·················· 114

第五章 国土空间利用效率的权衡/协同关系 ………………… 118
5.1 国土空间利用效率权衡与协同总体分析 ………………… 118
5.2 权衡与协同关系演变的时间动态变化 …………………… 121
5.2.1 农业生产效率与经济发展效率权衡/协同关系的时间变化 ………………………………………………………… 121
5.2.2 生态维护效率与经济发展效率权衡/协同关系的时间变化 ………………………………………………………… 124
5.2.3 生态维护效率与农业生产效率权衡/协同关系的时间变化 ………………………………………………………… 129
5.3 权衡与协同关系的空间格局表达 ………………………… 133
5.3.1 农业生产效率与经济发展效率权衡/协同关系的空间分异格局 …………………………………………………… 133
5.3.2 生态维护效率与经济发展效率权衡/协同关系的空间分异格局 …………………………………………………… 136
5.3.3 生态维护效率与农业生产效率权衡/协同关系的空间分异格局 …………………………………………………… 142

第六章 国土空间利用效率耦合协调发展格局及其影响因素 ………… 148
6.1 国土空间利用效率的耦合协调特征 ……………………… 148
6.1.1 国土空间利用效率耦合协调发展的时空格局特征 ……… 149
6.1.2 国土空间利用效率耦合协调发展的空间关联分析 ……… 154
6.2 国土空间利用效率耦合协调发展的相互作用类型 ……… 157
6.2.1 农业—经济—生态效率耦合协调发展类型 ……………… 157
6.2.2 农业—经济—生态效率耦合协调发展类型转移特征 …… 161
6.3 农业—经济—生态效率协调演变的影响因素分析 ……… 165
6.3.1 协调度影响因素总体分析 ………………………………… 165
6.3.2 影响因子对协调度作用强度的时间变化 ………………… 172
6.3.3 影响因子对协调度影响重要性的时间演替 ……………… 173
6.3.4 协调度演变的主导因素识别 ……………………………… 176

第七章　国土空间优化利用调控策略及政策建议 ················ 180
7.1　不同国土空间利用效率情形优化建议与对策 ············ 180
7.1.1　国土空间利用潜力盈余 ···························· 180
7.1.2　国土空间利用潜力不足 ···························· 182
7.2　权衡/协同效应对土地利用的启示 ···················· 183
7.2.1　土地利用中生态环境保护的突出地位 ················ 183
7.2.2　经济发展对农业生产和生态维护的关键影响 ·········· 183
7.2.3　农业与生态之间协同/权衡效应的时空尺度差异 ······· 184
7.3　不同区域国土空间利用效率优化建议与对策 ············ 185
7.4　国土空间规划运作模式及政策建议 ···················· 187
7.4.1　完善国土空间规划运作模式 ························ 187
7.4.2　土地利用指标分配及跨区域调剂 ···················· 188

参考文献 ·· 190

第一章 绪 论

1.1 研究背景与意义

1.1.1 研究背景

1. 人地系统交互作用研究成为未来地球系统可持续发展研究的新方向

作为人类有目的、有意识的社会经济活动,土地利用贯穿于人类社会的形成、发展及演化过程中,土地资源自然本底特征与人类行为活动、外界环境交互作用,形成复杂的国土空间利用系统[1-2]。基于人类生存发展的多样化需求,国土空间利用系统通常包括农业生产、经济发展和生态维护等子系统[3],用以满足人类生存发展所必须的不可替代性需求,如粮食供给、经济发展和生态稳定等。作为国土空间利用系统的重要空间载体,陆地表层地理格局在全球环境变化与人类生产生活活动交互作用过程中不断发展、变化[4]。尤其是20世纪以来,世界范围内人口数量和城市地区的增加使人类活动成为驱动陆地表层地理格局变化的主要因素,不同空间尺度均存在人与自然环境、自然生态系统内部关系不尽协调的冲突和矛盾[5],与之相伴产生的资源衰竭、环境退化、区域发展失衡等人地关系趋紧、人地关系地域系统脆弱成为影响未来地球系统可持续发展的主要矛盾之一[6-7]。与此同时,粮食供给、经济发展及生态稳定等人类需求的不可替代性和土地资源的有限性及稀缺性使不同需求之间以及实现需求的路径之间均存在显著的效果抵消或协同增效效应[8]，进而导致与实现不同需求直接相关的不同国土空间利用子系统之间亦存在显著的权衡（竞争）或协同（合作）关系，并在一定程度上影响整个国土空间利用系统的协调有序发展态势。因此，全球环境变化与人类活动交互影响背景下，对不同类型国土空间利用系统资源利用水平与质量的认识、彼此之间权衡/协同机制的理解及整个国土空间利用系统协调有序发展态势的调控已成为人类—环境耦合系统研究及未来地球系统可持续发展研究关注的前沿内容[9-11]。在此背景下，基于效率视角实现对土地资源利用质量格局的科学评判、对不同类型国土空间利用系统权衡/协同关系的定量探测以及整个国土空间利用系统协调发展态势的合理评估以据此调控和引导人类活动，已成为人地系统交互作用下促进陆地表层地理格局变化趋向有序、增强未来地球系统可持续发展能力的新途径。

2. 可持续发展理念推动国土空间利用目标由经济效益优先向农业—经济—生态协调发展转变

第二次工业革命的兴起极大推动了社会生产力的进步和发展[12]，世界各国相继进入人口数量激增、物质空间膨胀的经济高速发展阶段。然而，在经济发展初期，由于人类对自然资源、环境利用缺乏长远和全局规划意识，片面追求工业进步、经济效益导致的对自然资源过度消耗、不合理利用、掠夺式开发等非理性发展方式引发了资源短缺、耕地资源流失、环境退化、全球气候变暖等资源环境问题。1962年，生态学著作《寂静的春天》的公开发表唤起了公众对生态、环境问题的关注和重视，开始认识到因人类活动对自然环境过度干扰和破坏对自然生态系统自我调节和恢复能力产生的消极影响[13-15]。面对人类不断丰富的发展需求和日益严峻的资源环境问题，1987年，世界环境与发展委员会在《我们的共同的未来》报告中首次提出"可持续发展"（sustainable development）概念，明确了环境危机、能源危机和发展危机之间密不可分的关系，研判出地球资源和能源条件远不能满足人类多样化发展需求的现实资源供给能力，提出了必须为当代及后代的人类福祉改变当前不可持续发展模式的可持续发展战略设想。随后，《21世纪议程》、《气候变化公约》、世界气候研究计划（WCRP）、国际全球变化人文因素计划

(IHDP)、国际地圈与生物圈计划(IGBP)、地球系统科学联盟(ESSP)、生物多样性计划(DIVERSITAS)及未来地球(Future Earth)科学计划[16]等国际公约的制定和研究计划的实施使诸多国家意识到在资源供给有限背景下,经济发展、资源利用及生态环境之间相互依存、互为制约的耦合共生关系对实现人地关系和谐统一、保障人类社会生存发展的重要性,并致力于通过"适度改造自然"以促进或实现生存发展的可持续[16-17]。

土地利用/覆被变化是人类活动改变自然环境最直接的表现形式[18],作为人类一切社会经济活动的空间载体,社会经济发展过程中产生的一切资源环境问题均可在区域土地利用/覆被变化上加以体现。当前,无论发达国家还是发展中国家都曾处于或正在处于由城市化驱动的土地利用急剧变化阶段,城市化地区的人类活动已经成为驱动全球土地利用和土地覆被变化的主导因素[19]。改革开放以来,中国城镇化率由1978年的17.92%激增至2016年的57.35%,预计到2045年将达到70%[20],在较短的时间内实现了欧美国家几十年甚至上百年的发展历程[21]。时空压缩式的城镇化扩张模式在为中国经济发展带来增长红利的同时也在一定程度上造成建设用地空间急剧扩张、耕地资源锐减、生态空间受损、国土空间利用低效等一系列的资源环境问题[22-24],尤其是伴随大量优质耕地及河流、湖泊等生态用地遭到挤占、侵蚀,导致区域粮食安全、经济可持续发展及生态稳定面临威胁和挑战。

必须意识到,土地资源的数量有限性、空间不可移动性等属性特征在一定程度上导致协调粮食安全、经济发展、生态稳定三者之间关系的最大挑战之一是土地利用在保障粮食安全的耕地保护、为促进经济发展的建设用地供应及维持生态系统稳定的生态用地保护之间的空间冲突和利用矛盾。因此,为进一步规范国土空间利用秩序,党的十八大报告从保障粮食安全、经济发展和生态安全的国家发展战略需求出发,明确了构建农业—经济—生态空间协调共生的国土空间利用新秩序的目标和要求。与此同时,近年来中国政府通过制度安排、政策制定、空间管制、功能区划等途径在一定程度上缓解了经济建设对农业空间、生态空间产生的消极影响,有效平衡了农业、经济、生态之间的关系,包括实施严格的耕地保护制度、三线划定、耕地占补平衡政策等,以及在国土空间开发的不同阶段,针对不同问题,相继开展了诸多不同层级、不同专题的功能区划工作,如全国主体功能区划、生态功能区划、自然保护区功能区划等,形成了一个复杂的国土空间规划体系,共同进行经济、社会、生态环境等政策的地理空间表达[25]。这些政策实施及空间管制策略均在一定程度上反映出区域国土空间利用目标已由重视经济效益,以农业、生态空间置换经济发展空间的目标导向向注重农业—经济—生态空间协调有序的可持续发展模式转型。在此背景下,通过提高土地资源在粮食生产、经济发展及生态维护等方面的利用效率,可缓解区域土地利用在耕地保护、建设用地供应及生态用地保护之间的空间冲突,为促进农业—经济—生态协调有序发展提供有效支撑。

3. 资源环境约束趋紧倒逼国土空间利用方式由增量扩张为主向存量挖潜、增量控制并重转变

伴随人口增长和城镇化进程的持续推进,中国用世界 5.8% 的土地养活全球 17.8% 的世界人口的挑战已引起国际社会的广泛关注和重视,这意味着必须在有限的土地面积和自然资源背景下提高国土空间利用效率,实现对有限国土资源的合理开发、高效利用,以最大限度地为人类生存和发展提供产品和服务[26,27]。然而,长期以来,中国以大规模供应城镇建设用地并以此推动社会经济高速发展和物质资本快速积累的"冒进式"城镇化发展在对农业空间和生态空间造成侵占的同时[21,28-29],不可避免地带来城镇用地低效利用、废弃闲置等资源浪费问题,及伴随大量农村人口通过进城务工实现生计兼业化及人口非农转移导致的耕地弃耕、撂荒现象屡见不鲜[30]。相关研究表明[31-33],2005—2014 年间中国城镇建设用地面积增长率以年均 1.09% 的增速递增,而第二、三产业增加值增长率却以年均 0.4% 的速度递减(按可比价格计算),表明研究期内非农产业增速显著滞后于建设用地扩张速度[33],反映出城镇土地利用过程中存在总量失控、结构失衡、利用粗放低效等问题[29];此外,1992—2017 年间全国尺度内存在撂荒记录的县(市)总计 165 个,劳动力不足是 78% 的县(市)耕地撂荒形成的共性因素[31];区域尺度上,受工业化和城镇化快速发展及全球气候变化影响,2001—2017

年江苏省单季作物产能提升区产能潜力提升空间大于20%的耕地面积占比为61%,而双季第一季、双季第二季作物产能提升区潜力空间大于40%的耕地占比分别88%、80%[32]。由此可见,无论是基于全国尺度还是区域尺度,城镇建设用地低效利用及耕地撂荒、弃耕、产能下降等耕地低效利用现象已成为威胁经济可持续发展、粮食安全和生态稳定的重要土地利用现象[34-35]。

在特定资源禀赋和生产技术等条件限制下,国土空间利用效率是反映区域土地利用结构及系统功能发挥状况的有效方式。因此,效率评价不仅是衡量国土空间利用质量的重要途径[36],亦是区域国土资源管理、决策的重要依据。从我国目前城镇化发展对建设用地的需求来看,单纯依靠新增建设用地供给已远远不能满足社会经济发展的现实需求。与此同时,尽管中国实施了严格的耕地利用、保护及占补平衡政策,但实践中仍存在以次充好、占优补劣、重视耕地数量平衡、忽略耕地质量发展等现象,在一定程度上对粮食安全和农产品质量安全形成了潜在威胁。因此,面对日益严峻的国土资源形式,中国已步入以新增建设用地供给有限、后备耕地资源不足、存量建设用地和耕地资源利用低效等资源环境约束趋紧为主要特征的国土空间利用矛盾凸显期[37-38],传统以土地大规模供应、资源消耗严重和环境污染加剧为代价的粗放式发展对社会经济可持续发展产生的消极影响及制约日益凸显[39],迫切需要通过提高土地资源集约利用水平、盘活存量低效用地等途径,实现由传统以增量扩张为主向存量挖潜与增量控制相结合的国土空间利用方式转变,进而为破解资源环境约束、促进社会经济可持续发展提供有效支撑。

综合而言,资源环境约束趋紧制约社会经济可持续发展的现实困境和促进农业—经济—生态协调发展的国土空间利用转型需求,进一步凸显了在可持续的土地利用框架内科学认知土地资源在农业生产、经济发展及生态维护等方面的利用效率格局特征、彼此之间竞争/合作关系及整个国土空间利用系统协调发展态势的战略意义,这些问题的解决将为破解经济高速增长、社会快速转型过程中产生的国土利用秩序混乱、区域发展失衡等问题制定差别化的土地利用与管理政策,促进土地资源优化配置和统筹区域均衡发展提供实践参考。因此,本研究立足效率视角,结合国土空间可持续利用目标,通过尝试构建土地利用"区域期望"视角下的国土空间多维利用效率解析新框架,定量测度区域在农业生产、经济发展及生态维护等方面的土地资源利用水平及可提升的潜力空间,识别不同类型土地利用效率之间的权衡(竞争)/协同(合作)关系,揭示国土空间利用系统耦合协调发展的时空格局及其驱动机制,可为制定差异化的国土空间利用战略、促进国土资源合理开发与优化利用提供新思路。

1.1.2 研究意义

(1) 构建基于土地利用"区域期望"的国土空间多维利用效率评估新框架,丰富土地利用/土地覆被动态变化背景下人地交互系统研究的理论基础和方法体系。

在全球资源环境变化、生态系统压力加剧的背景下,实现土地资源的可持续利用是一个国家在经济实力、粮食供应、生态保护和区域发展等方面实现可持续发展的关键问题[40-41]。国土空间利用效率是反映区域人地关系、揭示资源利用水平、衡量国土空间开发及利用质量的重要方式。然而,当前国土空间利用效率研究多关注区域土地利用的经济效益产出或对生态环境的影响效应,对可持续发展理念下倡导社会、经济、生态效益协调的国土空间利用新目标的内涵要求、实现路径等考虑尚显不足。基于对当前国土空间利用效率研究的局限性和人类社会可持续发展实践需求的考虑,本研究突破传统视角下以经济产出或经济产出—生态效应量化国土空间利用效率的思维模式,发展了基于土地利用"区域期望和理想参照系"的国土空间利用效率评估新框架,并尝试从农业生产、经济发展和生态维护三方面解析可持续土地利用目标下的国土空间利用效率新内涵。新框架通过为不同类型的国土空间利用系统建立统一的评估标准,以量化不同区域之间或同一区域不同研究时期国土空间利用质量和水平的相对差异,可满足区域或国家尺度对国土空间均衡发展状况、质量水平的快速评估需求,以量化面向可持续发展且具有实践操作意义的国土空间利用潜力,进而为土地利用/土地覆被动态变化背景下理解人地交互作用规律、探讨人类社会对环境系统的影响效应提供新视角。

(2) 深化区域国土空间利用均衡发展差异认识,辅助精细尺度下以促进农业、经济、生态空间协调和国土空间可持续利用为目标的土地资源管理与战略决策制定。

长期以来,不同区域资源禀赋、地理区位、发展基础等的巨大差异导致中国社会经济发展过程中的不平衡、不充分等区域失衡问题严峻。与此同时,受人多地少、资源匮乏的基本国情限制,粮食安全和可持续发展仍是中国国家发展政策的基本优先项[42]。然而,土地利用在经济发展、农业生产和生态保护之间的空间竞争与冲突使国土空间的可持续利用受到工业化、城镇化和生态文明建设等的压力日益加剧。在这种情形下,通过提高国土空间利用效率协调粮食安全、经济发展、生态稳定之间的空间利用冲突,优化国土空间利用格局,是转型发展新时期中国增强可持续发展能力的有效途径。本研究基于构建的"区域期望"视角下国土空间利用效率评估新框架,通过在格网尺度定量估算农业生产效率、经济发展效率、生态维护效率等不同类型的国土空间利用效率时空演变特征、相互作用关系及其驱动机制,有利于在可持续的土地利用框架内深化区域国土空间利用水平和质量差异认识,明确土地利用在农业生产、经济发展及生态维护等方面的可实现潜力及其格局,把握不同类型国土空间效率之间的交互影响关系,进而为政府实施促进区域农业—经济—生态协调的土地资源管理及差异化的国土空间利用政策提供定量信息和参考依据。

1.2 国内外研究进展及述评

1.2.1 效率及效率研究

目前,"效率"在不同学科被赋予不同的定义[43],其概念内涵并未形成统一的认知范式[30,44]。"效率"最初源于物理学概念,用于量化机械运作过程中的能量损耗程度[44],经济学上的"效率"重点关注资源或劳动价值的实现程度[45],而管理学上的"效率"侧重于既定物质投入与产出的相对关系[46]，并通常认为，当以最小的物质投入实现既定产出或为既定的物质投入产生最大产出时即被认为实现高效率[47-48]。随着研究的深入，"效率"逐渐被应用至城市建设、经济发展、政策评估、资源利用等不同领域，并基于特定领域的现实利用问题衍生出一系列相关的概念设计及应用，如经济运行效率[49]、城镇化效率[50]、政策实施效率[51]、城镇发展效率[52]等。如在城市建设和经济发展领域，诸多学者先后探讨了产业结构与社会经济发展、城市建设之间的关系[49,52]。在这方面，Capello通过数理建模方法分析了产业结构对最优城市规模确定的影响[53]；李汝资等探讨了三次产业结构变迁对中国经济效率演进的影响效应，并发现不同产业结构演进中经济效率影响因素呈现一定的区域均质性及部门异质性特征[49]；Halleux & Marcinczak探讨了土地利用规划自适应效率对城市扩张及发展的影响[52]；盛彦文等学者则从创新资源的投入产出视角定量刻画了中国东部沿海地区城市群创新效率的时空演变特征、影响因素及其空间溢出效应[54]。

除在社会经济发展和城市建设领域的效率应用外，"效率"亦被广泛应用于国家重大发展战略、关键政策的区域响应差异评估、影响因素识别及资源环境响应等方面，如生态文明建设效率[55-56]、绿色发展效率[57]、退耕政策实施效率[51]、农地整治效率[58-59]等。具体来看，部分学者通过定量测度中国生态文明建设效率的资本、劳动力、资源等物质投入与经济、环境效益的产出关系，发现其空间格局演变特征具有显著的非均衡性，且中部地区生态文明建设效率的空间非均衡程度最弱，东部地区次之，西部地区的空间非均衡性最为严重[60]。此外，周亮等基于对资源环境约束下生态文明建设和经济健康增长对中国经济转型发展目标要求的理解，立足经济—社会—自然复合系统视角，从绿色增长、绿色福利、绿色财富三方面对中国城市绿色发展效率的时空演变特征及其空间驱动机制进行了深入探讨[57]。

此外，在资源利用领域，因快速城镇化和工业化进程导致的资源短缺、环境污染等发展困境，不同类型的资源利用效率研究亦引起科学界的广泛关注和重视，尤其是水资源、能源资源和土地资源。其中，针对水资源效率的研究主要集中在综合用水效率和工业用水效率的驱动因素两个方面[61]，通过定量考察设施建设、环保科技投入、经济发展水平、水资源禀赋、工业结构等因素对水资源利用效率及水资源绿色效率的影响机制,继而探索促进水资源高效利用的实现路径[61-64]。针对能源效率,学者们亦先后从区域竞争[65]、环境污染[66]、资源禀赋[67]、煤炭消费[68]、能源价格[69]、政府支持[70]等视角揭示能源效率的空间分异特征及其驱动因素。在土地资源利用效率研究方面,鉴于全球范围内城镇化、工业化及人类活动对不同土地利用类型的空间扩展与收缩、景观格局演变等区域土地利用/土地覆被格局动态变化的影响,相关研究重点关注产业结构[39]、居住结构[71]、环境约束[72-73]、技术水平[74]及政府干预[75]等对不同土地利用类型为人类福祉提供产品或服务的能力及这种能力的演变趋势、驱动机制等。尤其在可持续发展理念推动下,与粮食安全、经济可持续发展等人类福祉密切相关的耕地[44,76-77]、建设用地[78]等土地利用类型的资源利用效率及其影响效应成为学术研究的焦点。

1.2.2 土地利用效率研究

对土地利用效率的研究始于西方生态学派采用历史形态方法通过对城市土地利用分布状态及演变过程的直观描述与归纳进而总结出的土地利用理论[79-81]。尤其是,轴向模式、同心圆模式、扇形模式及多核模式等四类城市土地利用模式的总结,对理解城市土地利用的空间分异规律及城市社会的社会经济结构作出重要贡献[82]。1826年,德国农业经济学家约翰·冯·杜能(Johan Heinrich von Thunnen,1783—1850)在《孤立国同农业和国民经济之关系》一书中首次系统阐释了农业用地布局与地租(区位条件)和城市距离之间的关系,认为区域农业生产方式配置随地租的降低和距城市距离的增加总体遵循同心圆式的"杜能环"圈层结构规律。1898年,英国学者霍华德(Ebenezer Howard)在《明日的田园城市》中提出了"城市应与乡村相结合"的思想[79]。之后,伯吉斯将农业用地布局的"杜能环"思想应用至城市土地利用研究[83],并提出了城市用地的"同心圆理论",认为特定区域距城市中心越远、地租越低,其土地利用效率越低。在随后的研究中,各国学者相继基于景观生态学理论[84]、经济区位论[85]、人地关系理论[86]等进一步探讨了土地利用的空间配置问题,这些理论为深化土地利用研究提供了重要的理论指导。

伴随第二次工业革命的结束，世界各国工业取得迅速发展的同时，气候变化、资源短缺及环境公害事件等问题亦层出不穷，严重威胁人类生存和发展[87]。在此背景下，部分学者开始从生态、环境视角重新审视人类的土地利用行为及其对环境产生的影响，土地利用效率研究逐渐发展。总体上，根据土地利用效率研究对象的具体土地利用类型及空间属性差异，现有土地利用效率研究主要分为两类：全域土地空间和特定土地利用类型。其中，针对全域土地空间的土地利用效率研究对象是处于特定区域行政范围内的全部土地，不具体区分特定的土地利用类型，将特定区域行政范围内的所有土地均纳入土地利用效率研究；而特定土地利用类型的土地利用效率研究主要集中在以耕地为代表的农用地利用效率研究及以工业用地为代表的建设用地利用效率研究。其中，建设用地利用效率的研究包含特定区域内的全部建设用地空间及建设用地的分类效率研究。具体的，建设用地全域空间的利用效率研究针对特定区域内的所有建设用地类型，包括城镇用地、农村居民点及工矿用地等；而建设用地利用效率分类研究则针对建设用地的子类土地利用类型展开，如工业用地、旅游用地等。基于此，本节将从内涵理解、空间测度、影响因素、研究尺度等方面对全域空间的土地利用效率研究、以耕地为代表的农用地利用效率研究及建设用地利用效率研究进行详细介绍。

1. 全域空间的土地利用效率研究

由于资源禀赋、土地所有制及市场经济制度等差异，国内外学者围绕城市土地利用效率的研究在研究内容、侧重点等方面均存在较大差异。总体上，西方学者多将城市土地利用效率研究与城市扩张、土地结构、政府政策、城市土地集约利用、经济发展、区位竞争等问题相结合，以解释城市发展过程中的土地利用状况及探索促进城市土地资源优化配置的路径，研究对象主要集中在以土地私有制为主、处于工业化发展后期的发达国家[88]。如Fonseca[89]通过分析建筑密度、容积率、场地覆盖度、空地面积及建筑高度之间的相互关系评估城市土地开发效率，并在此基础上确定城市最大开发强度阈值；Hasse & Lathrop[90]、Zitti[91]、Cuadrado-Ciuraneta[92]等认为城市扩张/蔓延是导致城市土地利用效率降低的可能增长形式。因此,美国大约超过100个城市通过采取城市增长边界(Urban Growth Boundaries,UGBs)或其他类似措施以明确城市与农村用途差异,以期通过将城市发展限制在特定空间范围内,从而实现对城市建成区面积扩张的有效管理[93-95]。此外,部分学者提出了基于"城市增长管理"(Urban Growth Management)、"精明增长"(Smart Growth)等规划理念,以探索促进城市土地集约利用的措施和途径[96-98]。与此同时,政府调控、社会经济背景对城市土地利用效率的影响亦引起相关学者的关注和重视。如Langpap等[75]通过计量经济学模型与流域健康指标模型探索了土地利用过程中政府激励政策与土地利用效率之间的作用关系;Masini等[26]通过对27个欧洲国家不同经济发展阶段(经济扩张、经济危机)的城市土地利用效率研究发现人均可支配收入是与城市土地利用效率高度相关的社会经济因子,且较富裕国家的土地利用效率较高,同时城市景观的多样化能显著促进城市土地利用效率提高。相比之下,国内有关城市土地利用效率的研究主要集中在内涵理解、定量评价及影响因素分析等方面。

(1) 内涵理解

总体上,目前尚未对城市土地利用效率的内涵界定形成统一共识,学者通常基于不同的研究视角、围绕特定研究问题对其内涵进行探讨。在这方面,陈荣[99]认为城市土地利用效率包含宏观尺度的土地利用配置结构效率(structure efficiency)和微观尺度的土地利用边际效率(margin efficiency)。刘传明等[100]认为土地利用效率具有广义与狭义之分。其中,广义的土地利用效率主要关注区域土地利用在社会、经济和生态等方面实现的综合效益水平,而狭义的土地利用效率仅关注土地利用活动产生的经济价值或效益。鲍新中、刘澄[101]认为城市土地利用效率是土地利用活动过程中单位物质投入所产生的物质产出或收获的有效效果。林坚和马珣[102]认为城市土地利用效率反映特定时空情境下城市发展过程中土地及其所承载的资本、劳动力和能源投入等物质投入与所产生的经济效益、生态环境效益之间的相互关系,是对城市发展过程中土地资源利用综合程度的考量,是由经济、生态环境等因素构成的多维系统综合作用的结果。陈伟和吴群[103]认为城市土地利用效率是指土地资源在不同经济部门、不同区域的配置与利用过程中产生的经济效益、生态效益及社会效益，具体包含土地利用经济效率、土地利用生态效率、土地利用社会效率等多方面内容。徐美等[104]认为城市土地利用效率包含经济效率、生态环境效率、社会效率和资源集约效率四个维度。总体上，对城市土地利用效率的理解呈现由最初片面关注土地利用经济效益向兼顾土地利用经济效益、社会效益及生态效益并重的多元内涵转变，且诸多学者认为土地利用效率的评价标准应随资源环境特点、社会经济发展阶段及科学技术水平进步等因素的演变而变化[3,103]。

(2) 定量评价

在城市土地利用效率的定量评估方面，评估方法主要包括单项指标法、综合评价法和数据包络分析法三种[105]。其中，单项指标法主要根据研究者特定的研究目的及对象，选择特定指标实现其研究目的，通常通过单一的经济效益类指标衡量，如单位面积产业增加值[106]、地均GDP[107]、二三产业产值与土地面积之比[108]等。综合评价法是研究者依据研究视角及研究目的，构建复合视角下涵盖多个维度的土地利用效率综合测度框架，在此基础上通过指标标准化处理、权重确定、综合分值计算等定量评估区域土地利用效率的方法，常见的复合视角包括基于土地利用类型差异或土地利用行为可能导致的多维效益等，如"农业用地—非农业用地"[100,109]、"规模—结构—效益"[110]、"经济—社会—生态"[101]、"经济—社会—生态—资源"[104]等。在这方面，方先知[109]基于不同的土地利用类型结构建立了涵盖农用地利用效率、城镇土地集约利用度评价、城乡土地集约利用度评价及开发区土地利用效率评价等多级分类的土地利用效率综合评价体系。刘传明等[100]认为城市土地利用效率研究应综合考虑城镇建设用地利用效率和农用地利用效率，并在此基础上分别从农用地的利用程度、投入强度和产出等三方面选取11个指标构建农用地利用效率评估体系，及以城镇建设用地面积、从业人员、固定资产投资额为输入指标，以第二产业增加值和第三产业增加值作为输出指标评估城镇建设用地利用效率，进而通过加权平均法评估城市土综合利用效率。数据包络分析法主要是从土地利用过程中的物质投入和效益产出视角对土地利用效率进行定量评估。在这方面,李佳佳、罗能生[111]基于资本投入(固定资产投资)、土地投入(建设用地面积)、劳动力投入(第二三产业从业人员人数)、社会产出(人口密度)、经济产出(GDP)及环境产出(绿地面积)等视角定量测度了 2003—2012 年中国省会城市的土地利用效率及其城镇化进程的影响,发现我国城市土地利用效率较低且呈下降趋势,城镇化率与土地利用效率之间呈现显著负相关。卢新海等[112]基于"投入—过程—产出"视角,选取土地投入强度、土地利用强度及土地利用效益等方面的 6 个指标量化城市土地利用效率,并据此探讨产业一体化与土地利用效率的时空耦合效应。

(3) 影响因素

学术界针对城市土地利用效率的影响因素进行了诸多有益探索。整体上,城市土地利用效率的影响因素可归纳为三类:社会经济因素[39,111,113-114],如城镇化水平、经济水平、产业结构、人口密度等;市场政策因素[100,115-116],如土地市场化程度、政府调控、土地收益分配制度、土地利用政策等;资源环境因素[100,105],如地理区位、资源禀赋等。在这方面,陈丹玲等[110]基于构建的"规模—结构—效益"城市土地利用效率综合评价体系对碳排放和工业污染物排放影响下的城市土地利用效率动态演进及其空间收敛特征研究发现,增强区域绿色发展能力、优化要素空间交流环境可有效促进生态环境与城市土地利用效率的协调耦合。Wu 等[108]以二三产业产值与城市土地面积的比值表征城市土地利用效率,在此基础上以地级市为分析单元,从经济转型、城市发展等视角探讨了长三角地区城市土地利用效率的空间分异特征及其影响因素,研究结果表明城市土地利用效率具有显著的空间集聚效应,且随交通可达性的发展而增强。Yu 等[116]以中国 12 个城市群为研究对象,探讨了城市土地利用效率与社会经济发展之间的关系,并从经济水平、经济结构及政府调控三个方面探讨了城市土地利用效率的驱动机制。崔学刚等[33]以山东半岛城市群为例,探讨了高速交通优势对城市土地利用效率的空间影响效应,发现交通类型多样性对区域土地利用效率的提高发挥显著的正向促进作用。

综上所述,针对全域空间的土地利用效率研究近年来呈现研究内容丰富、研究尺度多维、研究方法多元的发展趋势[117]。在研究视角方面,由最初重点关注土地利用的经济效益向注重土地利用经济、社会及生态等综合效益转变。在研究尺度方面,主要涉及全国、流域、省域、城市群、典型城市等各类空间范围。其中,流域尺度的城市土地利用效率研究[108,117-118]主要集中在长三角地区、长江经济带、环渤海地区等;省域尺度研究[2-3,100,119-120]主要集中在湖南省、湖北省、江苏省、广东省等;城市群的土地利用效率研究[33,110,112,121]主要集中在珠三角城市群、京津冀城市群、山东半岛城市群、长江中游城市群、关中城市群及长三角城市群等;而针对典型城市的土地利用效率研究[107,122-123]主要集中在北京、上海、武汉等经济中心型城市。研究空间范围主要集中在城镇化发展迅速、人地矛盾较突出的区域。研究方法主要包括单项指标法、综合评价法及数据包络分析法等,其中,主流评测方法主要包括随机前沿分析和数据包络分析两类模型[117,124]。

2. 农用地利用效率研究

自1987年以布伦特兰夫人为首的世界环境与发展委员会(WCED)在《我们的共同的未来》报告中明确阐明"可持续发展"的概念以后,1990年的"国际土地可持续利用研讨会"正式确定了土地可持续利用的基本思想。在此基础上,1991年联合国粮农组织(FAO)在《登博斯宣言》中进一步明确了以增加粮食生产、保障粮食安全等为代表的农业可持续发展战略目标[125]。自此,农业和农村土地资源的可持续利用问题逐渐引起人们的重视,尤其是以耕地利用效率为重点的农业用地利用效率研究日益丰富。

(1) 国外耕地利用效率研究

国外有关耕地利用效率的研究起步较早,但相对于耕地利用效率的理论研究,其更关注在农业生产投入成本上升、土壤质量下降、病虫草害加剧及农场规模持续下降等农业生产挑战与快速增长的人口粮食需求之间的矛盾日益深化背景下[126],特定作物类型、作物套种模式或微量元素对耕地利用效率的影响。在这方面,Binam等[127]基于获得的喀麦隆农业区15个村庄 450 位农户 2001—2002 作物生长季详细调查数据发现，花生单作、玉米单作和玉米—花生间作等不同耕作方式下的耕地技术效率分别为 77%、73%和 75%，并证明了社会资本、土壤肥力、地块通达度等对耕地技术效率的影响。Agegnehu 等[128]比较了大麦、蚕豆不同播种方式（独立播种、混合播种）对耕地年产量的影响，发现在正常大麦栽培条件下，当大麦以不低于单一蚕豆密度的 37.5%混合种植蚕豆时可获得比每个作物品种单一栽培更高的总产量和总收入。在后续的研究中，Agegnehu 等[126]亦针对埃塞俄比亚地区小麦与蚕豆不同播种方式的耕地利用效率进行了深入研究，发现小麦与蚕豆的套种不仅可减少田间杂草和作物疾病风险，亦可增加耕地年总产量和总收入，提高耕地利用效率。相似的，Duchene 等[129]亦发现豆类作物与谷物作物间作可通过增强互补性减小物种间的竞争，进而提高农业生态系统的总体效率。此外，玉米与豆科作物间作亦可显著提高耕地利用效率，同时增加脆弱生态系统中的保障粮食安全能力[130]。Rijib & Jbara 基于 2013—2014 年间苏莱曼尼亚地区 225 个农场小麦产量数据定量估算了小麦种植面积、种子数量、复合肥料、尿素肥料、农药、机械工作及体力劳动对耕地技术效率的影响[131]。Devkota 等[132]基于对 2012—2015 年间越南、泰国、印度尼西亚、缅甸、斯里兰卡和中国水稻种植农户的对比，评估了水稻种植过程中劳动生产率、氮利用效率、磷利用效率、水资源利用效率等生态和经济指标的区域差异，以及不同灌溉模式对水稻产量的影响。Hossain 等[133-134]依据每单位肥料投入可实现的谷物增加量评估农业生产效率，探索了孟加拉国农田氮肥利用率对水稻产量的影响，结果表明水稻产量除受氮肥影响外，亦受农业设施、植被密度、水资源或病虫害管理、微量元素、品种或移栽苗质量等因素的综合影响。与此同时，部分学者亦关注气候变化及人类活动对农业生产效率的影响。在这方面，Conradie 等[135]通过气候变化对南非卡鲁地区农场生产效率的影响研究表明，高温和降雨量减少导致 2012—2014 年间卡鲁地区农场生产效率年均下降 3.2%；Nguyen 等[136]基于柬埔寨上丁省 2013 年、2014 年 430 个农户的面板数据，在采用随机前沿分析方法定量估算柬埔寨农业生产效率的基础上，进一步应用结构方程模型分析了农业生产效率与天然林采伐之间的相互作用关系及其影响因素，发现二者之间具有显著的负相关关系,天然林采伐显著降低了农业生产效率,且农民教育水平的提高及农地私有化可有效促进农业生产效率的提高。

(2) 国内耕地利用效率研究

相较于国外耕地利用效率研究,国内有关耕地利用效率的研究起步较晚,且主要集中在概念界定、空间测度、影响因素及其影响效应等方面。在概念界定及测度方面,国内对耕地利用效率的理解主要包含以下三个方面:其一,将耕地利用效率理解为耕地利用数量与实际产出中投入的耕地数量之比[44,137],该视角可有效反映区域耕地资源的配置状况及实际利用水平。其二,将耕地利用过程普遍视为"投入+产出"系统[138-139],进而将区域耕地利用效率理解为农业生产活动的物质投入与效益产出之间的相对关系[140],这也是当前国内有关耕地利用效率研究的主要切入点,如"既定农业产出下所能实现最少耕地资源的投入程度"[44],"在单位耕地面积要素投入不变的情况下,单位面积耕地实际产出与最优产出的比例"[141]等。实际应用中,投入端多关注耕地利用过程中土地、资本、劳动力等方面的物质资料投入状况[44,139,142-144]。其中,土地投入主要针对区域耕地资源禀赋及利用状况,通常用农作物播种面积、耕地数量等指标表征;资本投入主要针对人们从事农业生产活动过程中为保证其劳动有效而自愿投入的生产性成本,主要包括农业机械运用、灌溉、化肥、农药及农膜等,通常采用农机机械总动力、农业水利用电量、有效灌溉面积、化肥使用量、农药使用量、地膜使用量等指标表征;劳动力投入通常采用第一产业从业人员、农村劳动力数量等指标量化。产出端通常包括期望产出和非期望产出两类。其中,期望产出多关注通过耕地利用而产生的社会经济效益及社会效益,通常用农业总产值、粮食产量、经济作物产值等指标反映;非期望产出通常反映耕地利用过程对生产环境产生的不利影响,通常用翻耕、灌溉、化肥、农药及农膜使用过程中产生的碳排放量表征[145]。其三,部分学者[144]认为耕地利用效率在结构上包含技术效率和配置效率两个方面。其中,技术效率是指耕地资源实现最优利用的能力,即在给定要素投入的条件下实现最大产出或给定产出下运用最小的要素投入;而配置效率主要针对要素的投入端,侧重于在一定的要素价格条件下实现要素投入的最优化。因此,对耕地利用效率的考察应主要指向技术效率[144]。

在耕地利用效率的影响因素方面,诸多学者[139-141,146]认为主要包含劳动力素质,包括劳动者年龄、教育水平等;耕地资源禀赋特征,包括耕地细碎化、耕地规模、地块通达性等;技术创新水平,包括灌溉水平、化学肥料应用、现代化农业机械运用等;市场政策,包括农业补贴政策、信贷资本政策等。如张荣天、焦华富[44]基于对农业生产过程中耕地资源价值产出的实现程度考虑,通过改进DEA模型和空间探索性分析模型发现农业科技进步与经济发展水平是影响耕地利用效率空间分异的主要因素。王良健、李辉[141]采用随机前沿生产函数模型探讨了2001—2011年中国耕地利用效率的时空分异特征,通过对其影响因素的分析发现信息化程度、免征农业税、农业贷款规模对耕地利用效率发挥显著的正向促进作用。叶浩、濮励杰[137]发现中国耕地利用效率较低且耕地产出提高主要依赖于化肥用量的增加,多数地区耕地实际产出与现有投入水平下的潜在产出之间差距较大。匡兵等[145]基于SBM-Undesirable模型和核密度估计方法将碳排放纳入耕地利用效率评估框架,探讨了2000—2016年中国粮食主产区耕地利用效率的区域差异并发现碳排放约束下中国耕地利用效率显著下降。Xie等[77]基于超效率模型(EBM)定量评估了碳排放和农业面源污染约束下1993—2016年中国粮食主产区耕地利用效率及耕地全要素生产率的时空演变特征及其驱动因素,发现耕地利用效率具有显著的阶段特征且总体呈现波动增加趋势。

综上所述,国内有关耕地利用效率的研究普遍将耕地利用过程视为"投入+产出"系统[139];研究内容由最初的耕地利用效率评估逐步发展至影响因素分析及其影响效应探测;研究尺度多集中在省域、市域及县域,有限的宏观尺度研究受研究方法和数据资料限制多以省级、地级市等行政单位为基本分析单元[44,139,141];研究方法上多采用数据包络分析(DEA)模型[44,139,142]、随机前沿生产函数[141]、SBM模型[145]等定量测度耕地利用效率的时空分异特征,并结合Tobit模型[144]、GWR模型[139-140]等分析其影响因素,且伴随研究的深入,近年来一些新方法亦被应用至耕地利用效率研究中,如随机森林(Random Forest,RF)模型[147]。

3. 建设用地利用效率研究

从建设用地利用效率研究的空间范围来看,主要包括涵盖全部建设用地空间的区域研究及建设用地分类研究两类[119]。其中,前者的研究尺度通常集中在全国或针对特定的用途区,如开发区[148]、城市群[149]等;而后者主要针对具体的建设用地类型开展土地利用效率研究,包括工业用地利用效率研究、住宅用地利用效率研究、旅游用地利用效率研究等,尤以工业用地利用效率研究最为广泛,研究内容涉及不同行业部门之间、不同土地获得方式之间(如,行政划拨、市场交易等)等工业用地利用效率的比较研究及其时空演变等[150]。

针对全域建设用地的利用效率研究,国内学者先后从内涵界定、定量评估、影响因素及其与社会经济发展的关系等方面开展了诸多有益探索。如陈伟和吴群[103]认为建设用地利用效率即"能够支撑和促进经济发展的城市建设用地在一定经济产出约束下开发利用的充分程度"。张雅杰、金海[151]从建设用地利用过程的物质投入、效益产出视角将其理解为"一定的建设用地、资本和劳动投入所得到的最大产出"。张立新等[152]认为建设用地利用效率是"城市建设用地资源综合利用程度的反映,表现为城市范围内建设用地及其所承载的资金、劳动力和能源投入与所产生的经济效益、环境效益之间的相互关系,是建设用地资源的价值实现程度"。王良健等[114]将建设用地利用效率理解为"单位建设用地下的投入产出效率",并基于 2003—2012年地级市面板数据采用随机前沿生产函数模型对中国城市建设用地利用效率及其溢出效应与影响因素的研究发现,建设用地利用效率存在显著为正的溢出效应且空间差异显著,同时人口密度、人力资本、信息化水平、公共服务设施、外商直接投资及土地出让市场化程度等对建设用地利用效率的影响存在显著的区域差异。Chen 等[153]将建设用地数量作为数据包络分析(DEA)模型的投入要素,以此分析全国土地利用总体规划(2006—2020)实施过程中 336 个城市 2005—2012 年间建设用地利用效率的时空演变,发现研究期内中国多数城市建设用地投入产出效率下降,且半数以上城市存在建设用地投入过剩现象。此外,部分学者[149,154]以"单位建设用地面积下的非农业国内生产总值"量化建设用地利用效率。如 Ye 等[154]基于上述量化方法探讨了 1998—2012 年间珠三角城市群建设用地的经济效益,发现研究期内珠三角城市群建设用地效率总体呈上升趋势,但区域差异较大,进而提出了差异化的土地利用政策以促进建设用地利用效率提高和土地可持续利用。Liu 等[155]以建设用地增加量、二三产业资本存量等定量评估 1985—2014 年间中国建设用地配置效率,发现东部地区高于中西部地区。Huang 等[148]对上海市开发区内、外电子企业土地利用效率的对比研究发现开发区内电子企业的土地利用效率显著高于开发区外,这主要与开发区内政府支持政策、技术水平及国际联系有关。

在建设用地利用效率的分类研究方面,Tu 等[156]发现工业用地利用效率受产业类型、土地租赁年限和土地规模的影响强于政府政策干预。Chen 等[157]在省域尺度探讨了 2002—2013 年间不同类型的产业转移对中国工业用地利用效率的时空影响效应,发现化工橡胶业、矿产制造业、机械制造业等产业转移对提高工业用地利用效率具有显著的促进作用,而产业转移对餐饮业、轻纺业及高新技术制造业等产业类型工业用地利用效率的影响并不显著。Xie 等[158]探讨了长江中游城市群 2003—2012 年间工业用地利用效率的时空演变特征、节约潜力及其影响因素,发现研究期内长江中游城市群工业用地利用效率潜力空间较大且呈上升趋势,且伴随经济发展工业用地利用效率略有下降。王静[159]基于数据包络分析法对 2007—2013 年间姑婆山国家森林公园旅游用地效率定量评估表明研究期内综合效率及纯技术效率均呈下降趋势。Kytzia 等[160]基于瑞士阿尔卑斯山达沃斯旅游目的地的案例研究发现游客经济水平、居住强度、酒店床位密度是影响旅游用地利用效率的主要驱动因素。

综上所述,针对建设用地利用效率的研究内容主要包括时空定量评估及影响因素分析;研究的空间范围主要针对特定的用途区或特定建设用地利用类型;就建设用地利用效率的影响因素来看[114,151-152,158,161],主要体现在社会经济发展水平、土地市场、科技水平、产业结构等方面。

1.2.3 文献综述与研究切入点

总体上,受社会经济发展水平、土地使用制度、基本国情等因素差异影响,国内外学者围绕土地利用效率的研究在研究视角、研究内容等方面均存在较大差异。西方有关土地利用效率的研究起步较早,且形成了较为成熟的理论体系,但除农用地(耕地)外一般不针对具体的土地利用类型开展利用效率探索,多将土地利用效率研究与城市规模扩张、空间布局模式等结合,以解释城市发展过程中的土地利用问题并探索促进城市空间布局合理、高效的土地配置方式,多集中在以土地私有制为基础且处于工业化发展后期的发达国家,如美国、英国、日本等[88]。相较而言,国内有关土地利用效率的研究起步较晚,且受人多地少、资源匮乏的基本国情影响,土地利用效率研究多随社会经济发展阶段及资源环境特点的变化具有较强的专题性和时事性[162]。综合而言,当前有关土地利用效率的研究主要呈现以下四个特点:

(1)从研究内容来看主要集中在土地利用的农业生产或经济发展方面,将两者作为独立的经济或生产部门开展相应讨论,重点探讨与之相关的特定土地利用类型或特定用途区域的土地利用效率的概念内涵、空间测度、影响因素及其提升策略等内容,而与生态维护有关的土地利用效率研究鲜有涉及,对在全域空间下通过综合测度特定区域在农业生产、经济发展及生态维护等方面的土地利用效率进而指导国土空间优化利用的研究尚显不足。

(2)从研究视角来看多将土地利用过程视为生产活动的投入—产出系统,由最初片面注重土地利用的经济效益向注重经济效益、社会效益、资源效益、生态效益等综合效益转变。但受数据资料和研究方法等限制,多数实证研究仍以土地利用的经济效益为主,通常以资本、劳动力、技术等物质投入产生的经济效益量化土地利用效率,仅有少数文献涉及土地利用过程中产生的社会效益及特定类型的生态环境效益,如碳排放。

(3)从研究尺度来看主要涉及全国、省市、县域等,但以统计型社会经济数据为主的数据源限制导致研究内容多侧重社会经济效益的区域间差异比较，且计算和分析单元多以省级行政单位或地级市为主，在一定程度上忽略了同一行政单元内部土地利用状况的巨大差异及不同土地利用子类别效率之间的空间互动和交互影响。

（4）从研究时限来看多数研究针对某一特定年份、特定类型的截面数据开展土地利用效率的相关探讨，时间序列分析较少且10年以上的中长时空尺度研究较为鲜见，宏观、中观尺度研究成果丰富，微观尺度较薄弱。

整体而言，当前土地利用效率研究总体呈现内容丰富、研究视角多样、研究尺度多维、研究方法多元的发展趋势[117]，有效拓展了土地利用效率研究的深度和广度，对指导区域土地资源优化利用、提高土地利用效率发挥了重要作用。与此同时，综观国内外土地利用效率研究，其研究内容、研究视角等均反映出学界对区域土地利用在农业生产、经济发展及生态环境保护等方面为人类福祉提供产品和服务的能力及潜力的关注与重视，且期望通过致力于调控、改变自身行为，研判并协调区域土地利用在农业生产、经济发展及生态环境保护之间的交互作用关系，以寻求促进或实现人类福祉长期可持续的可能路径。尤其是在当前因全球人口增加和快速城镇化、工业化进程导致的资源衰竭、耕地资源流失、生态环境恶化等资源环境困境对可持续的国土空间利用及社会经济发展的制约日益凸显的背景下，如何在有限的国土空间和可持续的土地利用框架内，综合测度区域土地利用在农业生产、经济发展及生态保护等方面的效率差异与潜力格局，科学研判不同国土空间利用效率之间的权衡（竞争）/协同（合作）关系，进而探索促进农业—经济—生态协调发展的可能路径，已成为学界关注的前沿内容及努力的重要方向。基于此，本研究在借鉴前人土地利用效率研究成果的基础上，尝试从以下方面寻求突破：

（1）基于土地利用的多宜性和人类生存发展的多样化需求视角对国土空间利用系统进行分类，并结合国土空间可持续利用目标，从农业生产、经济发展及生态维护等方面探索融入土地利用区域期望目标的国土空间利用效率新内涵。

（2）基于统计型社会经济数据的空间化方法及生态系统服务评估模

型，揭示长时间序列(2000—2015年)、精细尺度下(1 km×1 km)农业生产效率、经济发展效率及生态维护效率的时空演变特征，科学研判不同类型国土空间利用效率之间的权衡/协同作用关系，定量测度国土空间利用系统耦合协调发展态势及其影响因素，据此提出促进国土空间优化利用的措施和建议。

1.3 研究目标与内容

1.3.1 研究目标

针对当前国土空间利用效率研究中存在的不足及可持续发展目标导向下促进农业—经济—生态协调发展的秩序国土构建新要求，设定以下研究目标：

(1) 基于人类生存发展的多样化需求和不同土地利用类型的功能导向差异，提出融入土地利用"区域期望和理想参系"的国土空间多维利用效率解析新框架，并尝试从农业生产、经济发展和生态维护等三方面剖析土地可持续利用目标下的国土空间利用效率新内涵。

(2) 突破性地在精细尺度下(1 km×1 km)定量评估农业生产效率、经济发展效率及生态维护效率等国土空间多维利用效率的时空演变特征及其交互作用关系，探索影响国土空间利用系统耦合协调发展的驱动因素及其作用机制。

1.3.2 研究内容

基于上述研究目标，本研究立足不同土地利用类型的功能导向差异，按照"理论解析—单维效率时空演变—双维效率权衡/协同辨别—三维效率耦合协调态势及其驱动因素—国土空间优化调控"的总体思路，首先构建国土空间可持续利用目标(区域期望)下国土空间利用效率研究的"土地利用绩效—区域期望—国土空间利用效率"理论框架，并尝试从农业生产、经济发展、生态维护等方面构建国土空间多维利用效率类型表征体系。在此基础上，遵循"单维—双维—三维"的逻辑主线，以中国东部发达地区江苏省为研究区，集成多源数据，在1 km×1 km的格网精度下，定量测度2000—2015

年间江苏省农业生产效率、经济发展效率及生态维护效率等单维国土空间利用效率的时空演变特征，揭示研究期内双维国土空间利用效率之间权衡与协同的交互作用关系，系统分析农业生产效率、经济发展效率和生态维护效率三维之间的耦合协调演变规律及其驱动机制，进而提出以缩小区域发展差异、促进区域均衡发展、适宜资源环境承载为目的的国土空间优化利用路径及建议。具体研究内容如下：

1. 区域期望视角下国土空间多维利用效率理论框架

遵循"要素—结构—功能"的逻辑思路，依据人类生存发展的多样化需求及不同土地利用类型在区域发展中承担的主导功能及利用目标差异，从农业生产、经济发展和生态维护等视角深入解析国土空间利用系统的要素构成、组织结构及功能关联特征，深化对国土空间利用系统的理论认识。在此基础上，深入辨析土地利用绩效、（土地利用）区域期望、国土空间利用效率、潜力提升空间等关键概念的区别和联系，进而构建国土空间可持续利用目标（区域期望）下国土空间利用效率研究的"土地利用绩效—区域期望—国土空间利用效率"理论新框架，明确农业生产效率、经济发展效率及生态维护效率等多维国土空间利用效率的内涵特征。

2. 单维国土空间利用效率时空演变特征分析

基于对区域期望视角下国土空间多维利用效率内涵的理解，架构表征农业生产效率、社会经济发展效率、生态维护效率等分类别效率的国土空间利用效率评价指标体系。在此基础上，以江苏省为例，基于社会经济数据空间化方法和 InVEST、RUSLE 等生态系统服务评估模型实现精细尺度（1 km×1 km 格网）下研究区 2000 年、2005 年、2010 年和 2015 年区域国土空间在农业生产、经济发展及生态维护等方面的土地利用绩效时空表达，继而依据不同时段下国土空间利用的区域期望目标，实现对研究区相应时间断面下农业生产效率、经济发展效率及生态维护效率的定量评估，揭示其时空演变特征，继而依据不同类型国土空间利用效率在不同时段内的动态演变过程信息及研究期内的整体减损、增益变化情况，归纳国土空间利用效率的时空演变模式。

3. 双维国土空间利用效率交互作用的权衡与协同关系识别

在明确2000—2015年江苏省农业生产效率、经济发展效率及生态维护效率等单维国土空间利用效率时空演变特征的基础上，基于相关分析及空间探索性分析等方法，进一步识别并量化双维效率类型之间的权衡/协同关系，探讨权衡/协同作用强度的时间演变趋势及空间分异格局，进而依据研究期内不同类型国土空间利用效率的增益、减损差异划分权衡/协同作用类型。

4. 三维国土空间利用效率耦合协调演变及其影响因素

基于耦合协调模型、空间探索性分析、转移矩阵等方法系统分析2000—2015年江苏省农业生产效率、经济发展效率及生态维护效率三维之间交互作用的耦合协调过程、时空格局及类型转移特征；在此基础上，综合多元线性回归及地理探测器模型，系统分析各影响因子对江苏省农业—经济—生态协调发展的作用属性、作用强度及其重要程度的时间演替规律，识别研究期内影响农业—经济—生态三者协调发展的主导因素，分析其作用机制。

1.4 研究方法与技术路线

1.4.1 主要研究方法

1. 文献研究法

通过研读国内外有关国土空间利用效率的相关文献，掌握当前国土空间利用效率研究的理论基础、技术方法、分类体系及主要切入点等相关成果及进展，总结、梳理当前研究取得的成效及存在的不足，进而为理清本研究思路及细化研究方案奠定基础。

2. 定性分析与定量研究相结合的方法

基于对前人国土空间利用效率研究成果的系统学习和总结，依据人类生存发展的多样化需求和不同土地利用类型在区域发展中承担的功能导向差异，定性分析国土空间利用系统的结构和分类，及区域期望视角下不同类型国土空间利用效率的内涵特征；在此基础上，通过构建国土空间利用效率评价指标体系定量测度区域农业生产效率、经济发展效率及生态维护效率的时空演变特征，定量识别不同类型国土空间利用效率之间的交互作用关系及其影响因素。

3. 比较分析法

农业生产效率、经济发展效率及生态维护效率等不同类型的国土空间利用效率在时间维度和空间维度均存在显著的时空差异。通过将不同研究时段下及不同区域之间的国土空间利用效率进行横向（时间维度）和纵向（空间维度）对比分析，以明确国土空间利用效率的时间演变趋势及空间分异特征。与此同时，对不同类型国土空间利用效率之间的相互作用关系进行横向、纵向对比分析可明确区域土地利用在农业生产、经济发展及生态维护等方面相互作用关系及其影响强度的时空演变趋势，为促进国土空间优化利用提供有效支撑。

1.4.2 研究技术路线

针对由快速城镇化和工业化进程导致的建设用地扩展迅速、耕地资源锐减、生态空间退化等资源环境问题与城镇用地低效利用、废弃闲置及耕地弃耕、撂荒、产能下降等土地资源低效利用现象并存的国土空间利用形势，本研究立足人类生存发展的多样化需求及不同土地利用类型在区域发展中承担的主导功能差异，基于效率视角提出融合土地利用区域期望和理想参考系的国土空间利用效率分析新框架，在此基础上，依据"理论解析—单维效率时空演变—双维效率权衡/协同辨别—三维效率耦合协调态势及其驱动因素—国土空间优化调控"的研究主线，以江苏省为研究区，在 1 km×1 km 的空间格网尺度下，定量分析农业生产效率、经济发展效率及生态维护效率的时空演变特征，辨别两两效率类型之间的权衡/协同关系及其空间分异格局，综合测度国土空间利用系统耦合协调发展过程及其影响因素，进而提出促进国土资源优化利用的措施建议。具体的技术路线见图 1-1。

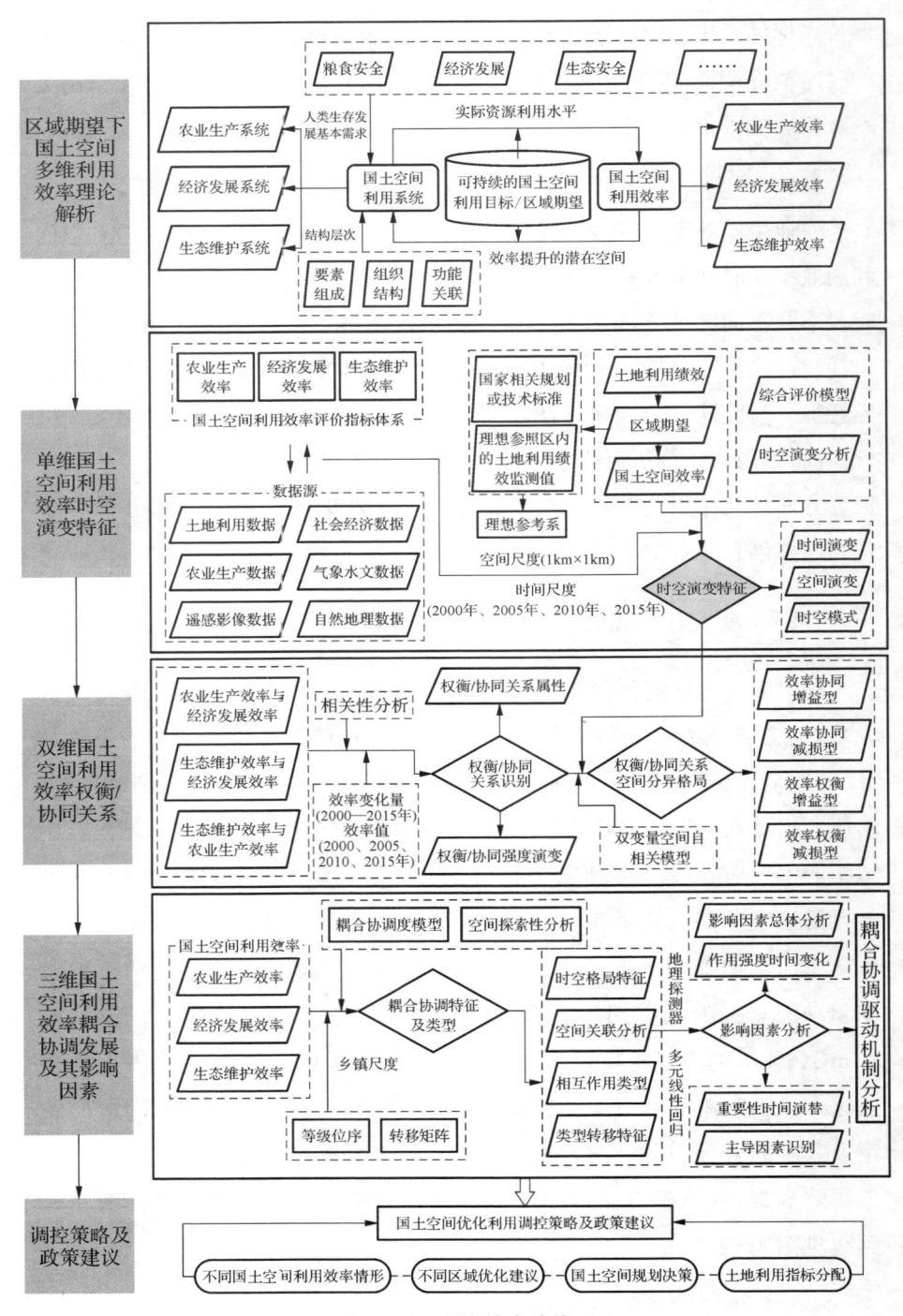

图 1-1　研究技术路线

第二章 区域期望视角的国土空间多维利用效率交互作用理论基础

2.1 国土空间及国土空间利用系统

2.1.1 国土空间

国土空间是人类赖以生存和发展的家园,对国土空间概念的理解具有广义和狭义之分。通常,广义的国土空间意为主权国家行政管辖范围内的全部陆域、海域及近地空域空间[163]。在这方面,2010年《全国主体功能区规划》将国土空间理解为"国家主权与主权权利管辖下的地域空间,是国民生存的场所和环境,包括陆地、陆上水域、内水、领海、领空等"。因此,国土空间是由土地资源、矿产资源、海洋资源、水资源、生物资源、生态环境、社会经济等自然—社会多种要素构成的复杂空间系统。其中,土地资源是国土空间的核心要素[164]。鉴于此,部分法律法规及国家规划重点关注国土空间中陆域空间内土地资源的利用及管理,并从土地资源利用及管理的实践需求出发划分国土空间分类体系[165]。在这方面,《土地管理法》从严格土地用途管制的角度出发,将国土空间从微观上划分为农用地、建设用地和未利用地;《全国国土规划纲要(2016—2030)》将国土空间划分为城镇、农业和生态三类空间,并提出了以用途管制为主要手段的国土空间开发和保护制度。此外,狭义视角下国土空间的分类体系还包括按城市、城镇、农村等要素分类的城乡空间划分及按产业发展、旅游名胜、文化景观等用途导向分类的功能空间划分[165]。

因此，为促进陆域空间内土地资源的优化利用，本研究中的国土空间意指狭义的国土空间概念，即国家主权管辖下的土地资源及其利用，包括农用地、建设用地、生态用地等土地利用类型，具备有限性、稀缺性及多功能性等综合特征。

2.1.2 国土空间利用系统结构和分类

国土空间在区域发展中兼具农业生产、经济发展、生态服务等多种功能[166]，并通过不同的土地利用类型、方式及行为实现多样化的服务功能。在诸多人类福祉中，人类生存发展的基本需求决定了粮食安全、生态稳定、经济发展是最基础和最重要的福祉类型[42]，并在一定程度上决定了区域的可持续发展能力和人类后代生态系统的健康。这些福祉通常通过不同的土地利用类型和方式实现，并通过人类与土地直接或间接的互动提供产品或服务以满足人类生存发展的多样化需求[167-168]，如提供食物、调节水等。因此，多样化的土地利用类型和方式、资源本底特征与人类行为活动、外界环境交互作用，形成了复杂的国土空间利用系统[169]。基于人类生存发展的多样化需求及不同土地利用类型发挥的主导功能差异，本研究认为，国土空间利用系统是由农业生产系统、社会经济发展系统、生态维护系统等构成的复杂开放系统[170-171]，不同类型的国土空间利用系统在区域发展中承担的主导功能及利用目标存在显著差异（图2-1）。同时，人类土地利用行为通过影响国土空间利用系统提供"产品"和"服务"的能力与潜力对人类福祉产生积极或消极的影响。

1. 农业生产系统

农业生产系统是指以保障人类生存发展为目标、以提供农副产品为主导功能的国土空间利用类型，主要包括水田和旱地等耕地利用类型。耕地资源禀赋特征、食物供给能力等是构成区域农业生产系统的基本要素，通过为人类生活、生产、建设等提供基本物质资料，如材料作物、经济作物和粮食作物等[172-174]，在保障经济发展、维持社会稳定等方面发挥重要作用。

2. 经济发展系统

经济发展系统是指以创造社会经济效益为目标、提供社会保障与人

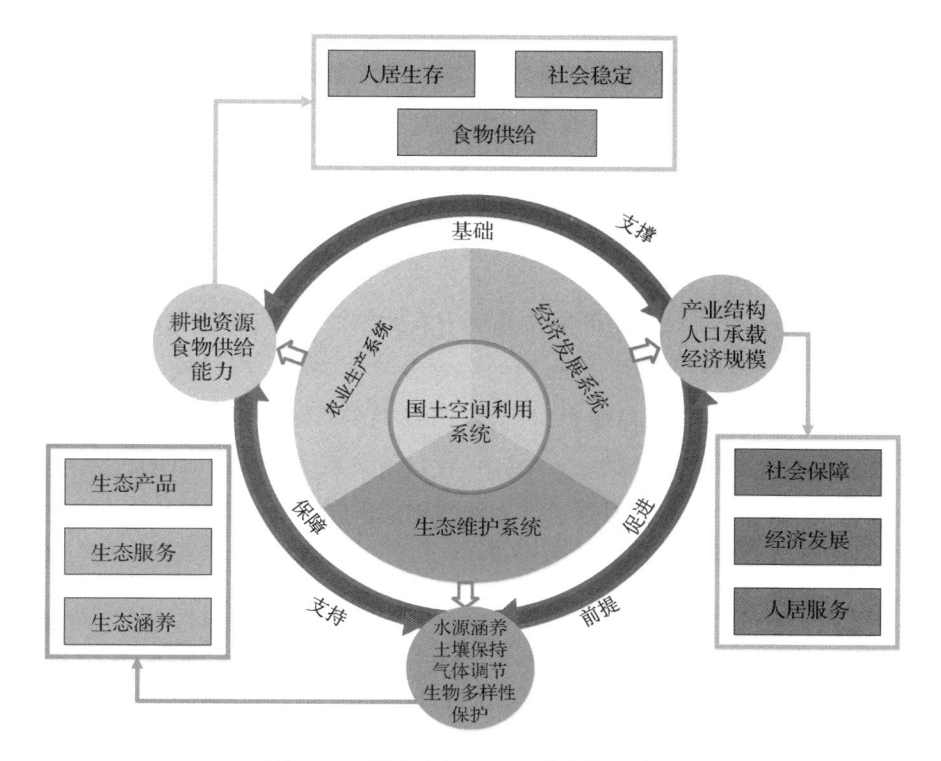

图 2-1　国土空间利用系统结构及功能

居服务等为主要功能的国土空间利用类型,针对全域空间,包括耕地,如水田和旱地;城乡建设用地,如城市建设用地、农村居民点等;以及生态用地,包括林地、草地等。经济规模、人口数量、产业结构等在一定程度上是反映区域社会经济发展水平和经济结构的基本要素,并通过土地利用结构优化和土地资源管理改善来协调区域农业生产与生态保护之间的关系,进而促进社会经济可持续发展是实现国土空间优化利用的最终目标;同时,社会经济水平的提高亦可通过为农业生产及生态保护提供资金和技术等反哺、支持区域农业发展及生态保护[175],实现国土空间的优化利用。

3. 生态维护系统

生态维护系统是指以支持高质量的人类生产和生活为目标,以提供生态产品、生态服务和生态涵养等为主要功能的国土空间利用类型,亦针对全域空间,包括耕地、城乡建设用地(城市与乡村绿化设施建设亦具备一定的生态保护功能)和生态用地等。尽管生态维护系统不能直接提供物质产出,但其通过水源涵养、土壤保持、气体调节等生态过程[176-177],为人类生存和发展提供必需的有机质、空气、水等,是维系国土空间利用系统持续、稳定的前提和保障[178]。

图 2-1 反映了国土空间利用系统中农业生产系统、经济发展系统和生态维护系统之间相互作用、彼此影响的耦合共生关系。在结构上体现了农业生产子系统的基础支撑能力、社会经济发展子系统的反哺支持能力及生态维护子系统的维系保障能力。其中,农业生产系统是基础,社会经济系统是目标,生态维护系统是保障。三者相互影响、相互制约、耦合共生,共同推进国土空间利用系统正常、持续运转。

2.2 区域期望视角的国土空间多维利用效率理论框架

2.2.1 土地利用效率研究视角演进

长期以来各国学者基于不同研究视角对土地利用效率的概念进行了多元设计和界定。综合来说,主要包括三个研究视角(图 2-2)。第一种是从单位土地面积的经济产出视角对土地利用效率概念进行设计[179-182],这也是土地利用效率早期研究的主要切入点。在这方面,Stull[183]提出了"土地利用中的社会最优经济效益"观点,随后,Eric[184]主张土地利用效率"不仅要考虑经济效益,亦需考虑其社会和政治效益",这在一定程度上丰富了土地利用效率研究的准则[158]。此外,Cui & Wang[107]、秦波[185]将其定义为"各土地利用单元的经济产出";Du 等[122]则将"城市建设用地每平方公里的平均经济产出"作为土地利用效率的衡量标准。

伴随研究的深入,一些学者将土地利用过程视为生产活动的投入—产出系统[186-189],这是第二个研究视角,并从土地利用过程的物质投入(如劳动力、资本、技术等)、经济期望产出(如单位土地面积的经济产出效益)、环境

第二章 区域期望视角的国土空间多维利用效率交互作用理论基础

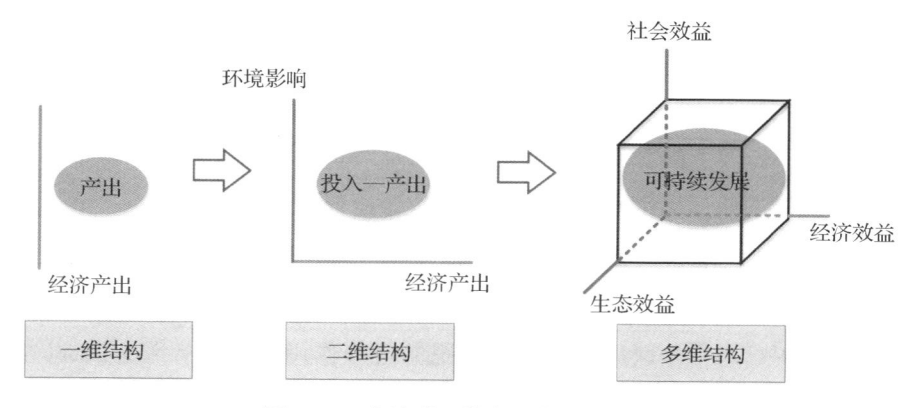

图 2-2 土地利用效率研究视角演进

非期望产出(如二氧化碳排放量、污水排放量等)等方面量化人类土地利用行为与社会经济活动对环境的影响,尤其是针对特定的经济部门或地区企业。

伴随全球自然资源枯竭和生态系统压力加剧,第三种研究视角将土地利用效率的概念设计与区域发展的长期可持续性连接[190-192],重点关注土地资源对"人"的空间承载能力[193],认为土地利用效率与"新开发的土地面积与承载的人口数量相关"[194-195]。在这方面,Zitti 等[91]、Zambon 等[196]、Masini 等[26]等均采用"建成区面积与常住人口的比率"定义土地利用效率。与此同时,部分学者开始从生态、社会、经济视角评估土地利用效率[192,197-199],认为土地利用效率不仅应注重经济效益,还应关注并努力实现经济、社会和生态效益的统一[199]。

综合而言,目前尚未形成统一的、共同商定的土地利用效率定义[3,50,200]。综观现有土地利用效率概念设计,经济效益、土地生产率、环境效率、生态效率等均被纳入土地利用效率的研究范畴,致使土地利用效率在一定程度上成为一个较宽泛的综合性概念[103]。事实上,这些广泛的概念设计对于指导特定经济部门的效率提高具有重要意义,但对指导区域尺度下的土地资源优化利用支撑有限,这主要是因为土地资源存量和利用潜力的区域差异在一定程度上导致大规模土地利用目标与小规模效率改善之间存在目标脱节。以生态效率为例,事实上生态效率通常用于比较不同国家或

· 031 ·

地区土地利用过程中经济增长对生态环境的影响[201],尤其针对特定的经济部门或地区企业,如工业、制造业等,但由于其未考虑资源利用水平、资源存量及资源利用潜力,致使宏观尺度下的环境保护目标与区域尺度的土地利用生态效率改善之间存在一定程度的目标脱节[202]。此外,从某一特定经济部门或地区企业的经济产出提高或生态效益改善中难以推断宏观区域尺度资源利用的整体状况及水平[27]。换句话说,在特定区域整体资源禀赋较差或资源利用方式不可持续的情况下,特定子区域内地区企业或经济部门生态效率的提高对整个区域资源环境状况的改善作用仍可能有限。因此,生态效率对区域尺度资源利用水平及其效率信息反映的有限性使其只能在一定程度上延缓特定区域内的资源环境退化而非真正引领区域的可持续发展[27,203]。

综合考量世界各国发展经验,在有限的国土空间和可持续的土地利用框架内促进农业生产、经济发展和生态保护三者之间的协调发展仍被视为具有挑战性的政策目标。因此,在呼吁更有效、更可持续地利用资源环境以满足人类日益增长的生存发展多样化需求的背景下,出现了两个问题:(1)可持续发展视角下的国土空间利用效率新内涵是什么?(2)如何衡量它?

2.2.2 土地利用的区域期望

"效率"的学科差异意味着明确可持续土地利用目标下国土空间利用效率的新内涵需首先澄清本研究中"效率"的具体含义。在这方面,本书参考Heijungs[43]给出的效率定义将其理解为"系统的最优程度"。在此基础上,国土空间利用效率研究的关键是系统"最优"阈值的确定。我们注意到在2.2.1中的多数研究中,无论是基于投入产出逻辑还是土地利用效益与最大效益之比的土地利用效率度量均以区域内土地利用效益最高值作为最优值(参考值)。然而,由于"最高值"未充分考虑区域发展基础、发展水平、发展能力等差异,可能在一定程度上片面低估或高估区域土地利用效率的真实水平,进而在一定程度上导致区域土地利用目标与实际发展能力脱节。例如,单位土地面积的GDP最高值通常出现在经济发达区域,然而实践中不可能将所有区域均发展为经济发达区;相似的,森林对区域生态安全维护的功能优势显著,然而不可能将国土空间均转变为森林。因此,在这种情况下,确定权威、合理且具有可实现意义的参考值量化土地利用效率是解决上述限制的有效途径。

我们的福祉取决于国土空间利用系统提供的产品和服务,并通过与国土空间利用系统直接或间接的互动获取这些产品和服务[27],如提供食物、调节水等[168]。与此同时,人类自身的土地利用行为亦可通过影响国土空间利用系统提供"产品"和"服务"的能力、潜力对人类福祉产生积极或消极的影响。因此,围绕可持续的土地空间利用,本研究认为,在特定的资源禀赋(如,土地、人口、劳动等)和生产技术等条件支持下,国土空间地域范围内不同职能、类型的土地利用系统(如,农业生产系统、社会经济发展系统、生态维护系统)凭借特定资源条件,能够为人类的生存发展提供期望的土地利用效益(即土地利用的区域期望或可持续的国土空间利用目标)[3]。这种区域期望并不一定是区域内资源利用水平的最大值,而是建立在社会、经济、农业、生态、资源、环境相互协调和共同发展基础上,与社会经济发展阶段相适应,与区域发展目标相一致的国土空间利用状态。它的内涵是既能满足国家对社会建设的阶段性发展需求,又不能对资源的可持续利用构成危害。

特定区域下,国土空间利用的区域期望由该区域土地利用利益相关者的价值观、期望和目标界定,并被转化为一套环境和社会经济用地绩效阈值,在相关政策、文件中向社会发布,这些阈值代表了特定区域在特定社会经济发展阶段内土地(资源)利用的追求性、可持续和合理性。潜在的利益相关者可能是国家、区域政府或机构(如部委、理事会)等其他区域利益集团[3,27]。因此,区域期望的确定可由相应国家规划或技术标准确定,亦可参照与待评估国土空间利用系统所处相同地理分区内可反映同类型国土空间利用系统理想或期望状态的研究单元(即,理想参考系,图2-3)土地利用绩效监测值或其资源利用水平[204]。需要说明,国土空间利用的区域期望具有一定的相对性和变化性。其中,相对性是指理想值的确定需因地制宜并符合区域发展水平,而变化性主要指理想值随区域经济发展、技术进步、社会意识增强、时代演变等发生改变。总体上,伴随上述因素的发展、演进、提高,国土空间利用的区域期望相应增大。

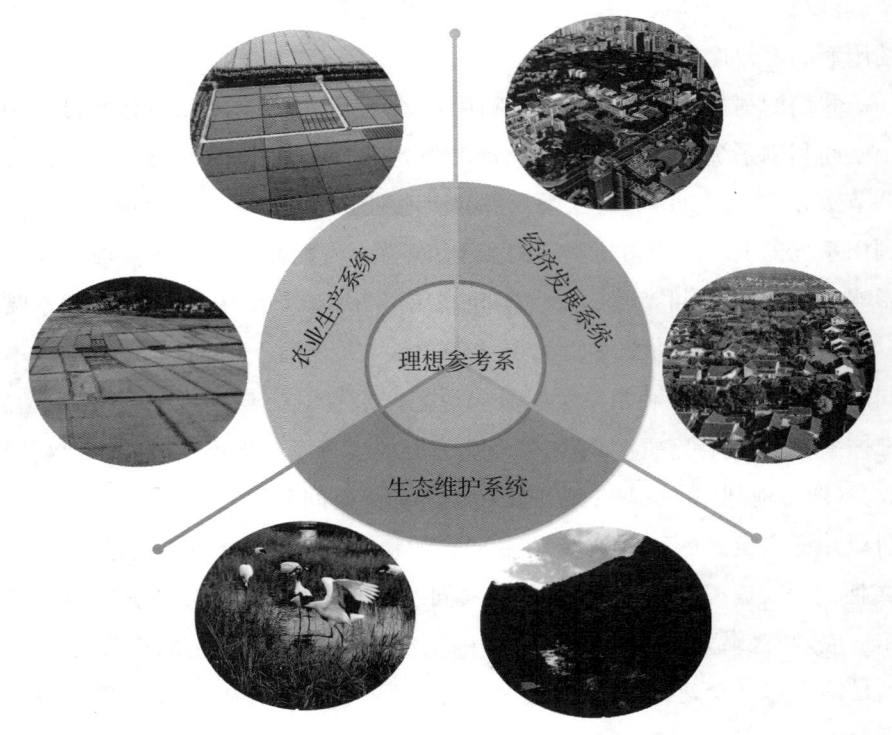

图 2-3　国土空间利用区域期望(理想值)确定的理想参考系示意

2.2.3　区域期望视角下的国土空间多维利用效率

以 2.2.2 节中确定的土地利用区域期望为参考,本研究将国土空间利用效率(Land Space Utilization Efficiency,LSUE)理解为土地利用过程中不同职能、类型的土地利用子系统凭借各自资源禀赋为人类福祉提供利益而实现区域期望土地利用效益的水平或程度,包括农业生产效率、经济发展效率和生态维护效率等子类别效率,分别用各子系统当前土地利用绩效与区域期望的比值表示。其中,农业生产效率主要针对耕地(包括水田和旱地)的利用,指其利用过程中实际农业生产绩效实现区域期望农业生产水平的程度;经济发展效率主要针对全域空间,指其利用过程中实际经济发展水平实现区域期望经济发展水平的程度;生态维护效率亦针对全域空间,并依据各土地利用类型在区域生态环境保护中发挥的功能优势差异,将全域空间进一步细分为农田生态系统(针对耕地,包括水田和旱地)、城乡人居系统(针对建设用地,包括城市土地和农村居民点)和自然生态系统(针对生态用地,包括河流、湖泊、森林、草地等),因此,生态维护效率指各子系统利用过程中实际生态维护效益实现区域期望生态维护水平的程度。

因此,在上述框架下,农业生产效率、经济发展效率及生态维护效率等分维土地利用效率<1(即,潜力盈余),表示相应国土空间利用子系统中,人类当前的资源利用水平尚未达到理想的资源利用水平,国土空间尚存在较大且合理的利用潜力待挖掘,这些潜力可通过改善土地利用规划和管理以及应用某些技术实现;土地利用效率≥1(即,潜力不足),则表示人类的资源利用水平已达到甚至超过期望的资源利用水平,国土空间利用潜力不足。在这种情况下,其含义对不同维度的土地利用具有不同的意义。具体来说,针对农业生产及生态维护效率,分维土地利用效率≥1意味着农业生产系统和生态维护系统能够凭借现有资源禀赋在粮食生产和生态维护方面提供优于/高于区域期望的产品或服务;而针对经济发展效率,分维土地利用效率≥1则意味着社会经济的发展可能在一定程度上牺牲了资源和环境。在此基础上,进一步以"1—土地利用效率"构建国土空间利用效率增加的潜在余量(Potential Headroom for Efficiency Increase,PHEI)以量化国土空间利用潜力。同理,PHEI>0表示国土空间尚存在较大且合理的利用潜力有待挖掘;PHEI≤0的情况针对不同维度意义不同(同上述土地利用效率≥1的情形)。具体来说,对粮食生产和生态维护而言,PHEI≤0意味着应尽可能地改善或至少维持现有资源环境水平;而针对经济发展效率,PHEI≤0表示人类的资源利用水平已达到甚至超过期望的资源利用水平,可能需通过政策、规划、管理等途径增强可持续发展能力。图2-4反映了土地可持续利用目标(区域期望)下的国土空间利用效率新内涵。

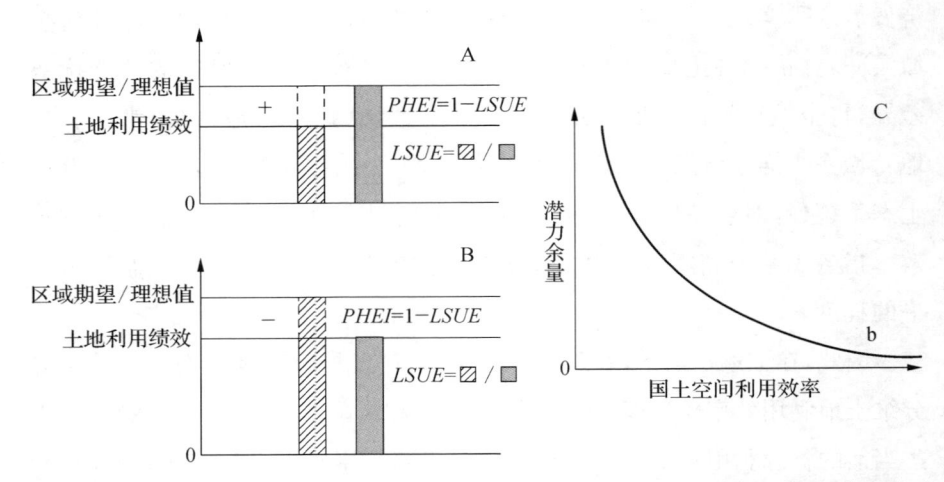

注：斜线代表当前土地利用绩效；阴影表示可持续的国土空间利用目标，即区域期望或理想值；黑色虚线框表示可持续土地利用潜力增加余量（PHEI），包含 A、B 两种情形。其中，A 情形中的"+"表示人类的资源利用水平尚未达到理想的资源利用水平，国土空间尚存在较大且合理的利用潜力，这些潜力可能通过改善土地利用规划和管理以及应用某些技术实现；而 B 情形中的"－"表示人类当前的资源利用水平已达到甚至超过理想资源利用水平，并可能在一定程度上牺牲了资源和环境；C 中的 b 曲线反映了国土空间利用效率（LSUE）与相应分维潜力增加余量（PHEI）之间的相对趋势关系，即，国土空间利用效率越高，相应的潜力空间越低。

图 2-4　区域期望视角下的国土空间利用效率内涵

2.2.4　新评估框架的特点

需要说明，区域期望视角下涵盖农业—经济—生态多维结构的国土空间利用效率解析框架不同于土地利用功能或土地利用多功能视角，尽管土地利用功能（或多功能）研究亦是用于评估土地利用变化对土地利用可持续性影响的重要手段[205]。这主要是因为在资源供给有限的背景下，土地利用功能强调对区域土地资源利用状况的多宜性和多效用性，重点关注特定土地利用用途下的"功能强弱"和"空间差异"；而区域期望视角下的"土地利用效率"不仅关注土地利用的多宜性与多效用性属性特征下特定土地利用用途的"空间差异"，更关注其在可持续资源环境承载约束下的资源利用潜力、潜力空间大小及其实现的可能性和有效性，这可为决策者及利益相关者直观地展示国土空间开发利用质量的区域间差异、相对效益水平及与国土空间利用目标之间的差距（即可提升的国土空间利用潜力），进而为区域可持续发展决策和土地资源管理实践提供具有较强公众感知度和实践操作意义的"落地化"土地资源利用信息，以促进区域土地资源优化配置。

与此同时，与传统土地利用经济效益视角或生产活动"投入—产出"视角的国土空间利用效率评估体系相比，基于土地利用"区域期望和理想参考系"的国土空间利用效率解析新框架具有如下特点及优势：(1) 评估过程与结果具有简单、直观、易于被公众认知等优势，可操作性强，在一定程度上提高了评估结果的应用性，可满足区域或国家尺度对国土空间均衡发展状况、质量水平的快速评估需求；(2) 通过为不同国土空间利用子系统建立土地利用绩效评估标准，使涵盖国土空间全域、涉及农业—经济—生态领域的国土空间利用效率综合评估成为可能；(3) 有助于实现不同区域之间或同一区域不同研究时期国土空间利用质量的时空对比，进而克服了以往研究中仅以特定区域的时下土地利用绩效水平判定其国土空间利用质量而难以进行区域间横向对比及与纵向目标要求有效衔接的不足；(4) 可在可持续的土地利用框架内直接量化国土空间利用潜力，有利于土地利用及管理部门深化区域发展差异认识、调整资源利用和管理策略，合理配置人力、物力及财力，提高土地利用效率。

2.3 国土空间多维利用效率的交互作用

农业生产、经济发展及生态维护等人类生存发展需求的满足或实现均与土地或土地利用行为密切相关。与此同时，受土地利用多宜性、多效用性等属性特征及土地资源的有限性和稀缺性等综合影响，农业生产效率、经济发展效率及生态维护效率分别满足人类生存发展在粮食供给、经济发展及生态稳定等方面需求的具体性使国土空间多维利用效率之间存在显著的交互影响作用，并在实现人类需求的路径之间以及由人类需求主导的不同土地利用行为之间均存在显著的效果抵消或协同增效作用，进而在一定程度上影响整个国土空间利用系统的协调有序发展态势。总体上，依据农业生产效率、经济发展效率及生态维护效率之间交互作用发生的维度差异、作用属性及对整个国土空间利用系统可持续发展产生的影响，国土空间多维利用效率之间的交互作用主要表现为对彼此发展产生促进或抑制影响的双维国土空间利用效率之间的权衡(竞争)/协同(合作)作用,以及对整个国土空间利用系统可持续发展产生重要影响的三维国土空间利用效率之间的耦合/协调作用。

2.3.1 双维国土空间利用效率的权衡与协同

当前,由城镇物质空间膨胀和城镇建设用地扩张等导致的对农业空间及生态空间的侵蚀、破坏等使农业生产系统、经济发展系统及生态维护系统之间的交互影响日益激烈,并使不同类型的国土空间利用效率之间存在此消彼长、相互抑制的权衡(tradeoffs)关系,或同增同减、相互增益的协同(synergies or co-benefits)关系,或互无影响的无关关系[206-207],且伴随区域资源利用方式、水平、结构及强度的变化,不同国土空间利用效率之间的权衡/协同关系呈现出显著的空间差异性和动态变化性[208-209]。其中,"权衡"关系是指由于两种国土空间利用效率之间存在较显著的空间冲突或竞争关系[210-211],一种国土空间利用效率的变化通常导致另一种国土空间利用效率向相反的方向演化,两者之间总体呈现相互抑制、此消彼长的作用规律;"协同"关系则指两种国土空间利用效率之间存在相互依存、合作共赢的作用规律,一种国土空间利用效率的变化通常影响另一种国土空间利用效率产生同向演变,二者之间表现为同增同减[212]。

具体来说,在经济发展与农业生产、生态维护等的相互作用过程中,一方面,通过建设用地空间扩张以满足社会经济快速发展需求的同时,对耕地、林地、水域等农业空间及生态空间的竞争、挤占、侵蚀可能在一定程度上对区域农业生产及生态维护效益产生消极抑制作用,进而导致区域社会经济效率的提高可能对农业生产效率及生态维护效率产生权衡抑制作用。另一方面,通过技术进步、资本积累实现的社会经济发展水平提高,也可能通过提供资金、技术等途径支持和反哺区域农业生产及生态维护活动,进而使社会经济发展效率的提高可能对农业生产效率、生态维护效率产生协同促进作用。在农业生产与生态维护的相互作用过程中,伴随人口数量的快速增加,通过耕地开垦、耕地复耕等途径满足食物供给需求,提高农业生产效

第二章 区域期望视角的国土空间多维利用效率交互作用理论基础

益的同时,农作物覆盖面积的增加可能在一定程度上对区域气候调节、生物多样性保护等发挥积极促进作用,从而使农业生产效率对生态维护效率发挥一定的协同促进作用。此外,人类在追求高效益的食物供给与农业产出的过程中,农药、化肥等化学制品的过量投入与使用也可能造成土壤面源污染并降低生物多样性,进而可能在一定程度上对生态维护效率产生权衡抑制作用。

因此,农业生产效率、经济发展效率、生态维护效率等国土空间多维利用效率之间存在复杂多样的权衡/协同关系(图2-5)。其中,协同关系是实现土地资源可持续利用的有效途径,亦是人类社会发展的最终目标。科学认知双维国土空间利用效率之间的权衡/协同关系不仅有助于深入理解不同国土空间利用子系统之间相互关联的作用因子及机制,更有助于在准确把握彼此之间作用关系的基础上,通过资源管理与决策、政策制定等途径以减弱或消除不同国土空间利用效率之间的权衡效应,增强或培育国土空间利用效率之间的协同效应,从而促进人类福祉的长期可持续。

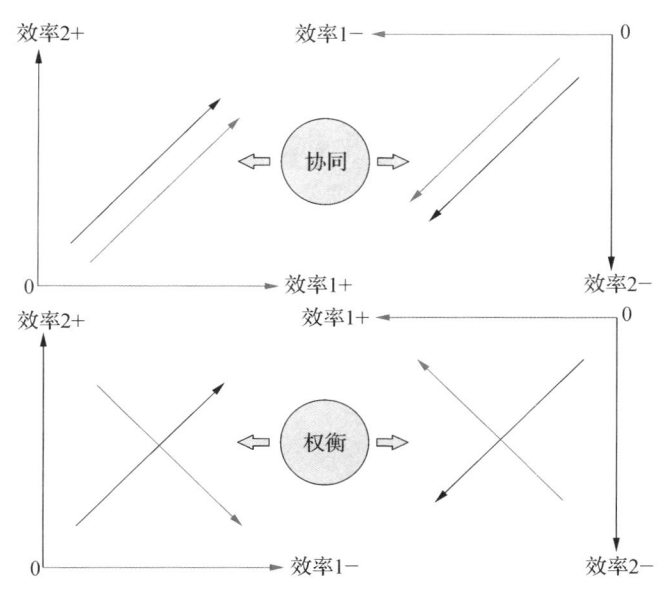

图2-5 双维国土空间利用效率之间的权衡/协同作用

2.3.2 三维国土空间利用效率的耦合与协调

农业生产系统、经济发展系统及生态维护系统作为国土空间利用系统的重要组成要素，系统内部要素之间的紧密关联性使两两系统在为满足人类生存发展需求发生权衡/协同作用的同时亦在一定程度上对两两系统以外的第三系统产生积极或消极影响，继而使三者之间存在复杂的交互影响作用，且作用方式、强度及和谐程度对整个国土空间利用系统的健康可持续发展产生重要影响。国土空间利用效率作为表征系统功能发挥状况的有效方式，在满足人类生存发展多样化需求的过程中，农业生产效率、经济发展效率及生态维护效率三者之间交互作用的耦合协调程度是衡量整个国土空间利用系统发展是否健康、可持续的重要标准。

"耦合"一词源于物理学概念，用于反映多个独立又相互影响的系统在运行过程中通过相互影响、相互作用而彼此建立联系的现象，且对系统之间相互影响、作用程度的衡量通常用耦合度表征[213]。因此，耦合度反映农业、经济、生态等国土空间利用系统内部要素之间相互作用、彼此影响的程度，强调系统或系统内部要素相互作用程度的强弱，不分利弊。耦合度值越大，则系统或要素间的关联影响越强。

协调反映多个系统在运行过程中通过相互协作、配合而实现的有序发展态势，且这种协调发展态势的衡量通常用协调度表征。因此，协调度反映国土空间利用系统中农业、经济、生态等要素发展过程中彼此相互作用而实现的和谐一致程度，是反映系统内部要素之间相互作用、相互影响的协调程度的有效度量[214]，体现了系统由无序走向有序的发展趋势。协调度值越大，系统演化、发展的有序性、和谐性及可持续性越强。

在有限的土地资源约束下，促进农业生产效率、经济发展效率及生态维护效率三者之间的协调有序发展是实现国土空间利用系统可持续发展的最终目标。在这个过程中，双维国土空间利用效率之间的权衡/协同作用与三维国土空间利用效率之间的耦合/协同作用呈现彼此影响、相互制约的共生关系（图2-6）。其中，双维国土空间利用效率之间的权衡/协同关系是国土空间利用系统内部要素交互影响的具体表现形式，并在一定程度上影响整个国土空间利用系统的协调发展态势;三维国土空间利用效率之间的耦合/协调作用是双维国土空间利用效率权衡/协同作用结果或影响效应的综合反映,并在一定程度上加剧或减弱系统内部要素之间的权衡/协同效应。因此,围绕可持续的国土空间利用,系统揭示双维国土空间利用效率之间的权衡/协同关系、三维国土空间利用效率之间交互作用的耦合协调态势及其驱动机制可为明确促进国土空间协调有序发展的措施路径、制定差异化的土地利用和管理政策提供信息依据。

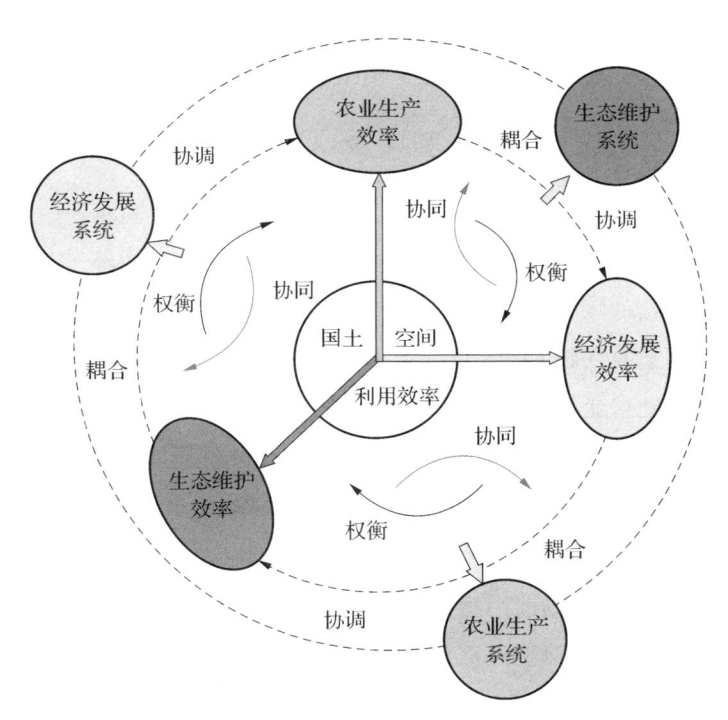

图 2-6 国土空间多维利用效率的交互作用

第三章 基础数据与模型方法

3.1 研究区

3.1.1 研究区选择及依据

江苏省位于中国大陆东部沿海中心、长江下游,是长江经济带与长三角地区的交汇节点区(图3-1),国土面积10.7万 km²,总人口7 976.3万。江苏跨江滨海,平原辽阔,平原、水域面积占比分别为68.8%和16.9%,比例居全国之首;地处东亚季风气候区,四季分明、光照充足、雨量充沛,区域水土光热资源组合优越,自然资源条件优越,经济社会发展水平高。2015年,江苏省经济总量达7.01万亿元,居全国第二位,城镇化水平达到66.5%,人均GDP为8.8万元,分别高于全国平均水平18.54%和78.14%,是中国社会经济发展和城镇化建设的前沿地区。

作为中国东部的典型经济发达区,江苏凭借其优越的地理位置和舒适的气候特点,以1.1%的国土面积承载了全国5.78%的人口和10.2%的经济总量,对促进国家经济建设、推进国家现代化进程发挥重要作用。伴随快速的城镇化进程,江苏省在社会经济发展取得显著成效的同时,也面临人多地少、资源匮乏、区域发展失衡等发展制约。经济发展与生态保护、城镇扩张与耕地保护等深层次矛盾和问题叠加、风险隐患增多的严峻挑战,人地关系矛盾异常突出(表3-1)。尤其是近年来经济社会快速发展和城镇建设用地规模扩张导致了对农业空间和生态空间的挤占、侵蚀,这进一步加剧了区域土地资源利用在粮食生产、经济发展和生态保护之间的空间冲突和用地矛

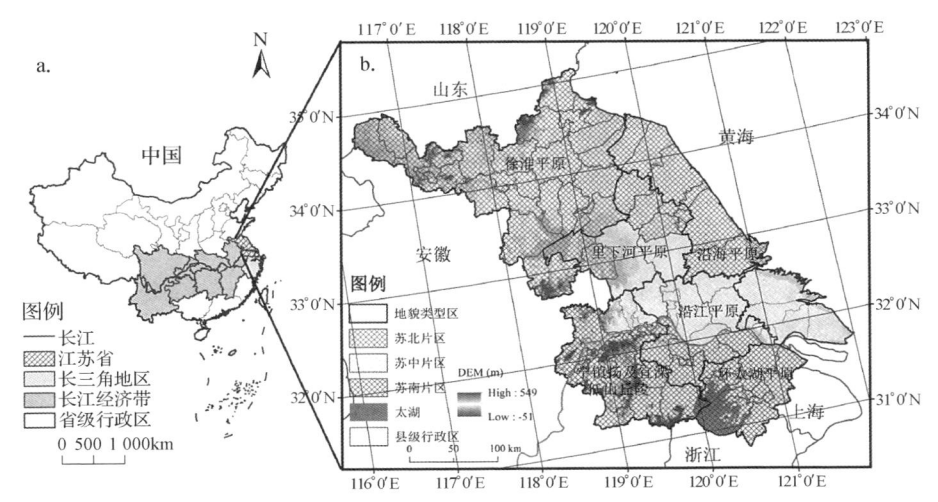

注：基于自然资源部标准地图服务网站GS(2019)1825号标准地图制作

图3-1 研究区示意

盾问题。根据江苏省《"十三五"国土资源与保护利用规划》，2000—2014年，全省耕地面积年均减少约 3.067×10^4 hm^2（46万亩）；人均耕地面积由1.03亩下降至0.86亩，仅为中国和世界平均水平的60.96%和24.78%，逼近联合国粮农组织（FAO）确定的0.8亩警戒线。与此同时，同期内全省建设用地总面积从 166.07×10^4 hm^2（2 491万亩）增加到 225.13×10^4 hm^2（3 377万亩），年均增加约 4.219×10^4 hm^2（63.29万亩）。2013年江苏省建设用地面积为 222.68×10^4 hm^2，提前7年突破《江苏省土地利用总体规划（2006—2020年）》确定的规划控制目标（222.36×10^4 hm^2），国土开发强度高达20.99%，居全国首位，且伴随未来经济的进一步发展，全省每年仍需要一定数量的新增建设用地支撑，建设用地供需矛盾突出。

伴随社会经济发展阶段和资源环境特点的变化，江苏省逐步实现了以最初片面追求经济效益向注重区域社会、经济、生态协调发展的可持续发展模式转型。在"一带一路"、长江经济带建设、生态文明建设、新型城镇化建设、长三角区域发展一体化等国家战略的支持和引导下，江苏省面临区位优势独特、经济腹地广阔、人力资本雄厚等发展形势与机遇，但随着经济社会快速发展及建设用地规模的进一步扩张，区域资源约束趋紧、耕地保护不足、生态环境退化等问题日益成为困扰江苏省实现社会经济可持续发展的强劲阻碍。作为中国工业化与城市化发展的前沿地区,江苏省的资源环境利用现状与调控路径对整个中国乃至世界发展中国家的区域发展实践具有重要的借鉴和引导作用。因此,在科学认知区域土地利用在农业生产、经济发展及生态维护之间交互作用规律的基础上,挖掘国土空间利用潜力,提高土地利用效率,促进农业—经济—生态协调发展,成为新时期江苏省实现社会经济可持续发展的必由之路。

表3-1 江苏省基本概况(2015年)

	国土面积(km^2)	城镇化率(%)	耕地面积(hm^2)	人口(万人)	GDP(亿元)	人均耕地面积(人/hm^2)	人均GDP(万元)	人口密度(人/km^2)
江苏	10.72×10^4	66.5	458.67×10^4	7 976.3	7.01×10^4	0.057	8.79	744
全国	957.14×10^4	56.1	$13\,553.07 \times 10^4$	137 522.41	67.40×10^4	0.095	4.90	144
江苏/全国(%)	1.12	118.54	3.38	5.80	10.40	60.00	179.39	516.67

3.1.2 经济板块划分

江苏省下辖13个地级市,依据社会经济发展水平与地理区位差异,全省划分为苏北(徐州、连云港、盐城、淮安、宿迁5市)、苏中(扬州、南通、泰州3市)和苏南(南京、镇江、常州、无锡和苏州5市)三大区域,面积之比为10∶4∶5。长期以来,资源环境禀赋、发展基础、区位条件等的区域差异铸造了江苏境内社会经济发展水平的南北巨大分异,伴随快速的工业化和城镇化建设,区域之间不平衡的"哑铃状"经济空间格局也不断强化,是我国东中西三大经济地带差异的典型区域缩影[215-216],区域两极分化严重。其中,苏南片区地处长江三角洲核心地带,区位优势独特,其国民生产总值与人口数量分别占全省的58.82%、47.62%,是国家现代化建设示范区和带动区域经济发展的主力军,社会经济发展水平高,其经济发展水平和发展速度亦遥遥领先全国大部分城市。快速的经济增长亦导致区域农业空间、经济空间、生态空间之间的空间冲突愈发严峻。相关研究表明[217]，2005—2014年间，苏南片区城镇建设用地面积增加约30.8%，而同期内耕地面积、生态用地面积则分别减少15.5%和5.3%，国土空间开发强度高达28.4%，部分地区甚至已超过区域国土空间开发强度30%的国际公认临界点。苏中片区沿江滨海优势显著，其国民生产总值与人口数量分别占全省的17.64%、28.57%，总体处于经济快速发展时期，工业化经济稳定，土地开发强度适中，但耕地保护压力与建设用地需求均较大。相较苏南和苏中片区，苏北地处黄淮海平原南翼，其国民生产总值与人口数量分别占全省的23.53%、23.81%，经济发展水平较低，是江苏省的经济后发展地区。区域农业生产优势明显，耕地资源丰富，粮食产量约占全省粮食产量的61.35%，是保障江苏省粮食安全的重要粮仓，但随着区域发展需求增强，农业用地、生态用地与其他建设用地的潜在矛盾逐渐加大，空间冲突现象日趋严峻。

总体上，无论是在全省尺度还是区域尺度，经济高速发展与国土空间冲突日益激烈的现实困境进一步凸显了提高国土空间利用效率、协调农业—经济—生态空间冲突、促进国土空间资源优化配置对增强江苏省区域可持续发展能力的战略意义。

3.2 数据来源与处理

研究所需数据包括土地利用数据、社会经济数据、农业生产数据、气象水文数据、遥感影像数据及自然地理数据等，具体数据类型、分项分类、数据时段、数据类型及空间分辨率等见表3-2。由于数据来源、空间精度、数据格式等方面的差异，本研究需对基础数据进行预处理，包括格式转换、空间精度统一、地图投影与坐标系统统一等。具体的，针对基础数据空间精度及数据格式不一致的情况，本研究首先基于2015年江苏省行政区划范围将研究区划分成1 km×1 km的空间格网，在此基础上，通过数据格式转化、降尺度、空间插值等方法将上述数据均统一至该空间尺度下；针对地图投影与坐标系统不一致的情况，本研究将所有基础数据统一为高斯克吕格投影、2000国家大地坐标系。

表 3-2 数据来源及说明

数据类型	数据分类	数据时段	数据类型	空间分辨率	数据源	数据用途
土地利用数据	耕地,建设用地,林地,草地,水域等	2000,2005,2010,2015 年	矢量	1:10 万	中国科学院资源环境科学数据中心(http://www.resdc.cn/)	辅助统计型社会经济数据及生态环境数据的精细尺度空间化表达
社会经济数据	人口数量	2000,2005,2010,2015 年	表格	县级	江苏统计年鉴各地级市,县级市统计年鉴	结合土地利用数据实现精细尺度下人口、GDP 的空间化表达
	GDP;三二产业产值	2000,2005,2010,2015 年				
	耕地质量	2010 年	矢量	1:10 万	全国耕地质量等别调查	耕地质量水平分析
农业生产数据	粮食产量	2000,2005,2010,2015 年	表格	县级	江苏统计年鉴;各地级市、县级市统计年鉴	结合土地利用数据的空间化下粮食产量的空间化表达
	耕地复种指数	2000,2005,2010,2013 年	栅格	1 km×1 km	参考文献[218]	耕地集约利用水平分析
气象水文数据	降水	2000,2005,2010,2015 年	表格	空间插值 1:100 万	中国气象局气象数据中心 http://data.cma.cn/	辅助精细尺度下水源涵养,土壤保持等生态环境数据的空间化表达
	气温	2000,2005,2010,2015 年				
	光照	2000,2005,2010,2015 年				

（续 表）

数据类型	数据分类	数据时段	数据类型	空间分辨率	数据源	数据用途
遥感影像数据	NDVI	2000、2005、2010、2015 年	栅格		中国科学院资源环境科学数据中心（http://www.resdc.cn/）	植被覆盖状况分析
	NPP	2000、2005、2010、2015 年	栅格	1 km×1 km	国家地球系统科学数据中心（http://www.geodata.cn/data/publisher.html）	结合土地利用数据实现精细尺度下粮食产量的空间化表达
	夜间灯光	2000、2005、2010、2013 年			美国国家海洋和大气管理局（http://www.noaa.gov/）	结合土地利用数据实现精细尺度下人口、GDP 的空间化表达
自然地理数据	DEM	2009 年	栅格	30 m×30 m	地理空间数据云（http://www.gscloud.cn/）	辅助精细尺度下水源涵养、土壤保持等生态环境数据的空间化表达
	土壤数据	1990s	矢量	1∶100 万	全国第二次土壤普查数据集；旱区科学数据中心（http://data.casnw.net/portal/）	

3.3 国土空间利用效率多维评估

3.3.1 国土空间利用效率评价指标体系构建

1. 农业生产效率

人口的持续增长和食物消费水平的提升对生态系统与自然资源的压力加剧[219]。同时,耕地后备资源不足及快速城镇化和工业化进程导致的对优质耕地资源的侵占亦加剧了区域保障粮食安全的挑战。作为从事农业生产活动、保障粮食安全的基本物质资料,耕地是陆地生态系统中占地面积最大的土地利用方式[220-221]。然而,诸多研究表明当前多数耕地生产能力远低于其所处气候条件下应具备的粮食生产能力[219,222]。因此,提高耕地资源利用效率、提升耕地生产能力对应对粮食安全挑战意义重大。与此同时,作为中国及长三角地区重要的农业生产大省,江苏省农业生产条件得天独厚,素有"鱼米之乡"的美誉,是中国南方最大的粳稻生产省,也是全国优质弱筋小麦的生产优势区,2015年粮食产量分别占中国、长三角地区粮食总量的5.73%、80.47%。同时,受资源禀赋、气候条件、历史文化等因素的综合影响,江苏省的农业发展以种植业为主,种植业产值占农林牧副渔业总产值的52.94%(2015年)。综上所述,基于耕地在稳定农业生产、保障粮食安全等方面的突出作用以及江苏省种植业生产在中国及长三角地区的重要贡献,研究选取耕地质量水平、耕地复种指数及粮食产量等指标分别反映耕地资源本底特征、集约利用水平及耕地生产能力等方面的种植业生产信息。

2. 经济发展效率

土地、资本、劳动力是促进社会经济发展的基本要素。尤其伴随全球城市时代的来临,以经济规模扩大、城镇人口集聚、服务型产业发展迅速等为主要表现的城镇化发展水平和质量成为衡量区域社会经济发展的重要指标[28,223-225]。作为推进中国城镇化和工业化进程的前沿地区,江苏省与浙江省、上海市共同构成的长江三角洲城市群已成为六大世界级城市群之一。

其中,江苏省以1.1%的国土面积分别承载了全国和长江三角洲10.23%、50.76%的经济总量(2015年)。与此同时,2015年江苏省的城镇化率、人口密度、人均生产总值、居民人均可支配收入分别为66.5%、744人/平方公里、87 995元、29 539元,分别为全国平均水平的1.19、5.17、1.78和1.35倍,呈现出经济总量大、人口密度高、服务型产业发展迅速等特点。为此,本研究选取地均GDP、人口密度、二三产业贡献等指标分别反映区域经济效益、人口承载及产业结构等方面的社会经济发展状况。

3. 生态维护效率

2005年千年生态系统评估(Millennium Ecosystem Assessment,MA)报告的发布使人类对关乎人类福祉与健康的生态系统服务的认识更为深刻。尤其是工业革命以来世界范围内以空间无序扩张、资源掠夺式发展等为主要表现的不可持续发展模式已导致全球范围内约60%的生态系统服务发生或正在发生退化,严重威胁区域乃至全球生态安全[226-227]。生态系统服务(Ecosystem Service,ES)即生态系统为维持人类生存和发展提供的所有效益[228],包括提供食物、淡水等维持人类生存与发展基本且必需生产生活资料的供给服务,维持生态系统稳定与环境动态平衡的初级生产、水源涵养、土壤保持、气体调节等支持服务和调节服务,以及满足人类精神文化需求的娱乐、游憩、审美等文化服务[227,229-230]。尽管多数生态系统服务不能提供直接的物质产出,如初级生产、水源涵养、土壤保持、气体调节、生物多样性保护等支持和调节服务,但其通过为人类生存和发展提供空气、水、有机质等必需生存资料,对维持生态系统的稳定、有序发展发挥基础作用。与此同时,江苏境内河湖众多,水网密布,水域面积占比17.78%,是中国唯一同时拥有大江(长江)、大河(大运河)、大湖(太湖、洪泽湖,分别为全国第三、第四大淡水湖)及大海(黄海)的省份。此外,江苏境内林木覆盖率达23.6%,湿地面积占全国第六位,生态资源丰富,在调节区域小气候、水土保持等方面均发挥重要作用。基于此,本研究立足维持生物圈稳定的"植—水—土—气—生"视角及江苏省独特的生态资源禀赋状况,选取植被覆盖、水源涵养、土壤保持、固碳功能及生境质量等指标,分别反映区域生态系统在上述支持服务、调节服务等方面的生态服务能力。

综上,本研究从农业生产效率、社会经济发展效率、生态维护效率等三个方面构建国土空间利用效率评价指标体系,各指标含义见表3-3。

3.3.2 国土空间利用效率评价指标量化

受基础数据和研究方法等因素的综合制约,当前国土空间利用效率研究多以行政单位为研究单元(如省域、市县)对单一土地利用类型或特定用途的区域开展国土空间利用效率测度,如耕地[231]、工业用地[232]、开发区[233]等,而针对宏观区域尺度,结合时代要求及国土空间利用目标,通过综合测度精细尺度下区域在农业生产保障、社会经济发展、生态安全维护等方面的国土空间利用效率进而指导区域国土空间优化利用的研究尚显不足。鉴于此,为进一步深化现有国土空间利用效率研究尺度并拓展其研究内容,本研究拟在 1 km×1 km 格网尺度下开展农业生产效率、经济发展效率、生态维护效率的时空演变特征及彼此之间的相互作用关系及其影响因素研究。因此,本研究首先基于 Arcgis 平台中的 Create Fishnet 工具将研究区划分为 1 km×1 km 的规则格网,全省总计 107 347 个空间格网。在此基础上,对研究期内 2000 年、2005 年、2010 年和 2015 年的所有基础数据均统一至该空间尺度下。然而,实践中粮食产量、国内生产总值(GDP)、人口数量等农业生产及社会经济数据均以行政单位为统计单元的尺度限制和精细尺度下水源涵养、土壤保持、气体调节及生物多样保护等生态环境数据获取的挑战性,使本研究需依托相关统计数据空间化方法及生态系统服务评估模型实现精细尺度下空间连续数据的获取。因此,本节重点介绍精细尺度下农业生产数据(即,粮食产量)、社会经济数据(即,GDP、人口数量)、生态环境数据(即,水源涵养量、土壤保持量、固碳及生境质量)等基础数据的空间量化方法及其模拟结果。

1. 农业生产数据

粮食产量是反映区域耕地生产能力的重要依据,对优化耕地资源管理和加强耕地质量建设具有重要意义[234]。然而,区域尺度下粮食产量数据的

表 3-3 国土空间利用效率评价指标体系

目标层	准则层	指标层	单位	量化方法	指标含义及说明
农业生产效率	耕地资源本底	耕地质量水平	等别	$C_i = \sum_{j=1}^{k} w_j \frac{s_j}{s}$	表征区域耕地质量水平
	粮食生产能力	粮食产量	t/km²	基于土地利用数据空间化	表征区域粮食生产能力
	耕地资源集约	耕地复种指数	次	农作物播种面积/耕地面积	表征区域耕地资源的集约利用水平
社会经济发展效率	经济效益	地均GDP	万元/km²	基于土地利用与夜间灯光数据空间化	表征区域经济发展水平
	人口承载	人口密度	人/km²		表征区域人口密集程度
	经济结构	二三产业贡献率	%		表征区域产业结构状况
生态维护效率	植被覆盖	植被覆盖指数	—	NDVI	表征区域植被覆盖程度
	水源涵养	水源涵养指数	mm/km²	InVEST模型	反映区域维持水源的能力
	土壤保持	土壤保持指数	t/(km²·a)	RUSLE模型	表征区域保持土壤的能力
	气体调节	固碳功能指数	kg C/m²	基于NPP估算	表征区域气体调节的能力
	生物多样性保护	生境质量指数	—	InVEST模型	反映区域维护生物多样性的能力

注：表格中，C_i 为研究单元 i 的平均耕地质量；W_j、S_j、S 分别代表耕地质量等别 j、j 等别耕地面积及耕地总面积。耕地质量等别越高，代表区域耕地质量越差。

获取主要依托农业统计数据中的粮食产量,其最小统计单元为县级行政单位,难以客观反映基层行政单位(如乡镇、村域等)及精细尺度下农田生产能力的空间差异,进而导致农业生产要素空间异质性与区域统计数据区间同质性之间的矛盾[235]。作为有效反映绿色植物在单位时间、单位面积内积累有机物数量差异的重要指标,生态系统净初级生产力(Net Primary Productivity,NPP)通过为不同类型作物建立统一的生产力衡量标准[234,236],被广泛应用于不同尺度、不同类型生态系统生产力模拟及生产力对土地利用/土地覆被变化和气候变化的响应研究[237-239]。因此,利用耕地生态系统净初级生产力模拟耕地生产能力是评估粮食产量、反映区域差异的有效手段,可有效弥补传统农业统计数据难以实现对基层行政单位及精细尺度粮食产量定量评估的不足。因此,参考相关研究方法[240],本研究依托2000—2015年江苏省耕地生态系统净初级生产力数据(NPP)实现对研究期内县域粮食产量的空间格网分配,得到精细尺度下的粮食产量数据。空间分配原则如下:

$$gy_{m,i,r} = NPP_{m,i,r} / \sum_{i=1}^{n} NPP_{m,i,r} \times gy_{m,r} \quad (式3-1)$$

式中,$gy_{m,i,r}$ 表示 m 县域 r 年份第 i 个耕地格网的粮食产量;$NPP_{m,i,r}$ 表示 m 县域 r 年份第 i 个耕地格网的 NPP;n 表示 m 县域的空间格网数量;$gy_{m,r}$ 表示 m 县域 r 年份的粮食产量。

2. 社会经济数据

与粮食产量的统计发布数据相似,作为现阶段反映区域经济规模、人口、产业等社会经济发展状况的重要信息源,实践中依据行政区划单元发布的社会经济统计数据,缺乏对同一行政单元内部统计指标空间分异特征的有效描述,一定程度上制约了统计数据在人类活动与地理—生态过程交互作用格局、效应等方面的应用。在此背景下,基于特定技术方法和空间分配准则实现对典型社会经济统计数据(如GDP、人口等)的格网分配和空间可视化,可为满足资源环境研究领域对空间型社会经济数据的迫切需求提供有效支撑。

GDP、人口空间化即将统计型经济数据按照一定的分配准则和技术方法将其分配到特定空间精度地理格网(一般为 1 km×1 km)的过程,进而可与地形、气候、河流等生态环境数据结合,为全球环境变化下的区域模型构建和可持续发展评估提供数据支持[241]。当前,诸多研究表明,由美国国防气象卫星计划(Defense Meteorolgical Statellite Program,DMSP)线性扫描业务系统(Operational Linescan System,OLS)发布的夜间灯光影像数据,由于其包含丰富的灯光强度变化信息和灯光面积空间信息,与社会经济因子(如人口、GDP 等)的空间分布具有较高的相关性[241-244],已成为表征区域社会经济发展水平、监测生态环境质量的有效数据支撑。因此,本研究参考相关空间化方法[245-246],基于夜间灯光数据、土地利用数据、GDP 和人口的统计数据,实现对 GDP、人口数量等社会经济因子的空间格网分配,主要包含夜间灯光参数提取、土地利用类型分类与灯光参数信息统计、统计回归模型构建、统计数据空间化、统计数据线性校正等步骤。

(1) GDP 空间化

土地是一切社会经济活动的空间载体,因此,社会经济数据空间化的关键是确定 GDP 产值组成要素(第一产业产值、第二产业产值、第三产业产值)与不同土地利用类型之间的相互关系[246]。其中,第一产业产值中的农、林、牧、副、渔业产值主要对应耕地、林地、草地、水域等土地利用类型;而二三产业产值主要对应建设用地类型,包括城市建设用地、农村居民点及工矿用地等其他建设用地等。因此,本研究采用分产业建模思路,分别对第一产业产值、二三产业产值之和建模模拟,在此基础上,综合第一产业产值、二三产业产值生成研究区 GDP 空间密度图。其中,二三产业产值之和的建模处理流程如下:

① 夜间灯光指数提取

DMSP/OLS 数据取自美国国家地球物理数据中心(National Geophysical Data Center,NGDC),主要包含灯光强度和灯光面积信息。其中,灯光强度主要反映夜间灯光的空间立体信息及特征,其取值范围为[0,63]。灯光值等于 0 表示不存在灯光强度;灯光值等于 63 的像元基本为饱和像元,多为城市中心地带,经济活动密集,社会经济发展水平较高。灯光面积则重点反映夜间灯光的空间延展特征,通常将灯光强度大于 0 的区域视为灯光区。因此,基于 DMSP/OLS 数据可派生出灯光强度、灯光区及非灯光区三种灯光参数数据。其中,夜间灯光影像的 Value 值即为灯光强度;对稳定灯光数据中 Value 值等于 0 和 Value 值大于 0 的像元进行二值化处理,大于 0 的区域即为灯光区,等于 0 的区域即为非灯光区。

② 土地利用类型分类与灯光参数信息统计

以研究期内不同时间断面下的城市建设用地、农村居民点、其他建设用地等土地利用类型为基础,基于 Arcgis 平台中的 Intersect 工具分别对上述土地利用类型与研究区 1 km×1 km 规则格网图层进行叠置分析,统计每个栅格格网每种土地利用类型的面积占比;在此基础上,进一步将研究区 1 km×1 km 规则格网图层与对应时间断面下的灯光强度、灯光面积、非灯光面积参数数据进行叠置分析,得到每个栅格格网对应的灯光参数值;进而依据每个像元中城市建设用地、农村居民点、其他建设用地等土地利用类型所占比例分配该像元的灯光强度、灯光面积、非灯光面积等灯光参数数据,得到不同土地利用类型对应的灯光参数数据集。具体地,以灯光强度为例,不同土地利用类型下的灯光强度分配公式如下:

$$l_{ij} = p_{ij} \times l_i, \sum_{j=1}^{m} p_{ij} = 1 \qquad (式 3-2)$$

式中,l_{ij} 为格网 i 内第 j 种土地利用类型的灯光强度值;p_{ij} 为格网 i 内第 j 种土地利用类型的面积占比;l_i 为格网 i 内的灯光总强度;m 为格网 i 内包含的土地利用类型数量。相似的,可得到不同土地利用类型下的灯光区及非灯光区参数数据。

③ 统计回归模型构建

以格网尺度下不同土地利用类型的灯光参数数据为基础,基于 Arcgis 平台中的统计求和功能,以县域为统计单元,分县统计不同土地利用类型的灯光参数总和,得到城市建设用地、农村居民点、其他建设用地等类型对应的灯光强度(LE)、灯光区(NL)、非灯光区(NU)等参数总和。在此基础上,以 SPSS 为平台,运用逐步回归法(Stepwise Regression Analysis)将上述灯光参数集与县域单元二三产业产值之和(gdp_{23})构建统

计回归模型,如下:

$$gdp_{23,i} = \sum_{j=1}^{3} a_{ij} \times LE_{ij} + b_{ij} \times NL_{ij} + c_{ij} \times NU_{ij} \quad （式3-3）$$

式中,$gdp_{23,i}$ 为县域 i 第二产业与第三产业产值总和;LE_{ij}、NL_{ij}、NU_{ij} 分别表示县域 i 内第 j 种建设用地类型(即城市建设用地、农村居民点及其他建设用地)的灯光强度、灯光区及非灯光区总值;a_{ij}、b_{ij}、c_{ij} 分别表示县域 i 内第 j 种建设用地类型灯光强度、灯光区及非灯光区参数的权重。

基于逐步回归分析方法,最终得到不同建设用地类型灯光参数与县域二三产业产值之和的最优回归模型,见表3-4。表中,研究期内不同年份回归模型的拟合优度均大于0.96,表明基于上述方法实现的二三产业产值之和的空间化模拟结果具有良好的可靠性。进而,参考相关方法对异常值进行识别与处理,并得到初始模拟结果。

④ 统计数据空间化与线性校正

通常,为减小模拟结果与实际产值之间的空间误差,在基于回归模型对二三产业产值空间分布进行初步模拟的基础上,一般还需要通过县域实际二三产业产值数据对该县域二三产业产值模拟结果进行线性校正以使空间误差仅分布在县域内部,公式如下:

$$gdp^{*}_{23,ij} = (gdp_{23,ij} / \sum_{j=1}^{n} gdp_{23,ij}) \times gdp_{23,i} \quad （式3-4）$$

式中,$gdp^{*}_{23,ij}$ 为县域 i 内第 j 个格网经县域实际二三产业产值纠正后的二三产业产值密度;$gdp_{23,ij}$ 为县域 i 内第 j 个格网的初始模拟二三产业产值;n 为县域 i 内的格网数量;$gdp_{23,i}$ 为县域 i 初始模拟二三产业产值总量。

在明确江苏省格网尺度二三产业产值密度空间分异的基础上,基于对种植业在江苏省农业生产中的显著优势考虑,参考相关方法[246],研究对县域第一产业产值与耕地面积建立回归模型,实现格网尺度第一产业产值的空间化表达。回归模型见式3-5,模型估计结果见表3-5。在此基础上,采用与上述模拟二三产业产值线性纠正相似的方法实现对第一产业产值初始模拟结果的线性纠正。

表3-4 2000—2015年不同建设用地类型灯光参数与二三产业产值之和的多元线性回归模型估计结果

时间	效应显著自变量	非标准化系数(B)	标准误差(Std. Error)	Beta	t值	$Sigma$	调整后R^2
2000年	城镇用地灯光面积	248.827	24.768	0.850	10.046	0.000	0.964
	农村居民点灯光区面积	−56.619	10.228	−0.507	−5.536	0.000	
	农村居民点灯光强度	6.489	1.825	0.541	3.555	0.001	
	城镇用地灯光强度	4.995	0.852	0.478	5.862	0.000	
2005年	农村居民用地灯光强度	3.024	0.663	0.278	4.565	0.000	0.972
	其他建设用地灯光强度	30.107	5.635	0.361	5.343	0.000	
	其他建设用地灯光区面积	−296.393	71.752	−0.165	−4.131	0.000	
	城镇用地灯光强度	8.755	0.473	0.848	18.492	0.000	
2010年	农村居民点灯光区面积	−119.818	21.353	−0.241	−5.611	0.000	0.981
	农村居民点灯光强度	8.599	1.886	0.324	4.560	0.000	
	城镇用地灯光强度	8.467	4.80	0.894	7.648	0.000	
2015年	农村居民点灯光区面积	−126.582	23.716	−0.248	−5.337	0.000	0.978
	农村居民点灯光强度	6.431	1.773	0.283	3.627	0.001	

$$gdp_{1,i} = a_i \times S_i \qquad (式3-5)$$

式中,$gdp_{1,i}$ 为县域 i 第一产业产值;S_i 为县域 i 的耕地面积;a_i 为县域 i 内第一产业产值与耕地面积之间的回归系数。

表3-5 2000—2015年县域尺度第一产业产值与区域耕地面积回归模型估计结果

时间	非标准化系数(B)	标准误差(Std. Error)	Beta	t 值	Sigma	调整后 R^2
2000年	147.657	4.171	0.976	35.398	0.000	0.952
2005年	198.061	4.716	0.983	42.000	0.000	0.965
2010年	355.532	9.598	0.978	37.041	0.000	0.956
2015年	358.433	9.982	0.977	35.909	0.000	0.953

将上述经县级统计数据纠正后的第二产业产值与第三产业产值之和、第一产业产值统一至研究区 1 km×1 km 的规则格网尺度下,通过栅格相加运算得到江苏省不同时间断面下的 GDP 空间密度数据。

(2) 人口空间化

采用与二三产业产值之和相同的空间模拟方法,经夜间灯光指数提取、土地利用类型分类与灯光参数信息统计、统计回归模型构建、统计数据空间化与线性校正等步骤,得到研究区 2000—2015 年格网尺度下的人口密度数据集。其中,县域尺度不同建设用地类型灯光参数与人口数量的最优回归模型见表 3-6。

3. 生态环境数据

生态系统服务的种类复杂性、空间异质性以及人类需求的多样性使开展生态系统服务定量评估及其与社会经济活动的交互影响效应、空间潜力识别对实现生态系统的有效管理、提高区域可持续发展能力意义重大[227,247-249]。然而,精细尺度下的生态系统服务空间化表达是制约当前社会经济数据与生态环境数据有效整合,进而为权衡人类发展、生态保护及自然资源管理之间关系提供有效支撑的主要挑战。InVEST(Integrated Valuation of Ecosystem Services and Tradeoffs)模型通过空间参数输入和

表 3-6 2000—2015 年县域尺度不同建设用地类型灯光参数与人口数量的多元线性回归模型估计结果

时间	效应显著自变量	非标准化系数(B)	标准误差(Std. Error)	Beta	t 值	Sigma	调整后 R^2
2000 年	城镇用地灯光面积	9 199.767	1 089.257	0.478	8.446	0.000	0.909
	农村居民点灯光区面积	4 000.844	415.659	0.545	9.625	0.000	
2005 年	城镇用地灯光面积	6 548.210	897.009	0.400	7.300	0.000	0.915
	农村居民点灯光区面积	4 501.042	396.632	0.622	11.348	0.000	
	农村居民点灯光面积	2 285.185	474.851	0.337	4.812	0.000	
2010 年	城镇用地灯光区面积	13 979.758	3 486.477	1.776	4.010	0.000	0.939
	城镇用地灯光强度	−157.042	57.033	−1.117	−2.754	0.008	
	农村居民点灯光区面积	2 924.054	495.124	0.405	5.906	0.000	
2015 年	城镇用地灯光区面积	12 061.937	3 814.820	1.560	3.162	0.002	0.944
	城镇用地灯光强度	−127.907	61.038	−0.955	−2.096	0.040	

结果的空间可视化表达可有效弥补精细尺度下生态环境数据缺失的不足，进而为评估不同(土地利用)情境下生态系统服务变化、促进对变化情境下社会经济因子与生态服务因子交互响应机制的理解提供有效支撑。该模型由斯坦福大学、大自然保护协会和世界自然基金会等相关机构联合研发[247,250]，是目前发展最成熟、应用最为广泛且有效反映区域生态环境质量的生态系统服务评估模型[251-252]，其陆地生态系统服务评估包括水源涵养、土壤保持和生物多样性状况等模块[247]。因此，本研究基于 InVEST 模型实现精细尺度下水源涵养、土壤保持及生境质量的空间模拟，基于陆地植被生物量形成机理实现精细尺度下固碳功能的定量估算。

(1) 水源涵养

InVEST 模型中的水源涵养模块是通过植物蒸腾、降水、地表蒸发、土壤深度和根系深度等参数，依据水循环原理计算获得产水量；在此基础上，运用地形指数、流速系数、土壤饱和导水率等参数修正产水量以获得水源涵养量。其中，产水量的计算是基于水量平衡的估算方法，通常情况下降水量与实际蒸散发水量的差值即为水源供给量，包括土壤含水量、地表径流、枯落物持水量和冠层截留量。因此，本研究中的水源涵养量并非仅指降水量，而是综合反映降水、植物蒸腾、地表蒸发、根系深度、土壤深度及地形指数等因素交互作用下区域的水源供给与维持能力。具体计算过程包括产水量估算和产水量修正。

① 产水量估算

基于 InVEST 模型实现对产水量的估算需输入两类数据：空间型数据和参数型数据。其中，空间型数据包括年降水量(P_x)、植被有效可利用水(AWC_x)、潜在蒸散发量(ET_0)、根系深度($Root\ Depth_x$)、土地利用类型、流域边界等；参数型数据主要为量化不同土地利用类型生态过程所依据的生物物理参数[253-254] (表3-7)。产水量计算方法如下：

$$w_x = Z\frac{AWC_x}{P_x} \quad \text{(式 3-6)}$$

$$R_{xj} = \frac{k_{xj} \times ET_0}{P_x}, k = \min\left(1, \frac{LAI}{3}\right) \quad \text{(式 3-7)}$$

$$\frac{AET_{xj}}{P_x} = \frac{1+w_x R_{xj}}{1+w_x R_{xj}+1/R_{xj}} \quad (\text{式 3-8})$$

$$Yield_{xj} = \left(1 - \frac{AET_{xj}}{P_x}\right) \times P_x \quad (\text{式 3-9})$$

式中,w_x 为表征自然气候—土壤性质的非物理性参数[255],通常表示为植被年可利用水量与降水量之比[247];Z 为表征区域降水分布特征的季节常数,取值在[1—10]之间;AWC_x 为植被有效可利用水,即土壤有效含水量(mm),通常由土壤深度和土壤物理性质有关;P_x 为栅格单元 x 的年降水量(mm);R_{xj} 为栅格单元 x 所属土地利用类型 j 的干燥指数;k_{xj} 为栅格单元 x 所属土地利用类型 j 的植被蒸散系数,取值区间为[0,1.5],可由叶面积指数(LAI)计算获得;ET_0 为反映区域气候特征的栅格单元 x 中特定土地利用类型 j 的参考作物潜在蒸散发量;AET_{xj} 为栅格单元 x 所属土地利用类型 j 的年实际蒸散发量;$Yield_{xj}$ 为栅格单元 x 中土地利用类型 j 的年产水量。其中,植被年可利用水(PAWC)、植被有效可利用水(AWC)及植被潜在蒸散发量(ET_0)的计算方法如下:

$$PAWC_x = 54.509 - 0.132 sand - 0.003(sand)^2 - 0.055 silt - 0.006(silt)^2$$
$$- 0.738 clay + 0.007(clay)^2 - 2.668 OM + 0.501(OM)^2$$
$$(\text{式 3-10})$$

$$AWC_x = \min(\max SoilDepth_x, RootDepth_x) \times PAWC_x$$
$$(\text{式 3-11})$$

$$ET_0 = 0.0013 \times 0.408 \times RA \times (T_{avg} + 17) \times (TD - 0.0123 P_x)^{0.76}$$
$$(\text{式 3-12})$$

式中,$sand$、$silt$、$clay$、OM 分别表示土壤中砂粒、粉粒、黏粒及有机质的含量(%);$\max SoilDepth_x$ 为最大的土壤深度;$RootDepth_x$ 为植物根系深度;RA 代表太阳大气顶层辐射;T_{avg}、TD 分别代表日最高温均值与日最低温均值的平均值和差值。其中,太阳大气顶层辐射(RA)采用气象站太阳平均总辐射的 2 倍计算获得[253]。InVEST 模型参数见表 3-7。

表 3-7 InVEST 模型参数表

土地利用类型	根系深度/mm(Root Depth)	植被蒸散系数	流速系数(k)
水田	300	0.75	2 012
旱地	400	0.75	900
有林地	5 000	1	200
灌木林	2 000	0.9	249
疏林地	3 000	0.9	300
其他林地	1 500	0.8	400
高覆盖度草地	500	0.6	500
中覆盖度草地	500	0.6	500
低覆盖度草地	500	0.65	400
河渠	1	1	2 012
湖泊	1	0.7	2 012
水库坑塘	1	0.5	2 012
滩涂	1	1	500
滩地	1	1	500
城镇用地	1	1	2 012
农村居民点	1	1	2 012
其他建设用地	1	1	2 012
裸土地	1	1	1 500
裸岩石砾地	1	1	1 500

② 水源涵养量计算

基于产水量模型估算结果,进一步通过地形指数、流速系数和土壤饱和导水率等参数对产水量进行修正,获得区域水源涵养量。计算方法如下:

$$TI = \lg\left(\frac{Drainage\_Area}{Soil\_Depth \times Percent\_Slope}\right) \quad (式3-13)$$

$$Retention = \min\left(1, \frac{249}{Velocity}\right) \times \min\left(1, \frac{0.9 \times TI}{3}\right) \times \min\left(1, \frac{Ksat}{300}\right) \times Yield \quad (式3-14)$$

式中,TI 为地形指数,可表征区域的地形地貌特征,无量纲;$Drainage\_Area$ 为集水区的格网数量;$Soil\_Depth$ 代表土壤深度;$Percent\_Slope$ 代表坡度百分比;$Retention$ 为水源涵养量(mm),$Velocity$ 代表流速系数;$Ksat$ 为土壤饱和导水率(mm/d),可通过 NeuroTheta 软件计算获得;$Yield$ 代表产水量。

综上，基于 InVEST 模型估算区域水源涵养量，需输入的空间型数据主要包括年降水量（P_x）、植被有效可利用水（AWC_x）、潜在蒸散发量（ET_0）、根系深度（$Root\ Depth_x$）、土地利用类型、流域边界、地形等。以 2015 年江苏省水源涵养量计算为例，需输入的空间型数据见图 3-2。

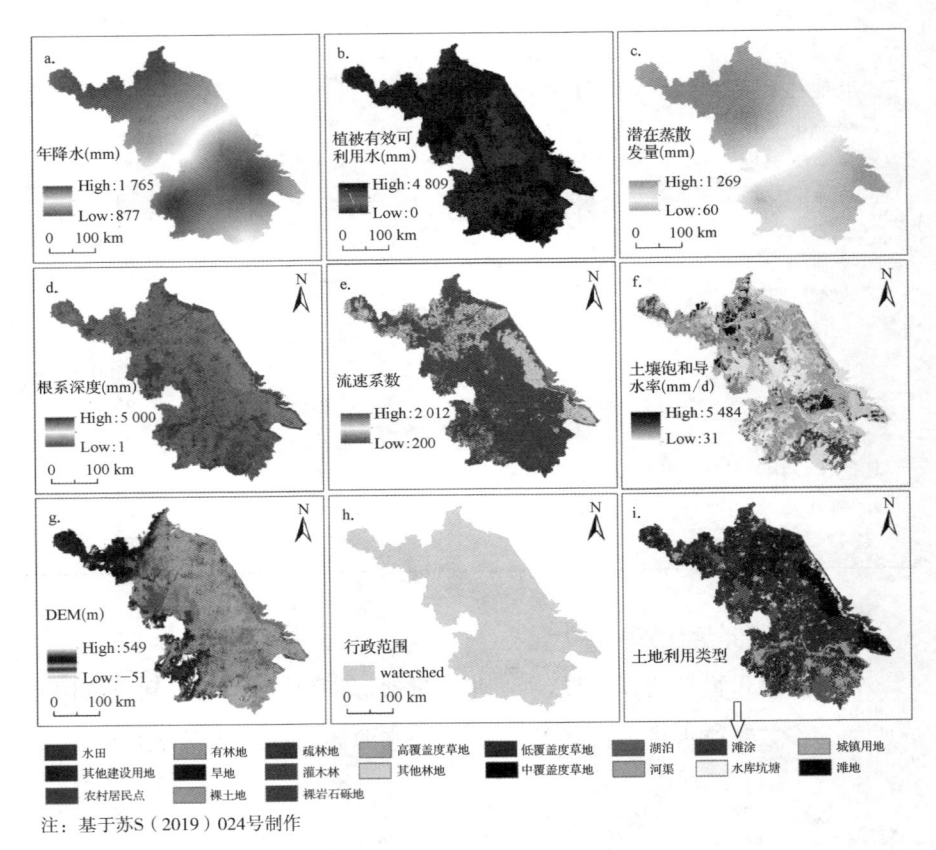

图 3-2　江苏省 2015 年水源涵养模型空间参数

（2）土壤保持

土壤保持量反映了区域受降雨侵蚀、地形地貌、植被覆盖、作物管理及水土保持措施等因素综合作用下的土壤保持能力，其值通常等于基于地貌气候条件的潜在土壤流失量与考虑管理工程措施的实际土壤侵蚀量之间的差值。土壤侵蚀模型是估算土壤侵蚀量的重要手段，且根据建模方法的不同通常分为物理模型和经验模型[256]。其中,基于经验的修正通用土壤流失方程 RUSLE 模型是目前应用最为广泛的土壤流失估算模型[257],计算方法如下:

$$A = R \cdot K \cdot LS \cdot C \cdot P \qquad (式 3-15)$$

式中,A 为土壤侵蚀总量;R 代表降雨侵蚀因子,表征降雨对区域土壤侵蚀状况的影响程度;K 代表土壤可侵蚀性因子,反映土壤对雨滴击溅或地表径流等侵蚀介质剥蚀和搬运的敏感程度[258];LS 代表坡度坡长因子,反映地形条件对土壤侵蚀的影响,可由 DEM 数据提取获得;C 代表植被覆盖与作物管理因子,反映植被覆盖对区域土壤流失的抑制作用;P 代表水土保持措施因子,反映采取特定水土保持措施后对区域土壤流失的抑制作用。C、P 的取值范围均为 0—1。其中,对于 P 而言,0 代表根本不会发生土壤侵蚀现象的区域,1 代表未采取任何水土保持措施的区域。诸多研究表明,土地利用信息可在一定程度上间接反映水土保持措施,尤其是在大尺度土壤侵蚀模型建立中通常采用为不同土地利用类型赋值的方法确定[256]。因此,参考相关研究[258-259],确定不同土地利用类型对应的植被覆盖与作物管理因子(C)、水土保持措施因子(P)参数(表 3-8)。降雨侵蚀力因子(R)、土壤可侵蚀性因子(K)的计算方法如下[256,258]:

$$F = \sum_{i=1}^{n} p_i^2 / p \qquad (式 3-16)$$

$$R = \alpha F^{\beta} \qquad (式 3-17)$$

$$K = \left\{ 0.2 + 0.3 exp \left[0.025\,6 sand \left(1 - \frac{silt}{100} \right) \right] \right\} \left(\frac{silt}{clay + silt} \right)^{0.3} \times$$
$$\left(1.0 - \frac{0.25 OM}{OM + exp(3.72 - 2.25 OM)} \right) \left(1.0 - \frac{0.7 SN}{SN + exp(22.9 SN - 5.51)} \right)$$
$$(式 3-18)$$

式中,p_i 为逐月降水量(mm);p 为年平均降水量(mm);n 为发生侵蚀性降雨的月份数;F 为修正参数;R 为年平均降雨侵蚀力;α 和 β 为模型参数[256,260],其中 $\alpha=0.183\,3$,$\beta=1.995\,7$;$sand$、$silt$、$clay$、OM 分别表示土壤中砂

粒、粉粒、黏粒、有机质含量(%); $SN=1-sand/100$; K 为土壤可侵蚀性。

模型运算结果为一系列日志文件及数据集。其中，基于地貌气候条件的潜在土壤流失量与考虑植被覆盖同作物管理、水土保持措施的实际土壤侵蚀量之间的差值即为区域土壤保持量。

表3-8 不同土地利用类型的植被覆盖与作物管理因子(C)、水土保持措施因子(P)值

土地利用类型	C	P	土地利用类型	C	P
水田	0.18	0.15	湖泊	0	0
旱地	0.23	0.4	水库坑塘	0	0
有林地	0.06	1	滩涂	0	0
灌木林	0.03	1	滩地	0	0
疏林地	0.08	1	城镇用地	0	0
其他林地	0.1	1	农村居民点	0	0
高覆盖度草地	0.043	1	其他建设用地	0	0
中覆盖度草地	0.24	1	裸土地	1	1
低覆盖度草地	0.45	1	裸岩石砾地	1	1
河渠	0	0			

(3) 生境质量

生境质量本质上是指生态系统为物种提供生存繁衍条件的能力[261]，其分值高低可有效反映一定区域内的生物多样性状况。InVEST模型中的生境质量模块依据区域土地利用/土地覆被和生物多样性威胁因素信息估算区域生境质量状况，具体涉及胁迫因子影响距离、各生境类型对胁迫因子敏感性、生境类型与胁迫因子距离及生境被合法保护程度等4个变量。计算方法如下[251,261]:

$$D_{ij}=\sum_{r=1}^{R}\sum_{y=1}^{Y_r}\left(\frac{w_r}{\sum_{r=1}^{R}w_r}\right)r_y i_{rxy}\beta_x S_{jr} \quad (式3-19)$$

$$Q_{xj}=H_j\left(1-\left(\frac{D_{xj}^z}{D_{xj}^z+k^z}\right)\right) \quad (式3-20)$$

式中，D_{ij}为生境退化程度；R为胁迫因子个数；w_r代表胁迫因子r的权重；

Y_r 代表胁迫因子 r 的格网数量；r_y 代表地类层每个格网上的胁迫因子数量；i_{rxy} 代表胁迫因子 r 对格网 x 产生的影响（线性式指数）；β_x 为法律保护程度；S_{jr} 代表土地利用类型 j 对胁迫因子 r 的敏感程度；Q_{xj} 代表土地利用类型 j 中格网 x 的生境质量；H_j 为土地利用类型 j 的生境属性，通常采用二分法定义 H_j 值，即当土地利用类型 j 为生境时 $H_j=1$，否则 H_j 为 0[251,262]；k 为半饱和常数，通常设置为当年生境退化程度最大值的 1/2[263]；z 为归一化常数，通常取值 2.5[261]。

通常，生境属性主要反映特定土地类型在生态维护、生物多样性保护等方面具备的能力。因此，参考相关研究[251,261]及模型指导手册[262]，本研究将具备良好生态效应的土地利用类型称为"生境"，具体包括耕地、林地、草地及水域等用地类型；将受人类活动干扰影响强烈、环境条件相对恶劣的土地利用类型称为"非生境"，即胁迫因子，具体包括农村居民点、城镇用地、其他建设用地、裸土地及裸岩石砾地等土地利用类型。同时，结合相关研究成果[251,261,264-268]，确定各胁迫因子最大影响距离及其权重（表3-9）、不同生境类型对胁迫影响因子的敏感性（表3-10）。

表 3-9　胁迫因子最大影响距离及其权重

胁迫因子	最大影响距离（km）	权重
城镇用地	10	1
农村居民点	9	1
其他建设用地	8	1
裸土地	3	0.2
裸岩石砾地	3	0.2

表 3-10　不同生境类型对各胁迫因子的敏感性

土地利用类型	生境适宜性	城镇用地	农村居民点	其他建设用地	裸土地	裸岩石砾地
水田	0.50	0.80	0.75	0.50	0.25	0.25
旱地	0.40	0.80	0.75	0.50	0.25	0.25
有林地	1	0.90	0.85	0.60	0.25	0.25
灌木林	1	0.90	0.85	0.60	0.25	0.25

(续 表)

土地利用类型	生境适宜性	城镇用地	农村居民点	其他建设用地	裸土地	裸岩石砾地
疏林地	1	0.80	0.75	0.50	0.25	0.25
其他林地	0.90	0.50	0.50	0.50	0.25	0.25
高覆盖度草地	0.70	0.90	0.85	0.60	0.30	0.30
中覆盖度草地	0.60	0.90	0.85	0.60	0.30	0.30
低覆盖度草地	0.50	0.90	0.85	0.60	0.30	0.30
河渠	1	0.90	0.85	0.40	0.15	0.15
湖泊	0.90	0.90	0.85	0.40	0.15	0.15
水库坑塘	0.90	0.90	0.85	0.40	0.15	0.15
滩涂	0.30	0.80	0.75	0.30	0.40	0.40
滩地	0.20	0.80	0.75	0.30	0.40	0.40
城镇用地	0	0	0	0	0	0
农村居民点	0	0	0	0	0	0
其他建设用地	0	0	0	0	0	0
裸土地	0	0	0	0	0	0
裸岩石砾地	0	0	0	0	0	0

(4) 固碳功能

作为表征陆地生态系统固碳释氧能力的重要参数,每单位生物量(即植物通过光合作用形成的有机质)的形成通常需吸收固定1.63单位的二氧化碳[269],同时,每单位二氧化碳中的碳含量为27.27%[270]。因此,基于陆地植被生物量分布估算固碳含量可为区域气体调节功能的空间量化提供有效支撑。已有研究表明[271],生态系统净初级生产力(Net Primary Productivity, NPP)可近似看作地上生物量增加量,因此,基于NPP估算区域固碳功能可表示为[270-271]:

$$M_{co_2} = 1.63 \times NPP \times 27.27\% \quad (式3-21)$$

式中,M_{co_2}为固碳量;NPP为年生态系统净初级生产力。

3.3.3 国土空间利用的区域期望阈值确定

考虑到气温、降水对农业生产活动的影响,城市建成区与外围地带社会经济发展水平的巨大差异及不同土地利用类型在区域生态环境保护中的优势差异,为增强研究结果的科学性及国土空间利用区域期望(理想值)确定的合理性,在将国土空间利用系统划分为农业生产系统、社会经济发展系统及生态维护系统的基础上,进一步将各国土空间利用子系统细分为不同的子类别,分区、分类型确定差异化的国土空间利用区域期望值。

1. 农业生产系统区域期望

农业生产活动与气温、降水、光照等气候因素密切相关。根据农业生产条件、特征、发展方向等农业地域分异规律及气温、降水、土壤条件等自然因素差异,中国综合农业区划方案[272]将全国划分为九个农业一级分区(图3-3a),即东北平原区、黄淮海平原区、长江中下游地区、华南区、云贵高原区、四川盆地及周边地区、黄土高原区、北方干旱半干旱区、青藏高原区,及38个农业二级分区,不同农业分区内的农业资源条件、生产特征、气候条件等差异显著。其中,江苏省位于长江中下游区,并根据南北生产特征、气候特点差异,南、北分属"黄淮海区3"和"长江中下游区1"二级分区(图3-3b)。其中,"黄淮海区3"年降雨量约500—800毫米,干旱、洪涝和土壤盐碱化是影响本区农业生产的主要因素;而"长江中下游区1"水热资源丰富,年降雨量约800—2 000毫米,农业现代化水平较高。在此基础上,耕地质量水平、耕地复种指数的区域期望值(理想值)参考江苏境内"黄淮海区3""长江中下游区1"二级分区中的最优值;粮食生产能力理想值依据研究单元所处农业二级分区内的江苏省国家级基本农田保护示范区的平均值确定。

2. 社会经济发展系统区域期望

在社会经济发展效率中,依据区域社会经济发展水平、人口集聚及产业结构特点,将国土空间划分为"城市建成区内"及"城市建成区外"(图3-4)。其中"城市建成区内"是指因城市建设和发展需要实行严格规划控制的区域,是城市经济活动的集中区,经济发展水平较高;"城市建成区外"则是指城市建成区以外的区域,包括城市近郊区、远郊区等,社会经济发展水平较低。

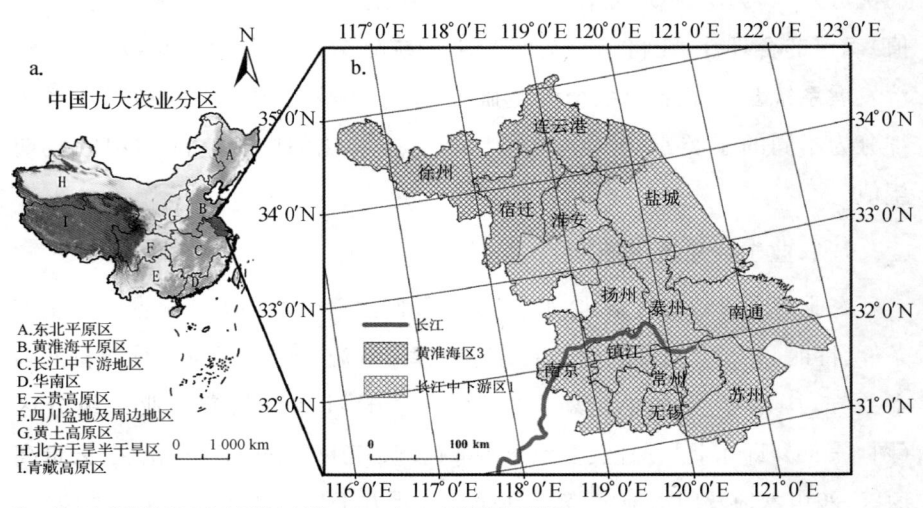

注：基于自然资源部标准地图服务网站GS(2019)1825号标准地图制作

图3-3 江苏省所处农业二级区划

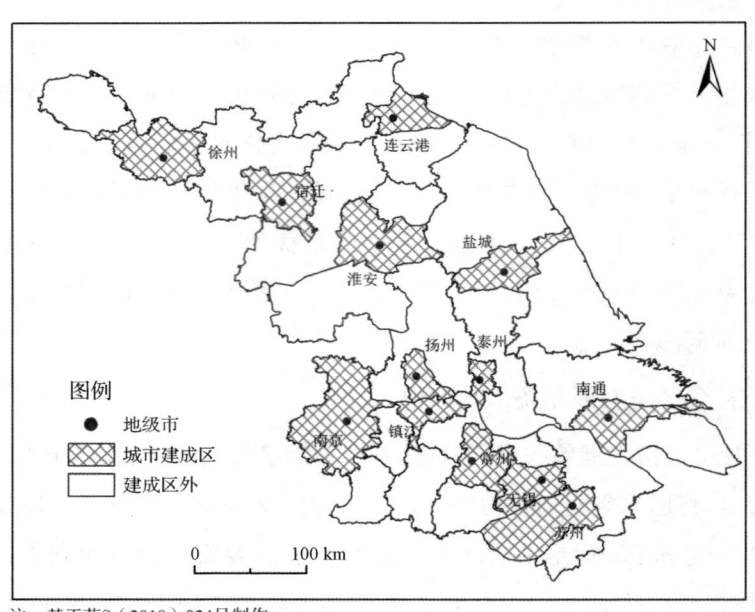

注：基于苏S（2019）024号制作

图3-4 江苏省城市规划区范围

为促进中小城市的可持续发展提供权威信息依据,中小城市经济发展委员会、中小城市发展战略研究院联合中国社会科学院城市发展与环境研究所等单位组成的中国中小城市科学发展评价体系研究课题组自 2005 年以来,通过建立体现科学发展观要求、可操作性较强的综合评价体系,逐年对中小城市科学发展指数进行系统评估。其中,乡镇作为连接城乡、承上启下的基层行政机构,考虑到中国乡镇实力的快速增长,通过从经济规模、经济活力、人均水平等方面对全国公共财政收入前 1 000 位和社会消费品零售总额前 1 000 位的乡镇级行政单元进行系统评估,进而依据综合发展实力指数确定的"百强乡镇"一定程度上成为践行可持续发展理念、增强经济发展实力、促进区域经济结构优化的区域"标杆"。由于"百强乡镇"评估始于 2005 年,同时考虑到逐年发布的"百强乡镇"榜单中部分乡镇排名不稳定性及波动性对评估结果的可能影响,本研究选取研究期内 2005 年、2010 年及 2015 年三个时间断面下江苏省乡镇位居全国"百强乡镇"榜单的"交集乡镇"作为江苏省社会经济发展系统的区域参考;在此基础上,社会经济维度各指标区域期望(理想值)依据研究单元所处城市规划范围内的江苏省"交集乡镇"平均值确定。

3. 生态维护系统区域期望

依据各土地利用类型在区域生态环境保护中具备的优势差异,将国土空间划分为自然生态系统、城乡人居系统、农田生态系统(图 3-5)。其中,"自然生态系统"包括林地、草地、河流、湖泊等土地利用类型,在水源涵养、气体调节、土壤保持、生物多样性保护等方面发挥关键作用,生态维护功能优势突出。"城乡人居系统"主要包括城镇建设用地、农村居民点及其他建设用地。尽管"城乡人居系统"以创造经济价值、支持人居服务为主要功能,其对区域尺度生态环境改善的促进、维护作用有限,但其内绿地建设、道路绿化、生态园绿化等绿化规划设计及绿化设施建设行为亦可在一定程度上为调节城乡地域小气候发挥一定的积极作用。"农田生态系统"主要针对耕地,包括水田、旱地等土地利用类型,其在水源涵养、生物多样性保护等方面亦发挥重要作用。

在此基础上,生态维护系统内各指标土地利用区域期望(理想值)依据中华人民共和国生态环境部发布的隶属江苏省的国家级生态市、国家级生态示范区、国家生态文明建设示范市县、国家生态建设示范区及国家自然保护区的"交集区域",且同为全国环境优美乡镇的乡镇单元自然生态系统、城乡人居系统、农田生态系统的平均值确定。

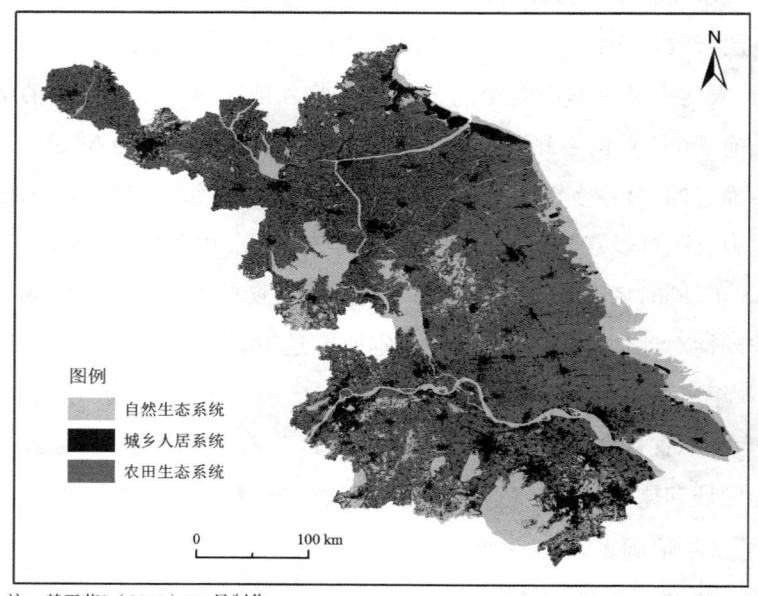

注：基于苏S(2019)024号制作

图3-5　2015年江苏省自然生态系统、城乡人居系统及农田生态系统示意

综上,2000—2015年江苏省国土空间利用效率评价指标的区域期望(理想值)确定结果见表3-11。

3.3.4　国土空间利用效率定量估算

在明确研究期内不同时间断面下江苏省农业生产、经济发展及生态维护等国土空间利用绩效及其区域期望的基础上,依据利益相关者的预期和目标(第2.2节),将(当前)土地利用效益与理想国土空间利用效益关联,估算不同类型的国土空间利用效率,进而估算效率增加的潜在余量(Potential Headroom for Efficiency Increase, PHEI)。同时,为实现精细尺度下国土

表 3-11 国土空间利用效率评价指标理想值

目标	指标	区域期望										确定依据
		2000 年		2005 年		2010 年		2015 年				
		黄淮海区 3	长江中下游区 1	黄淮海区 3	长江中下游区 1	黄淮海区 3	长江中下游区 1	黄淮海区 3	长江中下游区 1			
农业生产效率	耕地质量水平	5 等	4 等	5 等	4 等	5 等	4 等	5 等	4 等			《中国综合农业区划》《农用地质量分等规程》(GBT28407—2012)《全国耕地质量等别调查》国家级基本农田保护示范区
	粮食生产能力 (t/km²)	471.68	580.45	506.43	597.33	662.99	746.11	729.41	791.72			
	耕地复种指数	2	2	2	3	2	3	2	3			
经济发展效率		城市建成区内	城市建成区外	城市建成区内	城市建成区外	城市建成区内	城市建成区外	城市建成区内	城市建成区外			
	地均 GDP (万元/km²)	9 734.14	1 434.91	23 331.88	4 039.99	34 529.23	9 677.33	52 065.48	10 156.35			中国百强乡镇 (2005,2010,2015 年)
	人口密度 (人/km²)	3 335	537	2 846	736	2 182	381	2 161	527			
	二三产业贡献率	0.954 7	0.801 6	0.983 5	0.887 1	0.979 9	0.904 9	0.984 7	0.912 9			

(续表)

目标	指标	区域期望												确定依据
		2000年			2005年			2010年			2015年			
		自然生态系统	城乡人居系统	农田生态系统	自然生态系统	城乡人居系统	农田生态系统	自然生态系统	城乡人居系统	农田生态系统	自然生态系统	城乡人居系统	农田生态系统	
生态维护效率	植被覆盖指数	0.658	0.616	0.756	0.735	0.690	0.837	0.751	0.712	0.834	0.719	0.593	0.819	国家级生态市 国家级生态示范区
	水源涵养指数(mm/km²)	55.78	29.00	43.86	66.71	45.32	59.19	57.97	33.54	37.88	178.25	48.13	110.07	国家生态文明建设示范市县 国家生态建设示范区
	土壤保持指数(t/km²·a)	11.36	2	2.56	9.83	1.98	2.87	12.03	2.25	2.45	16.53	4.12	7.37	全国环境优美乡镇
	固碳功能指数(kg C/m²)	0.257	0.203	0.219	0.268	0.207	0.221	0.291	0.210	0.242	0.258	0.172	0.229	国家自然保护区
	生物多样性保护	0.843	0.089	0.459	0.865	0.118	0.481	0.876	0.138	0.486	0.875	0.147	0.483	

空间利用效率的空间化表达,研究以 1 km×1 km 为基本研究单元,各指数的计算方法见式 3-22 至式 3-24。

$$LUP_i = \sum_{j=1}^{m} w_{ij} \times I_{ij} \quad (式 3-22)$$

$$LSUE_{i,E} = LUP_i / \sum_{j=1}^{m} w_{ij} \times I_{ij,E} \times 100\% \quad (式 3-23)$$

$$PHEI_{i,E} = (1 - LSUE_{i,E}) \times 100\% \quad (式 3-24)$$

式中,LUP_i 代表不同时段下 i 维度的土地利用绩效水平,反映相应时段国土空间资源利用的实际水平;$LSUE_{i,E}$ 代表相对区域期望 E 的 i 维度国土空间利用效率指数;$PHEI_{i,E}$ 代表相对区域期望 E 的 i 维度国土空间利用在可持续土地利用目标(区域期望)约束下尚存的国土空间利用效率潜力;m 代表各维度 i 下的指标数量;w_{ij} 代表维度 i 下第 j 个指标的权重;I_{ij} 为维度 i 下第 j 个指标的归一化值;$I_{ij,E}$ 代表维度 i 下第 j 个指标的区域期望。其中,$LSUE_i \geqslant 1$ 表明维度 i 的国土空间利用绩效水平已经实现或超过了区域期望的国土空间利用目标;$LSUE_i < 1$ 则表示与区域期望的国土空间利用目标相比,当前国土空间利用绩效水平仍存在较大的提升潜力。

为消除指标单位和量纲差别对评价结果的影响,采用极值标准化法对评价指标数据进行标准化处理[1]。同时,为克服客观赋权法对评价数据过分依赖及主观赋权法的主观随意性等问题,在对评价指标进行极值标准化处理的基础上,采用熵权法与 AHP 法组合赋权法确定各评价指标权重[273]。

3.4 单维国土空间利用效率时空演变分析方法

精细尺度的定量分析可为宏观尺度区域分析提供空间依据。因此,综合国土空间利用效率评价指标体系及其多维评估模型,为在精细尺度下实现研究期内江苏省农业生产效率、经济发展效率、生态维护效率时空演变特征的定量化表达以辅助土地利用和资源管理决策,参考相关研究方法[227,274-275]，本研究以研究单元相邻研究期内农业生产效率、经济发展效率及生态维护效率的变化量作为不同类型国土空间利用效率时空演变过程分析的依据，以研究末期与初期的变化量分析国土空间利用效率的时空演变特征，其计算方法如下：

$$\Delta LSUE_{y,i\sim i+1,j} = LSUE_{y,i+1,j} - LSUE_{y,i,j} \quad (式3-25)$$

$$\Delta LSUE_{y,2000-2015,j} = LSUE_{y,2015,j} - LSUE_{y,2000,j} \quad (式3-26)$$

式中，$LSUE_{y,i,j}$、$LSUE_{y,i+1,j}$、$\Delta LSUE_{y,i\sim i+1,j}$ 分别表示研究单元 y 的 j 维度国土空间利用效率在研究时段 i、后一时段 $(i+1)$ 的效率值及 i 至 $i+1$ 时段的变化量；$LSUE_{y,2015,j}$、$LSUE_{y,2000,j}$ 分别表示研究末期（2015年）和初期（2000年）研究单元 y 的 j 维度国土空间利用效率值，$\Delta LSUE_{y,2000-2015,j}$ 表示 2000 年至 2015 年的变化量。其中，$\Delta LSUE > 0$ 表示相邻时段或研究期内国土空间利用效率上升（增益），反映特定研究单元在农业生产、经济发展或生态维度等方面的土地利用绩效与区域期望的国土空间利用目标之间的差距呈缩小态势；$\Delta LSUE < 0$ 表示相邻时段或研究期内国土空间利用效率下降（减损），反映特定研究单元的国土空间利用绩效水平与区域期望的国土空间利用目标之间的差距进一步扩大；$\Delta LSUE = 0$ 则表示相邻时段或研究期内国土空间利用效率稳定不变。

在此基础上，为进一步探究研究期内江苏省农业生产效率、经济发展效率及生态维护效率的时空动态演变过程信息，依据不同类型国土空间利用效率在不同时段内的演变过程特点及研究期内的整体损益变化情况，研究期内江苏省农业生产效率、经济发展效率及生态维护效率总计包含 81 种时空组合类型，其中有效组合类型 51 种，归并为持续提高型（T1）、倒 V 式提高型（T2）、阶梯式提高型（T3）、V 式提高型（T4）、波动式提高型（T5）、无效率区（T6）、倒 V 式稳定型（T7）、V 式稳定型（T8）、波动式稳定型（T9）、持续降低型（T10）、倒 V 式降低型（T11）、阶梯式降低型（T12）、V 式降低型（T13）、波动式降低型（T14）总计 14 种时空演变模式（表 3-12）。

表 3-12　国土空间利用效率时空演变模式识别标准

时空演变模式	研究期 2000—2005	2005—2010	2010—2015	2000—2015	模式示意
持续提高型(T1)	↑	↑	↑	↑	
倒V式提高型(T2)	↑/— ↑ ↑	↑ ↓/— ↓	↓ ↓ —	↑ ↑ ↑	
阶梯式提高型(T3)	↑/— ↑ —	— ↑ ↑	↑ — ↑	↑ ↑ ↑	
V式提高型(T4)	↓ ↓ ↓	↑ ↓/— ↓	↑/— ↑ ↑	↑ ↑ ↑	
波动式提高型(T5)	↑ ↓	↓ ↑	↑ ↓	↑ ↑	
无效率区(T6)	—	—	—	—	
倒V式稳定型(T7)	↑/— ↑ ↑	↑ ↓/— ↓	↓ ↓ —	— — —	
V式稳定型(T8)	↓ ↓ —	↑ ↓/— ↑	↑/— ↑ ↓	— — —	
波动式稳定型(T9)	↑ ↓	↓ ↑	↑ ↓	— —	
持续降低型(T10)	↓	↓	↓	↓	

(续 表)

时空演变模式	研究期				模式示意
	2000—2005	2005—2010	2010—2015	2000—2015	
倒V式降低型(T11)	↑/— ↑ ↑	↑ ↓/— ↓	↓ ↓ —	↓ ↓ ↓	
阶梯式降低型(T12)	↓/— ↓ —	— ↓ ↓	↓ — ↓	↓ ↓ ↓	
V式降低型(T13)	— ↓ —	↓ ↓/— ↓	↑/— ↑ ↑	↓ ↓ ↓	
波动式降低型(T14)	↑ ↓	↓ ↑	↑ ↓	↓ ↓	

注:"↑"、"↓"分别表示相应研究期内国土空间利用效率提高、下降;"—"表示研究期内国土空间利用效率无变化,变化量为 0。

3.5 双维国土空间利用效率权衡/协同识别方法

在明确 2000—2015 年江苏省农业生产效率、经济发展效率、生态维护效率等单维国土空间利用效率时空演变特征的基础上,科学认识双维效率之间的权衡/协同关系可为改善人类福祉、确保生态系统服务可持续供应、改善国土空间利用系统可持续管理决策等政策与措施制定提供量化信息[276-277],有助于人类福祉的全面提升[274,278]。鉴于此,本研究综合采用相关性分析、探索性空间数据分析(Exploratory Spatial Data Analysis, ESDA)等方法量化两两效率类型之间的权衡/协同关系,并实现空间定量表达。

1. 权衡/协同关系的时间演变分析

相关分析可定量描述两变量之间的线性相关方向及程度[275]。因此,研究首先以 2000—2015 年两两效率类型的变化量为基础,基于 SPSS 软件开展相关分析,以定量描述研究期内不同类型国土空间利用效率之间权衡/协同关系的总体特征[269];在此基础上,以 2000 年、2005 年、2010 年及 2015 年不同时段下的国土空间利用效率进行两两相关分析,以明确两两效率之间权衡/协同关系的时间演变特征。在相关性分析中,相关系数的数值大小表征了两种国土空间利用效率之间相关关系的强弱,正负差异代表了两种国土空间利用效率之间相关关系的协同/权衡作用属性。其中,相关系数为正,表明两种效率之间存在正相关关系,即协同关系[275],一种国土空间利用效率的提高亦会促进另一种国土空间利用效率的提高;相关系数为负,表明两者之间存在负相关关系,即权衡关系,一种国土空间利用效率的提高会导致另一种国土空间利用效率的降低;相关系数为 0,表明两者之间无相关关系[279]。

2. 权衡/协同关系的空间格局量化

相关分析有效揭示了不同国土空间利用效率之间相互作用的关系机理,但难以定量且空间位置明确地揭示国土空间利用效率之间权衡/协同关系的空间差异[279]。因此,在明确省域尺度 2000—2015 年农业生产、经济发展和生态维护两两效率之间权衡/协同关系时间动态变化特征的基础上,进一步以 1 km×1 km 的空间格网为基础单元,利用 GeoDA 软件中的 Space 模块对研究期内各项国土空间利用效率的变化量进行双变量局部空间自相关分析,据此定量分析研究期内江苏省双维国土空间利用效率权衡/协同关系的空间分异格局。计算公式如下:

$$G_i^*(d) = \frac{\sum_{i=1}^{n} w_{ij} \times \Delta LSUE_i}{\sum_{i=1}^{n} \Delta LSUE_i} \quad (式 3-27)$$

式中,w_{ij} 代表空间权重矩阵,空间相邻为 1,不相邻为 0;n 为样本数;$\Delta LSUE_i$ 代表第 i 个研究单元研究期内国土空间利用效率的变化量。若 G_i^* 值显著为正,表明 i 地区周围研究期内国土空间利用效率的变化量相对较高,属于高值空间集聚(热点区,hot spots),反之则为低值空间集聚(冷点区，cold spots）。

　　双变量空间自相关分析可依据研究单元周围区域研究对象之间的空间异质性将研究单元划分为高高集聚、低低集聚、高低集聚和低高集聚等不同类型的研究对象集聚区。大量研究表明[212,274]，双变量空间自相关分析中的高高集聚和低低集聚均具有显著的空间协同效应，而高低集聚和低高集聚均存在显著的空间权衡效应。在此基础上，进一步依据研究期内各项国土空间利用效率之间的增益、减损差异，将两两国土空间利用效率之间的权衡/协同关系划分为协同减损、协同增益、权衡减损和权衡增益四种类型（图3-6）。其中，协同减损型和协同增益型表明研究期内两种类型的国土空间利用效率均具有相同的变化趋势，区别在于前者研究期内两种类型的国土空间利用效率在损益变化上均表现为下降而后者均表现为上升；权衡减损型和权衡增益型表明研究期内两种类型的国土空间利用效率存在相反的变化趋势，但权衡减损型中的前一种国土空间利用效率在研究期内表现为效率上升、后一种国土空间利用效率表现为效率下降，而权衡增益型中的前一种国土空间利用效率在研究期内表现为效率下降、后一种国土空间利用效率表现为效率上升。

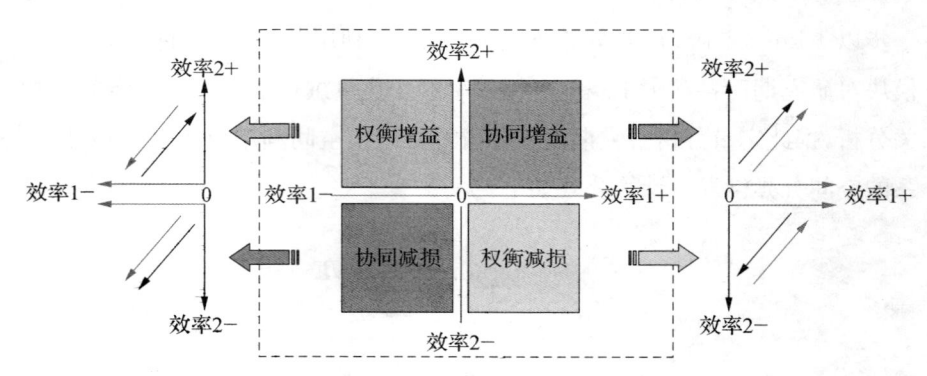

图3-6　国土空间利用效率权衡/协同模式示意

3.6 三维国土空间利用效率耦合协调测度及其影响因素识别

已有研究多关注农业、经济、生态等单一土地利用系统内部要素与外部资源环境的耦合协调过程,或侧重于经济发展对农业生产、生态维护等方面产生的消极影响,对面向可持续发展背景下区域农业—经济—生态三者之间耦合协调过程及其驱动机制的研究尚显不足。因此,在明确 2000—2015 年间江苏省农业生产效率、经济发展效率和生态维护效率等单一类型国土空间利用效率时空演变特征及两两效率之间权衡/协同关系动态变化与空间分异格局的基础上,进一步探讨研究期内江苏省农业生产效率、经济发展效率、生态维护效率三者之间耦合协调发展的时空格局及其驱动机制。在研究单元的选择上,考虑到农业生产—经济发展—生态维护之间耦合协调关系对区域土地资源利用和可持续管理决策等方面的启示意义,及实践土地资源管理中多以行政单位为基本单元实施管控的操作模式,研究以乡镇级行政单位为基本分析单元探讨三维国土空间利用效率之间的耦合协调发展格局及其驱动机制,以期为促进国土空间的协调有序发展、制定差异化的土地利用和管理政策提供依据。

3.6.1 农业—经济—生态效率耦合协调测度

1. 耦合协调度模型

耦合理论是对多系统之间相互影响、相互作用程度的有效度量[280]。本研究采用耦合协调度模型[281-283]定量测度研究期内江苏省农业生产效率、经济发展效率及生态维护效率之间的协调发展程度,揭示三者之间的协同演化状态。计算方法见式 3-28 至式 3-30。

$$C = \left[(APEI \times EDEI \times EMEI) / \left(\frac{APEI + EDEI + EMEI}{n} \right)^3 \right]^k \quad \text{(式 3-28)}$$

$$T = aAPEI + bEDEI + cEMEI \quad \text{(式 3-29)}$$

$$D=\sqrt{C\times T}$$ （式 3-31 应为 3-30） (式 3-30)

式中，C 代表农业生产效率、经济发展效率及生态维护效率之间的耦合度（coupling degree），$C\in[0,1]$，表征系统或系统内部要素相互作用程度的强弱；$APEI$、$EDEI$、$EMEI$ 分别代表农业生产效率指数、经济发展效率指数及生态维护效率指数；T 代表区域国土空间利用效率的综合评价指数；D 代表三者之间的协调度（coupling coordinative degree），$D\in[0,1]$，反映各子系统之间相互作用的协调程度；a、b、c 为待定系数（$a+b+c=1$）；k 代表调节系数（$2\leqslant k\leqslant 5$），参考相关研究[1]，$k=2$。国土空间利用系统的耦合协调类型划分标准[284-286]见表 3-13。

表 3-13 国土空间利用系统耦合协调类型划分标准

耦合度（C）	耦合类型	协调度（D）	耦合协调度类型
$0<C\leqslant 0.3$	低水平耦合	$0<D\leqslant 0.45$	低度协调耦合
$0.3<C\leqslant 0.5$	中度耦合	$0.45<D\leqslant 0.65$	中度协调耦合
$0.5<C\leqslant 0.8$	良性耦合	$0.65<D\leqslant 0.8$	良性协调耦合
$0.8<C\leqslant 1$	高水平耦合	$0.8<D\leqslant 1$	高水平协调耦合

2. 探索性空间数据分析（Exploratory Spatial Data Analysis，ESDA）

本研究采用 Moran's I 指数和全局 G 统计量揭示江苏省农业生产效率、经济发展效率和生态维护效率之间协调发展程度的空间格局特征；采用局部 G_i 统计量测度协调度的高值簇和低值簇，识别"热点区"和"冷点区"[286-287]。计算方法如下：

（1）Moran's I 指数

计算公式如下：

$$I=\frac{\sum_{i=1}^{n}\sum_{j=1}^{n}w_{ij}(D_i-\bar{D})(D_j-\bar{D})}{s^2\sum_{i=1}^{n}\sum_{j=1}^{n}w_{ij}}$$ (式 3-31)

式中，n 为样本数；D_i 代表第 i 个研究单元国土空间利用效率之间的协调度；$\bar{D}$ 代表协调度的平均值；s 代表 D_i 与均值的方差。

Moran's $I \in [-1, 1]$，在给定的显著性水平下，若 Moran's $I > 0$，表示农业生产效率、经济发展效率及生态维护效率之间协调度（D）较高（或较低）的区域在空间上显著集聚；Moran's $I < 0$，表示区域与其周边地区的国土空间利用效率之间的协调度存在显著的空间差异；Moran's I 接近 0，表示区域协调度（D）呈现随机分布态势，空间相关性较弱。

(2) 全局 G 统计量

计算公式如下：

$$G(d) = \frac{\sum_{i=1}^{n} \sum_{j=1}^{n} w_{ij} \times D_i \times D_j}{\sum_{i=1}^{n} \sum_{j=1}^{n} D_i \times D_j}, i \neq j \quad \text{（式 3-32）}$$

在空间不集聚的假设下，$G(d)$ 的期望值 $E(G) = W/n(n-1)$，其中 $W = \sum_{i=1}^{n} \sum_{i=1}^{n} w_{ij}$。在正态分布的条件下，$G(d)$ 的检验统计量为 $Z(G) = [G - E(G)/\sqrt{Var(G)}]$，其中 $Var(G)$ 为变异系数。当 $G(d) > E(G)$，且 Z 值显著时，出现高值簇空间集聚；当 $G(d) < E(G)$，且 Z 值显著时，出现低值簇集聚。

(3) 局域 G_i 统计量

计算公式如下：

$$G_i^*(d) = \frac{\sum_{i=1}^{n} w_{ij} \times D_i}{\sum_{i=1}^{n} D_i} \quad \text{（式 3-33）}$$

若 G_i^* 值显著为正，表明 i 地区周围国土空间利用在农业生产、经济发展及生态维护之间的协调度（D）均较高，属于协调度（D）的高值空间集聚（热点区，hot spots），反之则为低值空间集聚（冷点区，cold spots）。

3.6.2 农业—经济—生态效率耦合协调发展类型识别

1. 耦合协调发展类型识别

基于相同时段下各研究单元对应的耦合类型及协调类型,进一步将研究期内各乡镇单元对应的耦合度、协调度等级进行比较,以识别农业—经济—生态效率耦合协调的相互作用类型。依据耦合度、协调度对应的等级位序,可将其划分为耦合协调同步型、协调度超前型和协调度滞后型三类。其中,耦合协调同步型表示研究期内各乡镇农业—经济—生态三者之间相互作用的强度与其协调程度总体处于均衡发展的同步状态,表现为耦合度对应的等级位序平行(同步)于协调度对应的等级位序,主要包括低水平耦合—低水平协调、中度耦合—中度协调、良性耦合—良性协调、高水平耦合—高水平协调等4个子类;协调度超前型表示研究期内各乡镇农业—经济—生态三者之间相互作用的协调程度优于其作用强度,农业—经济—生态三者处于和谐、有序的高水平发展状态,表现为协调度对应的等级位序优于或超前于耦合度对应的等级位序,理论上主要包括低水平耦合—中度协调、低水平耦合—良性协调、低水平耦合—高水平协调、中度耦合—良性协调、中度耦合—高水平协调、良性耦合—高水平协调等6个子类;协调度滞后型则表示研究期内各乡镇农业—经济—生态三者之间相互作用的协调程度滞后于相互作用强度,农业—经济—生态三者之间处于混乱、无序的不可持续发展状态,表现为协调度对应的等级位序落后于耦合度对应的等级位序,理论上包括中度耦合—低水平协调、良性耦合—中度协调、良性耦合—低水平协调、高水平耦合—良性协调、高水平耦合—中度协调、高水平耦合—低水平协调等6个子类。

2. 发展类型转移矩阵

转移矩阵反映了研究期内不同事物之间相互转化的数量、结构演变信息[288]。因此,本研究以研究初期(2000年)、末期(2015年)江苏省不同协调发展类型的乡镇数量为转移矩阵统计量分析农业—经济—生态协调发展类型的数量和结构转移特征。

$$S_{ij} = \begin{bmatrix} S_{11} & S_{12} & \cdots & S_{1n} \\ S_{21} & S_{22} & \cdots & S_{2n} \\ \cdots & \cdots & \cdots & \cdots \\ S_{n1} & S_{n2} & \cdots & S_{nn} \end{bmatrix} \quad （式3-34）$$

式中，S 代表某一发展类型的乡镇数量；n 代表耦合协调发展类型的数量；i、$j(j=1,2,\cdots,n)$ 代表不同的发展类型；S_{ij} 表示由发展类型 i 转变为发展类型 j 的乡镇数量。

3.6.3 农业—经济—生态效率协调发展影响因素分析

为增强分析结果的科学性，分别采用多元线性回归分析和地理探测器两种方法对研究期内江苏省农业生产效率、经济发展效率及生态维护效率之间协调发展的影响因素进行系统探测及交叉验证。

1. 多元线性回归

以不同时段下的协调度（D）作为被解释变量，以相应时段下各项国土空间利用效率值为自变量，利用多元线性回归方法分析协调度与各指标之间的关联特征，探讨自变量与因变量的统计学关系。

多元线性回归方程的一般形式如下：

$$Y = \beta_0 + \beta_1 x_1 + \beta_2 x_2 + \beta_3 x_3 + \cdots + \beta_j x_j + \cdots + \beta_k x_k + u$$
（式3-35）

式中，Y 为协调度 D；β_0 为常数项；k 为自变量个数；x_k 为自变量；β_j 为回归系数；μ 为服从正态分布的随机误差扰动项。在进行模型拟合前，需进行变量多重共线性检验、显著性检验及拟合优度检验等。

2. 地理探测器

地理探测器是结合 GIS 空间叠加技术和集合论，识别多因子之间交互作用的模型[289]。其基本思想是依据空间分异理论，获得因子变量和结果变量的相关性，通过将各类因子经过不同的离散化处理方法，对不同类型的变量归化在同一空间尺度下进行分析[290]。

本研究引入协调度 D 的空间分异决定力 q，分析各因素对农业—经济—生态协调度地域分异的影响程度。假定研究区域存在协调度 y，y 是由采样单元 $i(i=1,2,\cdots,n,n$ 为总采样单元数)组成的格点系统，假设 $A=\{A_h\}$ 是可能存在的一种影响协调度空间分异的因素，$h=1,2,\cdots,L,L$ 为因素分类数，A_h 代表影响因素 A 的不同类型，一个类型 h 对应空间上一个或多个子区域，则影响因素 A 对协调度 y 的决定力 q 为：

$$q = 1 - \frac{1}{n\sigma^2}\sum_{h=1}^{L} n_h \sigma_h^2 \qquad (式3-36)$$

式中，n_h 为因素 A 的第 h 类型内的样本数；n 为研究区 H 内的样本总数；σ_h^2 与 σ^2 分别是类型 h 和全区 H 内 Y 值的离散方差。q 的值域为 $[0,1]$，值越大说明 Y 的空间分异特征越明显，自变量 x_i 对 Y 的空间分异解释力越强，反之则解释力越弱。

第四章　国土空间利用效率的时空演变特征

基于区域期望下国土空间利用效率的定量估算方法,研究分别从时间点、时间段视角探索江苏省国土空间在农业生产效率、经济发展效率及生态维护效率等方面的时空演变特征。

4.1 国土空间利用效率的时间变化

4.1.1 农业生产效率的时间演变

2000—2015 年,江苏省农业生产绩效持续提高,但农业生产效率的平均值分别为 79.30%、71.37%、70.48% 和 68.88%,呈持续下降趋势(图 4-1;图 4-2a—d),累计下降幅度达 10.42%,年均降幅为 0.69%,尤其在 2000—2005 年下降趋势最为明显。从农业生产效率极值的年际变化来看,全省 2000—2015 年农业生产效率的最高值分别为 147.70%、159.66%、153.69% 和 126.55%,最高值总体呈现先增大后减小的数值演变规律,且极值的最高值和最低值分别出现在 2005 年和 2015 年,表明研究期内 2005 年江苏省农业生产效率的空间异质性最强,2015 年最弱,农业生产效率的空间异质性总体呈现先增大后减小的地域分异特点。从地域分异来看,江苏省农业生产效率总体呈现北高南低的地域分异规律,苏中和苏北地区显著高于苏南地区,空间差异显著。通过测算,在现有资源禀赋和生产技术等条件限制下,2000—2015 年江苏省已经达到区域农业生产保障目标(农业生产保障效率≥1)的格网数分别为 6 504、5 982、6 696 和 4 358 个,占比分别为

6.059%、5.573%、6.238%和4.060%,集中分布于连云港西部、宿迁中北部和淮安中北部等徐淮平原的中东部地区,及泰州东部、镇江东部、常州和无锡北部等沿江平原地区。总体上,与期望的农业生产目标相比,江苏省已实现区域农业生产目标的区域面积占比呈波动降低趋势。

从农业生产效率的分维属性来看,由于受数据资料限制,耕地质量数据仅涉及2010年,故不对耕地质量效率进行时间和空间变化趋势分析。总体上,江苏省耕地质量等别效率的平均值为73.25%,表明与期望的耕地质量目标相比,江苏省仍存在约26.75%的耕地质量潜力挖掘空间。从区域差异来看,江苏省耕地质量等别效率呈现出显著的区域异质性,呈现北高南低的空间格局特征(图4-2e—h),苏北、苏中、苏南地区耕地质量等别效率的平均值分别为76.76%、68.10%和68.81%,耕地质量的不平衡问题突出。在空间分布上,耕地质量等别效率呈现出显著的集中连片趋势,表现为以徐州、宿迁、连云港、淮安北部及盐城北部为代表的苏北地区耕地质量等别效率高值集聚区,及以扬州、泰州、南通、镇江等为代表的苏中及苏南地区耕地质量等别效率中值集聚区。在当前耕地资源禀赋下,江苏省已经实现区域耕地质量保护目标(耕地质量等别效率=1)的格网数为1 859个,占比为1.732%,集中分布在连云港的灌云县、东海县、灌南县,淮安市的淮阴区,及徐州市的铜山区和新沂市等徐淮平原地区。

在粮食生产方面,2000—2015年,尽管江苏省粮食产量呈持续增加态势,但粮食生产效率的平均值分别为82.33%、73.12%、71.51%和67.42%,呈现持续下降趋势(图4-1)。从粮食生产效率极值的年际变化来看,2000—2015年其最高值分别为267.11%、243.99%、262.38%和163.92%,最高值总体呈现持续降低趋势且均为期望粮食生产目标的1.5倍以上,表明研究期内江苏省粮食生产效率的区域异质性逐渐减弱。从区域差异来看,粮食生产效率呈现与农业生产效率相似的地域分异规律,苏北地区显著高于苏中和苏南地区(图4-2i—l)。通过测算,2000—2015年,江苏省已实现区域粮食生产目标(粮食生产效率≥1)的格网数占比分别为18.59%、18.02%、20.13%和18.05%,在空间上总体形成沿"环太湖平原—沿江平原—里下河平原—徐淮平原"的西北—东南走向粮食生产效率高值集聚带。

相比之下，西南部的宁镇扬和宜溧低山丘陵地区（如南京、镇江西部和常州西部等）及环太湖平原的东部、沿海平原的东南部等地区（如南通东南部、苏州等）的粮食生产效率较低，这可能与区域内因较高社会经济发展水平导致的对农业空间的挤占、分割进而引起的耕地撂荒、弃耕等因素有关。

在耕地资源的集约利用方面，2000、2005、2010和2015年江苏省平均耕地复种指数分别占区域期望复种指数的84.94%、70.87%、70.25%和71.08%，耕地复种指数效率总体呈下降趋势，累计下降幅度高达13.86%，年均降幅为0.924%，尤其在2000—2005年下降趋势最为明显（图4-1）。通过测算，2000—2015年，江苏省已实现区域耕地复种目标（耕地复种指数效率=1）的格网数占比分别为45.853%、21.823%、21.867%和22.208%，表明2000—2005年江苏省局部地区的耕地复种状况变化剧烈，而2005年以来江苏省耕地复种状况总体趋于稳定。进一步分析发现，2005年以来，耕地复种指数效率等于1与小于1的区域呈现出显著的南北分异格局（图4-2m—p）。其中，耕地复种指数效率等于1的区域集中分布在淮安北部、盐城北部、宿迁、连云港及徐州等徐淮平原地区，而小于1的区域则集中分布在沿海平原的中南部、里下河平原、沿江平原、宁镇扬和宜溧低山丘陵以及环太湖平原北部等苏中及苏南地区，表明2005年以来，苏北地区在耕地资源的集约利用方面已普遍实现区域期望目标，而苏中及苏南地区仍存在较大的潜力挖掘空间。

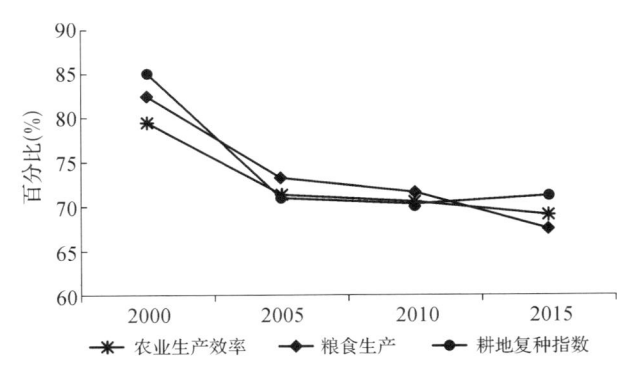

图4-1 江苏省2000—2015年农业生产效率的时间变化趋势

图 4-2　江苏省 2000—2015 年农业生产效率的时空分异特征

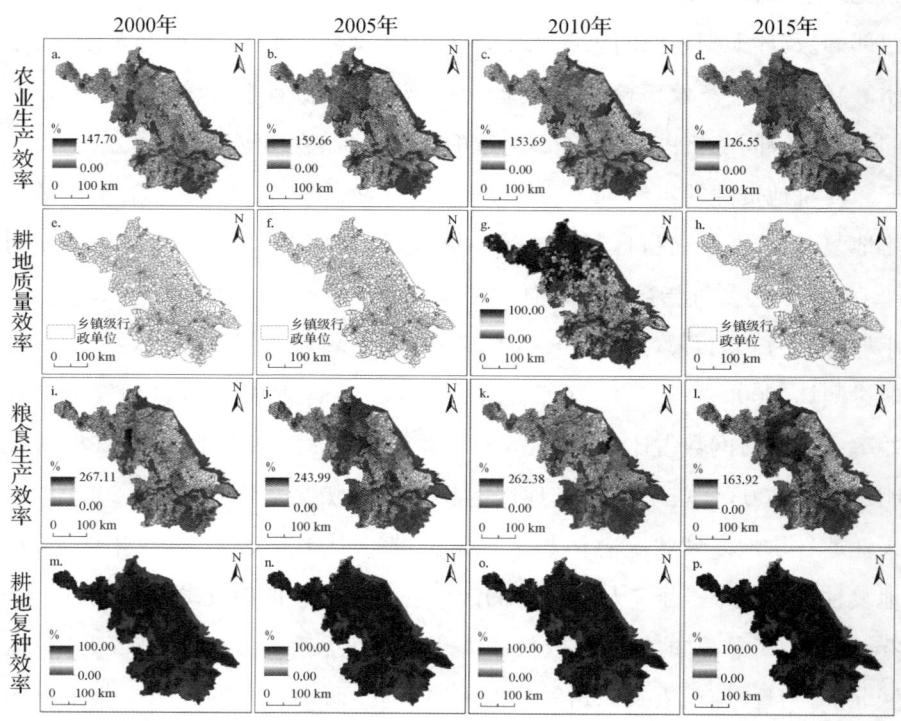

总体而言，2000—2015 年江苏省以粮食产量为代表的农业生产绩效呈现较明显的增加态势，但与区域期望的农业生产目标相比，江苏省农业生产效率及其分维属性均呈下降趋势，且下降幅度总体表现为粮食生产效率＞耕地复种指数效率＞农业生产效率。2000—2015 年江苏省以粮食产量为代表的农业生产绩效提高，而以粮食生产效率为代表的农业生产效率降低的"矛盾"变化趋势反映出研究期内江苏省农业生产活动的两极分化现象日益严重。即尽管 2000—2015 年科技的进步及经济的快速发展促进了江苏省粮食产量及农业生产效益的显著提高，但与农业生产水平的理想参考系相比，大部分区域内以粮食产量为代表的农业生产绩效增加量、提高速度远低于理想参考系内农业生产绩效的增加量及提高速度，农业生产水平的区域分化较严重。

4.1.2 经济发展效率的时间演变

2000—2015 年,江苏省经济发展效率的平均值分别为 69.09%、63.27%、70.79% 和 70.54%,总体呈波动上升趋势,但上升幅度较小(图 4-3)。从经济发展效率极值的年际变化来看,全省 2000—2015 年经济发展效率的最高值分别为 945.23%、937.54%、990.24% 和 1 040.28%,最高值均超过区域期望经济目标的 9 倍以上且总体呈日益增大趋势,表明近 15 年来,江苏省区域之间社会经济发展的不平衡问题突出,两极分化严重,且两极分化趋势日益严峻。从空间差异来看,近 15 年来江苏省社会经济发展效率总体呈现以城市建成区极核区为中心向四周发散式递减的地域分异规律,空间差异显著(图 4-4a—d)。通过测算,在现有资源禀赋和生产技术等条件限制下,2000—2015 年江苏省已实现区域社会经济发展目标(经济发展效率≥1)的格网数分别为 19 168 个、14 854 个、18 733 个和 18 687 个,占比分别为 17.86%、13.84%、17.45% 和 17.41%,广泛分布于江苏省县级市的建成区内,尤其是在南京、镇江、常州、无锡、苏州等苏南地区呈现出围绕长江两岸线性分布的空间集聚特征,这可能与该区域优越的区位条件及便利的交通运输等有关。

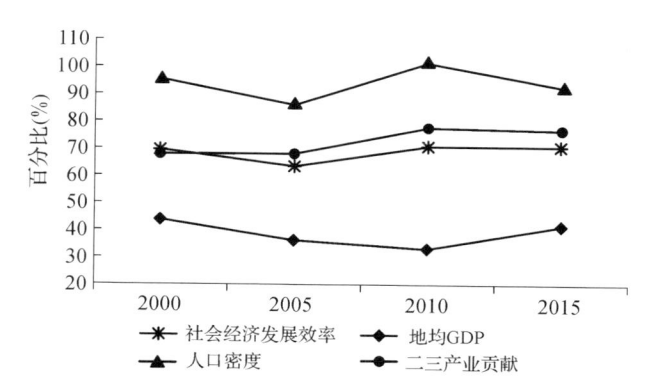

图 4-3 江苏省 2000—2015 年社会经济发展效率的时间变化趋势

从经济发展效率的分维属性来看,在经济效益方面,2000—2015 年江苏省平均地均 GDP 分别占区域期望地均 GDP 的 43.81%、36.4%、32.93%

和41.46%,表明与区域期望的地均经济效益相比,近15年来江苏省地均GDP效率呈现V型缓慢下降趋势(图4-3),土地利用经济效益的区域分化比较严重。从地均GDP效率极值的年际变化来看,2000—2015年江苏省地均GDP效率的最大值分别为1 744.55%、868.96%、1 049.89%和1 320.00%,最大值亦呈现V型下降趋势,但年际之间的下降幅度较大且最高值均超过区域期望目标的8倍以上,表明相较于区域期望的单位土地面积上实现的经济效益,相同时间节点下江苏省不同区域之间地均GDP的空间差异较大、两极分化严重,但从时间演变来看,近15年江苏省地均GDP与区域期望目标之间的差异趋于缩小趋势。从空间分异来看,2000—2015年江苏省地均GDP效率呈现南高北低的地域分异规律,苏南地区的地均GDP效率显著高于苏中和苏北地区(图4-4e—h)。2000—2015年,江苏省单位土地面积上已经实现区域经济效益目标(地均GDP效率≥1)的格网数分别为5 738个、5 825个、5 551个和7 907个,占比分别为5.35%、5.43%、5.17%和7.37%,结构占比呈现小幅上升,空间分布集聚趋势明显,集中分布在南京、常州、无锡和苏州建成区内及长江两岸。

在人口承载方面,2000—2015年江苏省平均人口密度分别占区域期望人口承载水平的95.62%、86.16%、101.39%和93.2%,人口承载效率总体呈波动式下降趋势(图4-3)。从人口承载效率极值的年际变化来看,2000—2015年江苏省人口承载效率的最高值分别为2 301.12%、1 927.04%、1 714.96%和1 599.05%,最高值呈持续下降趋势且均超过区域期望人口承载水平的15倍以上,表明相较于区域期望的人口承载水平,同一时间节点下江苏省不同区域之间人口承载水平差异巨大,但从时间演变来看,近15年江苏省人口承载水平与区域期望目标之间的差异持续缩小。总体上,2000—2015年江苏省人口承载效率呈现出与经济发展效率相似的空间分异格局,均呈现以城市建成区极核区为中心向四周发散式递减的地域分异规律,空间差异显著(图4-4i—l)。2000—2015年,江苏省已实现区域人口承载目标(人口承载效率≥1)的格网数占比分别为29.31%、25.92%、32.04%和29.37%,结构占比总体趋于波动式稳定。

图 4-4 江苏省 2000—2015 年经济发展效率的时空分异特征

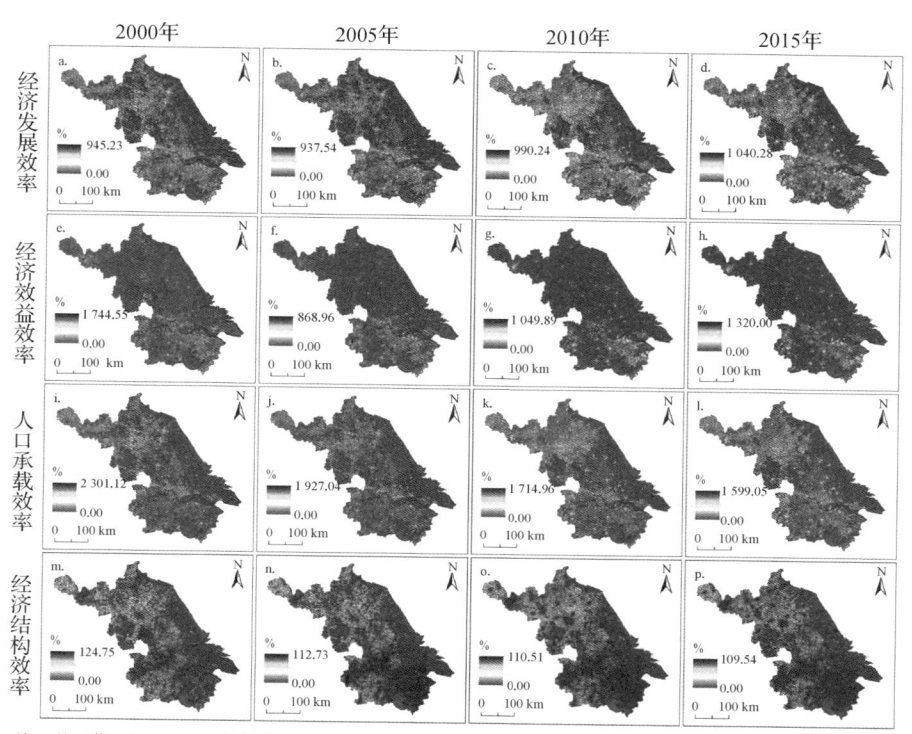

注：基于苏S（2019）024号制作

在经济结构方面，2000—2015 年江苏省平均二三产业贡献分别占区域期望经济结构贡献水平的 68.09%、67.77%、77.68% 和 76.69%，二三产业贡献效率总体呈上升趋势，尤其在 2005—2010 年上升趋势最为明显，上升幅度高达 9.91%（图 4-3）。从二三产业贡献效率极值的年际变化来看，2000—2015 年江苏省二三产业贡献效率的最高值分别为 124.75%、112.73%、110.51% 和 109.54%，最高值呈持续下降趋势，表明江苏省工业和服务业对国民经济发展的贡献与区域期望的经济结构水平之间的差距持续缩减，国民经济结构日益优化。空间上，江苏省二三产业贡献效率高值区的集聚特征明显，尤其是以南京市建成区、扬州南部、镇江、泰州南部等为代表的长江沿岸，及以常州西部、无锡西部和苏州中北部等为代表的环太湖地区（图 4-4m—p），这些区域的二三产业贡献效率较高，基本实现了区域期望的经济结构优化目标,且对周围地区经济结构优化的辐射带动作用日益凸显,空间扩散效应显著。通过测算,2000—2015年江苏省已实现区域期望的经济结构优化目标(二三产业贡献效率≥1)的格网数分别为19 899个、18 036个、20 134个和19 920个,占比分别为18.54%、16.80%、18.76%和18.56%,结构占比总体趋于稳定状态,且与二三产业贡献效率高值区的空间分布范围基本吻合,集中分布在长江沿岸及环太湖地区。

总体而言,在经济发展维度,与区域期望的经济发展目标相比,2000—2015年江苏省人口承载效率最高且总体呈稳定状态,二三产业贡献效率次之,地均GDP效率最低,表明提高单位土地面积上的经济效益应成为未来江苏省促进社会经济健康可持续发展、缩小区域发展差距的重点关注内容。

4.1.3 生态维护效率的时间演变

2000—2015年,江苏省生态维护效率的平均值分别为64.55%、62.59%、61.77%和66.57%,总体呈V型上升趋势,但上升幅度较小,近15年来总计上升约2.02%(图4-5)。从生态维护效率极值的年际变化来看,2000—2015年,江苏省生态维护效率最高值分别为380.00%、395.52%、316.33%和300.20%,最高值总体呈倒V型下降趋势且均超过区域期望生态保护目标的3倍以上,表明相同时间节点下江苏省不同区域之间生态保护效率的差异较大,但近15年来江苏省局部地区生态维护效率与区域期望的生态保护目标之间的差距日渐缩小。从空间差异来看(图4-6a—d),2000—2015年江苏省生态保护效率的高值区集中分布在西南部的低山丘陵地区,如南京市与镇江市交界地带、无锡与常州市的南部及徐淮平原的东北部和西北部,如徐州的贾汪区北部和连云港市连云区的中部,这些区域的土地利用类型以林地为主,在水源涵养、土壤保持、气体调节等方面发挥重要作用。此外,2010年以来,盐城南部和南通东南部等沿海平原的中南部地区在生态维护方面亦呈现出良好的发展趋势,尤其是在水源涵养和气体调节方面。通过测算,2000—2015年江苏省在生态维护方面发挥较理想作用(生态维护效率≥1)的格网数分别为7 593个、5 788个、6 733个和11 518个,占比分别为7.07%、5.39%、6.27%和10.73%,总体呈现V型增长,表明近 15 年来江苏省实现区域生态保护目标的面积总体呈现增加,生态保护形势趋于好转。

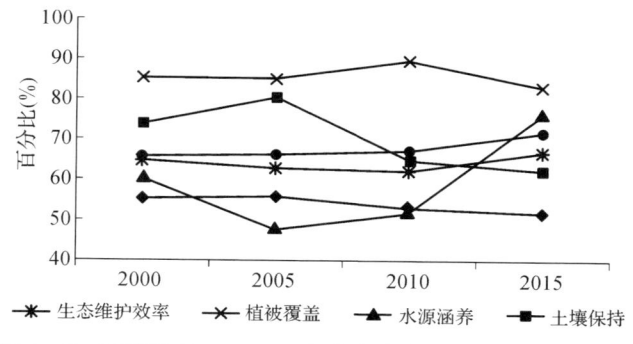

图 4-5　江苏省 2000—2015 年生态维护效率的时间变化趋势

从生态保护效率的分维属性来看,在植被覆盖方面,2000—2015 年江苏省平均植被覆盖状况分别占区域期望植被覆盖水平的 85.12%、84.85%、89.4 和 82.97%,植被覆盖效率总体呈波动式下降趋势,但下降幅度较小,15 年来总计下降约 2.15%(图 4-5)。从植被覆盖效率极值的年际变化来看,2000—2015 年,江苏省植被覆盖效率的最高值分别为 132.52%、131.59%、126.97% 和 151.77%,最高值总体呈现 V 型上升,表明江苏省局部地区的植被覆盖状况与区域植被覆盖目标之间的差距进一步增大。在空间分布上,综合而言,近 15 年来,苏南地区的植被覆盖效率显著低于苏中和苏北地区,尤其是在无锡、苏州等环太湖地区形成了显著的植被覆盖效率低值集聚区(图 4-6e—h)。通过测算,2000—2015 年,江苏省在植被覆盖方面发挥较理想作用(植被覆盖效率≥1)的格网数分别为 18 501 个、24 788 个、32 140 个和 34 353 个,面积占比持续上升,表明与区域期望的植被覆盖目标相比,近 15 年来江苏省在植被覆盖方面发挥理想作用的区域持续增加,且在空间上多为与苏中及苏北地区耕地的重合区域,尤其是在里下河平原、徐淮平原及沿海平原地区,这突出了耕地在区域植被覆盖及生态安全维护中的关键作用。

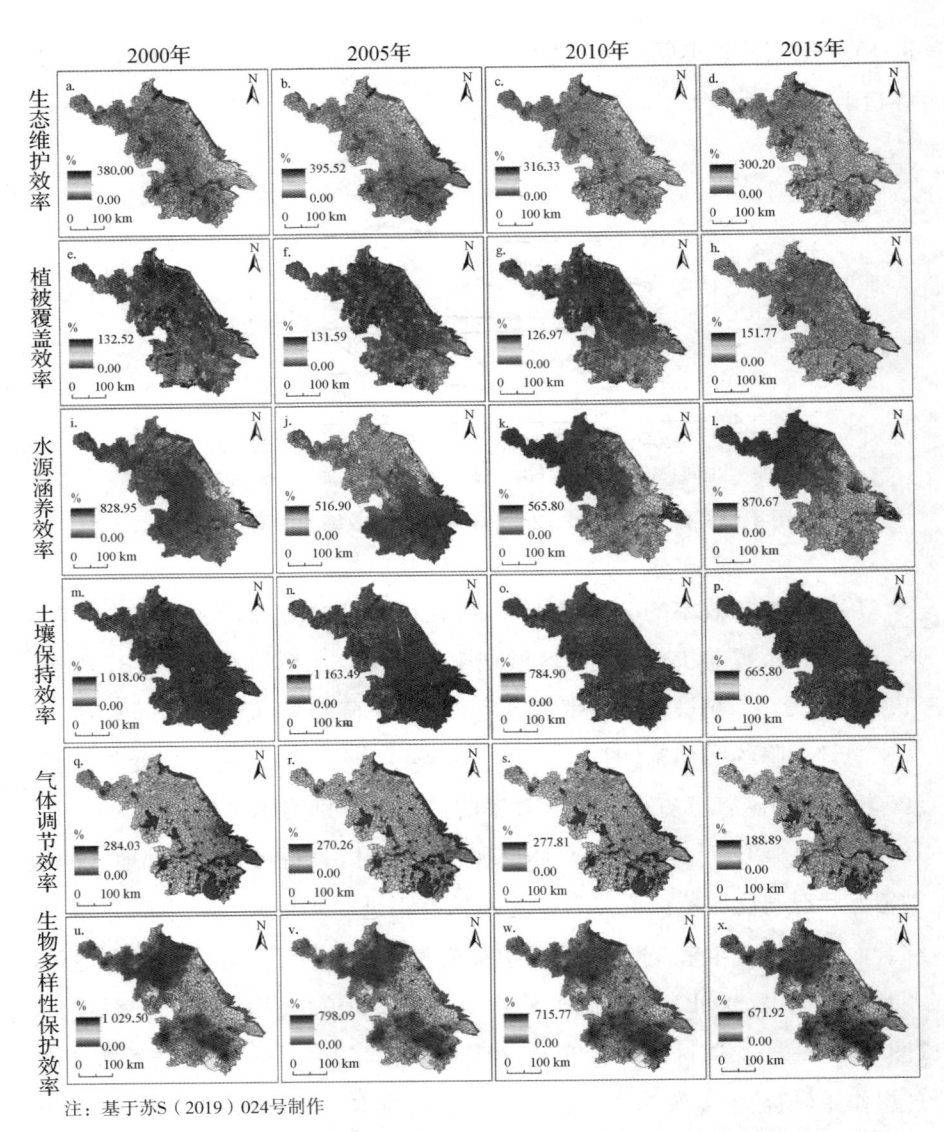

图 4-6 江苏省 2000—2015 年生态维护效率的时空分异特征

注：基于苏S（2019）024号制作

在水源涵养方面，2000—2015 年江苏省水源涵养效率的平均值分别为 60.30%、47.39%、51.73% 和 75.98%，总体呈 V 型上升趋势，累计上升幅度为 15.68%（图 4-5）。总体上，近 15 年来，除 2005—2010 年间江苏省水源涵养效率的变化相对平稳外，2000—2005 年和 2010—2015 年间江苏省水源涵养效率的年际变化均较大且呈现出相反的演变趋势，分别在前者下降幅度达 12.91% 和后者上升幅度达 24.25%，这充分反映了研究期内江苏省水源涵养状况的空间不稳定性。此外，2000—2015 年江苏省水源涵养效率的最高值亦呈现出与平均水源涵养效率相似的年际变化规律，且其最高值均超过区域期望水源涵养目标的 5 倍以上，亦验证了研究期内江苏省水源涵养状况的空间不稳定性和区域差异性。在空间分布上，以 2005 年为时间分界点，2000 年、2005 年苏北地区的水源涵养效率显著高于苏中和苏南地区，而 2010 年、2015 年呈现出相反的地域分异规律，苏中和苏南地区显著高于苏北地区，尤其是在盐城南部、南通东南部等沿海平原地区形成了显著的水源涵养效率高值集聚区。2000—2015 年，江苏省已实现区域水源涵养目标（水源涵养效率≥1）的格网数分别为 16 623 个、15 575 个、16 037 个和 33 964 个，占比分别为 15.49%、14.51%、14.94% 和 31.64%，空间分布上，除 2005 年主要分布在沿海平原中北部、徐淮平原中东部等苏北地区外，2000 年、2010 年、2015 年均集中分布在苏中及苏南地区（图 4-6i—l），区别在于 2000 年主要集中在盐城的南部、南通的东南部等沿海平原中南部地区及以苏州为代表的环太湖地区；2010 年在 2000 年空间分布范围的基础上向西延伸至南京、镇江等宁镇扬及宜溧低山丘陵地区；2015 年则在 2010 年空间分布范围的基础上进一步向北延伸至扬州南部、泰州南部等沿江平原地区。

在土壤保持方面，2000—2015 年江苏省平均土壤保持状况分别占区域期望土壤保持水平的 73.77%、80.17%、64.58% 和 62.21%，除在 2000—2005 年间土壤保持效率呈上升态势外，研究期内总体呈倒 V 型下降趋势，累计下降幅度为 11.56%（图 4-5）。从土壤保持效率极值的年际变化来看，2000—2015 年，江苏省土壤保持效率的最高值分别为 1 018.06%、1 163.49%、784.90% 和 665.80%，最高值亦呈倒 V 型下降，但均超过了相应时期区域土壤保持目标的 6 倍以上（图 4-6m—p），表明相同时间节点下江苏省不同区域之间土壤保持效率的空间差异较大，但总体来看近 15 年来江苏省土壤保持效率的极化趋势减弱。通过测算，2000—2015 年，江苏省已实现区域土壤保持目标（土壤保持效率≥1）的格网数分别为 11 081 个、13 449 个、8 041 个和 8 074 个，空间上集中分布在西南部的低山丘陵地区，如南京市与镇江市交界地带、无锡与常州市的南部，及徐淮平原的东北部和西北部,区域土地利用类型以林地为主;面积占比分别为10.32%、12.53%、7.49%和7.52%,总体呈波动式降低趋势,表明与区域期望的土壤保持目标相比,近15年来江苏省在土壤保持方面发挥理想作用的区域趋于减少态势。

在气体调节方面,2000—2015年江苏省气体调节效率的平均值分别为65.48%、65.89%、66.92%和71.48%,呈持续缓慢上升趋势,累计上升幅度为6%(图4-5),表明近15年来,江苏省平均气体调节状况与区域期望的气体调节目标之间的差异日渐缩小。从气体调节效率极值的年际变化来看,2000—2015年江苏省气体调节效率的最高值分别为284.03%、270.26%、277.81%和188.89%,最高值呈波动式降低,表明研究期内江苏省气体调节效率的极化趋势减弱。在空间分布上,除西南部以南京与镇江交界地带、溧阳市与宜兴市南部为代表的气体调节效率点状高值集聚区外,亦在泰州、南通、盐城等沿江平原东北部和沿海平原地区形成了高值集聚带(图4-6q—t)。2000—2015年,江苏省已实现区域气体调节目标(气体调节效率≥1)的格网数分别为18 586个、18 839个、18 513个和19 809个,占比分别为17.31%、17.55%、17.25%和18.45%,面积占比呈缓慢上升趋势,且与气体调节效率高值区的空间分布范围基本吻合。

在生物多样性保护方面,2000—2015年江苏省生境质量效率的平均值分别为55.15%、55.51%、52.68%和51.51%,总体呈缓慢下降趋势,累计下降幅度为3.64%(图4-5),表明研究期内江苏省生境质量水平与区域生境质量目标之间的差异日益扩大。从生境质量效率极值的年际变化来看,2000—2015年,江苏省生境质量效率的最高值分别为1 029.50%、798.09%、715.77%和671.92%,最高值呈持续下降趋势,表明研究期内江苏省生境质量效率的极化趋势减弱。在空间分布上,江苏省生境质量效率总体呈南北低、中部高的地域分异规律,高值区集中分布在里下河平原及沿海平原地区(图4-6u—x)。通过测算,2000—2015年,江苏省在生物多样性保护方面发挥较理想作用(生境质量效率≥1)的格网数分别为12 730个、10 004个、8 825个和9 222个,占比分别为11.86%、9.32%、8.22%和8.59%,面积占比总体呈下降趋势,表明研究期内江苏省在生物多样性保护方面发挥理想作用的区域总体趋于减少态势,生物多样性保护形势不容乐观。

总体上,在生态保护维度,与区域期望的生态保护目标相比,2000—2015年江苏省各项生态保护子效率在时间演化趋势和空间分异格局方面差异显著。就变化趋势而言,江苏省植被覆盖效率、土壤保持效率和生境质量效率均总体呈下降趋势,而水源涵养效率和气体调节效率总体呈上升趋势;就变化幅度而言,研究期内各项生态子类别效率的累计变化幅度排序依次为水源涵养效率＞土壤保持效率＞气体调节效率＞生境质量效率＞植被覆盖效率;就平均效率水平而言,研究期内江苏省的植被覆盖效率最高,生境质量效率最低,总体呈植被覆盖效率＞土壤保持效率＞气体调节效率＞水源涵养效率＞生境质量效率的效率水平梯度差异,表明加强水源涵养能力和生物多样性保护应成为未来江苏省生态环境建设的重点关注内容。

4.2 国土空间利用效率的空间演变

在明确 2000—2015 年江苏省国土空间利用效率时间变化特征的基础上,以5年为时间间隔,通过对不同时间节点下的国土空间利用效率进行栅格相减运算,得到 2000—2005 年、2005—2010 年、2010—2015 年不同研究时段内不同类型国土空间利用效率的空间变化分布情况;在此基础上,通过对 2015 年、2000 年时间节点下的国土空间利用效率进行栅格相减运算,得到研究期内(2000—2015 年)江苏省不同类型的国土空间利用效率的空间演变情况。

4.2.1 农业生产效率的空间演变特征

从农业生产效率的损益变化来看(图 4-7a—d),2000—2015 年江苏省农业生产效率增益、减损现象共存,总体呈现北增南减的空间演变特点,地域差异明显。从农业生产效率损益类型的面积来看(表 4-1),2000—2015年农业生产效率增益(提高)区和稳定区的面积整体呈倒 V 型增加,而减损(降低)区的面积呈 V 型减少。总体来看,研究期内全省约有23.73%的区域农业生产效率提高,46.04%的区域农业生产效率下降,30.23%的区域农业生产效率趋于稳定。其中,农业生产效率提高区主要分布在盐城北部、淮安、连云港、宿迁中北部及徐州等徐淮平原地区,占苏北地区国土面积的35.75%,研究期内农业生产效率平均提高10.13%;农业生产效率下降的地区主要分布在苏中和苏南地区,农业生产效率平均降低16.56%,包括泰州、南通、扬州、南京、镇江、常州、无锡和苏州等的大部分区域,尤其是农业生产效率变化的负高值区在常州、无锡、苏州等环太湖地区呈现出围绕城市建成区极核区环状分布的空间格局特征,平均农业生产效率下降高达28.7%,这可能与近年来因快速城镇化进程导致的对城镇周围农用地空间挤占、侵蚀而引起的耕地撂荒、弃耕等因素有关;农业生产效率稳定区主要为河流、湖泊、林地以及城市建成区的极核区,这些区域特定且明确的功能用途导向使其基本不具备从事农业生产活动的能力或条件。从农业生产效率的损益变化率来看(图4-8a),不同研究时段内江苏省农业生产效率变化量的极值相差均超过2倍,且除2005—2010年间增益极值变化量大于减损极值变化量外,其他时段均为减损极值变化量大于增益极值变化量;同时,2000—2015年农业生产效率的极值变化量日趋向两极分化(即最大值增大,最小值减小),表明研究期内江苏省农业生产效率增益、减损的区域差异巨大,异质性日趋增强,局部地区的农业生产效率变化加剧且总体上减损状态更为显著。分时段看,2000—2005年江苏省农业生产效率的空间演变格局总体与2000—2015年的空间演变格局一致,苏北地区显著提高,而苏中和苏南地区总体处于下降状态,区别在于淮安、宿迁、连云港等地区的农业生产效率在2000—2005年上升幅度更为明显。该时段内农业生产效率提高区、稳定区、降低区的面积占比分别为18.16%、31.67%和50.17%,且三种类型区的空间分布范围与2000—2015年的空间分布格局基本一致。2005—2010年,局部地区农业生产效率的增益态势明显,如盐城的中部地区,究其原因在于该区域2010年的粮食产量居全省首位,高达259.27万吨,粮食生产效益突出,进而使2010年该区域粮食生产效率亦居全省前列(图4-2c)。2010年盐城中部较高的粮食生产效率导致了该区域2005—2015年间农业生产效率损益变化的巨大不稳定性,表现为2005—2010年农业生产效率的

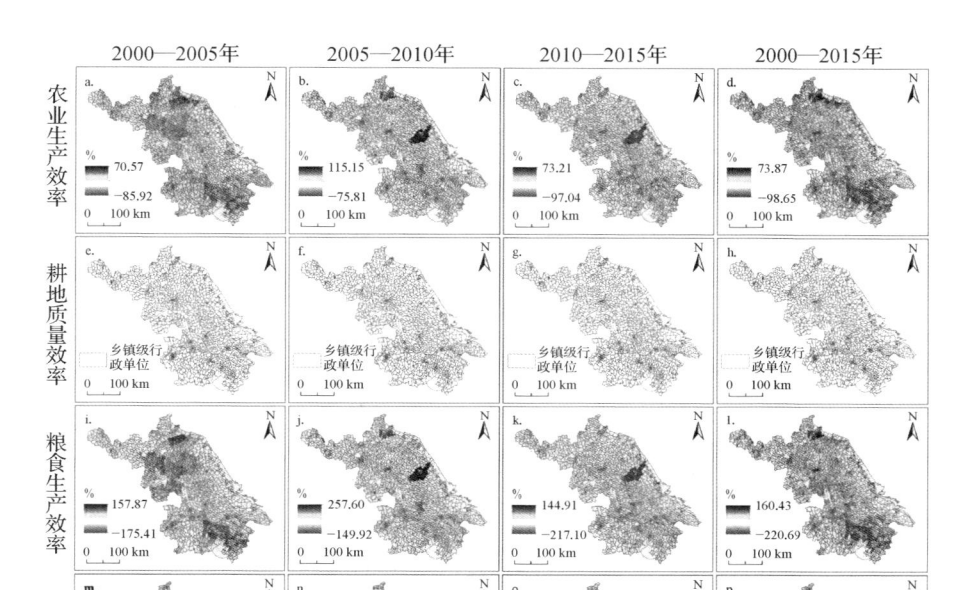

突出增益和 2010—2015 年的突出减损。

图 4-7 江苏省 2000—2015 年农业生产效率的时空演变特征

注：基于苏 S（2019）024 号制作

表 4-1 江苏省 2000—2015 年不同时段下农业生产效率损益面积占比（%）

国土空间利用效率	损益状况	2000—2005 年	2005—2010 年	2010—2015 年	2000—2015 年
农业生产效率	上升	18.16	32.82	28.56	23.73
	稳定	31.67	37.24	39.26	30.23
	下降	50.17	29.94	32.18	46.04
粮食生产效率	上升	19.59	31.85	27.32	25.84
	稳定	38.43	38.98	40.61	36.24
	下降	41.98	29.17	32.07	37.92
耕地复种效率	上升	5.02	2.24	2.09	5.94
	稳定	67.14	95.76	96.97	66.77
	下降	27.84	2.00	0.94	27.29

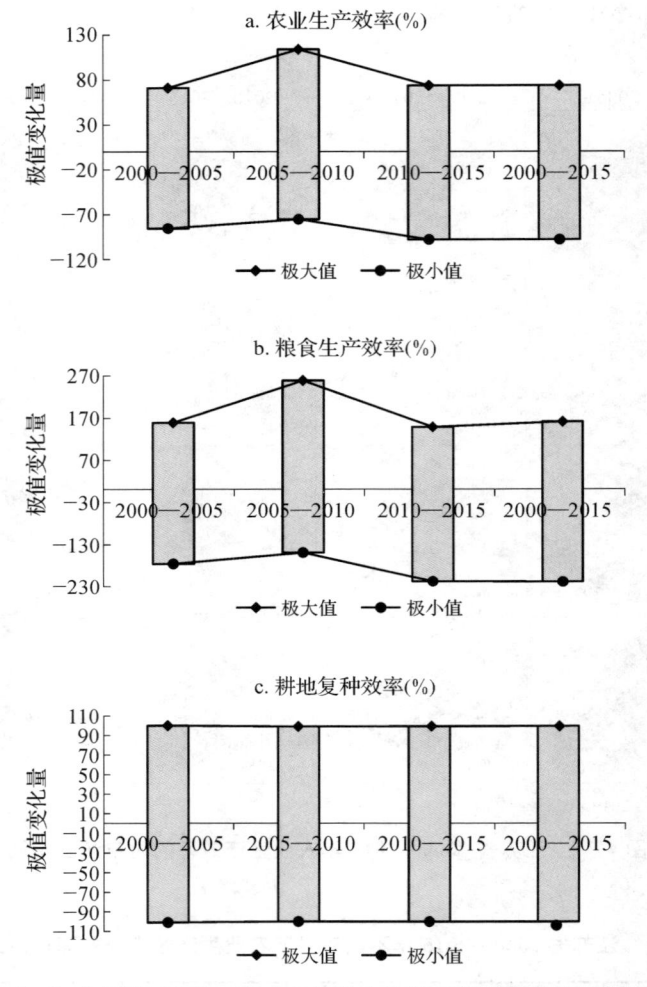

图 4-8 江苏省 2000—2015 年农业生产效率损益变化的极值演变

受耕地质量数据资料限制,本书仅涉及 2010 年,故不对耕地质量效率的空间演变特征进行分析。2000—2015 年不同时段下江苏省粮食生产效率的空间演变格局、损益极值演变趋势均与相同时段下农业生产效率的演变特征高度相似(图 4-7i—l)。总体上,2000—2015 年江苏省粮食生产效率提高、稳定、降低的区域占比分别为 25.84%、36.24% 和 37.92%(表 4-1)。从不同研究时段粮食生产效率的损益变化率来看(图 4-8b),2000—2015 年其极值极化趋势增强,表明江苏省局部地区粮食生产效率增益、减损的异质性进一步增强。

在耕地资源的集约利用方面,2000—2015年江苏省耕地复种效率总体呈现"北部稳定、中南部减损"的空间演变态势(图4-7m—p),研究期内全省耕地复种效率上升、稳定、下降的区域占比分别为5.94%、66.77%和27.29%(表4-1),表明江苏省多数区域耕地复种状况处于稳定状态。其中,复种效率提高区主要分布在徐淮平原的东北部(如连云港市的灌云县、连云区和东海县)、西北部(如徐州市的铜山区和新沂市)和南部(如淮安市的盱眙县)及宜溧低山丘陵地带的东南部(如常州市的金坛区、溧阳市,南京市的溧水区及镇江市的句容市等),研究期内耕地复种效率平均提高35.22%;下降区广泛分布于苏中及苏南地区,包括里下河平原、沿江平原、宁镇扬及宜溧低山丘陵、沿海平原及环太湖平原地区,耕地复种效率平均下降34.12%;复种效率稳定区主要包括两种类型:其一为生态用地或建设用地的核心地带,如河流、湖泊、林地及城市建成区的极核区等,此类区域基本不具备耕地劳作条件,研究期内耕地复种效率均为0,此类区域约占全省总面积的21.69%;其二为具备耕地劳作条件且研究期内耕地复种状况稳定的区域,此类区域集中分布在苏北地区,包括沿海平原的北部和徐淮平原。从耕地复种效率的损益变化率来看(图4-8c),不同时段内江苏省耕地复种效率变化量的极值相等且相差均为2倍,表明局部地区的耕地集约利用状况变化剧烈。分时段看,2000—2005年江苏省耕地复种效率的空间演变格局与2000—2015年高度一致,而2005—2010年与2010—2015年耕地复种效率的空间演变格局变化不大,多数区域耕地复种状况处于稳定态势,占比分别为95.76%和96.97%。

4.2.2 经济发展效率的空间演变特征

从经济发展效率损益变化的空间格局来看(图4-9a—d),2000—2015年江苏省经济发展效率增益、减损格局总体呈现城市建成区极核区下降、极核区外围上升的分布态势,表明研究期内江苏省城市建成区外围经济发展态势良好,并在经济效益、人口承载和产业结构调整等方面有效缓解、分担了城市核心区的社会经济发展压力,经济分流效应显著。2000—2015年,全省约有26.49%的区域经济发展效率提高,11.97%的区域稳定,61.54%的区域经济发展效率下降。总体上，经济效率上升区与下降区呈"插花"式交叉分布，且减损态势显著。其中，经济发展效率上升区广泛分布于江苏境内，苏北、苏中、苏南地区各占13.60%、4.01%和8.88%，总体呈现围绕城市极核区环状分布的空间格局特征，尤其是在苏南地区的南京、镇江等西南低山丘陵，及常州、无锡和苏州等环太湖地区，环状集聚态势明显；下降区亦广泛分布于江苏全境，并构成了研究期经济发展效率空间格局演变的主体；稳定区多指向生态用地，如河流、湖泊、林地、滩涂等，明确且强烈的生态维护功能导向使其基本不具备进行高强度社会经济活动的条件，研究期内经济发展效率稳定为0。从经济发展效率损益变化的面积占比来看（表4-2），2000—2015年江苏省经济效率上升区的面积占比呈倒V型增加，由2000—2005年的11.77%上升至2000—2015年的26.49%，并在2010—2015年达到顶峰50.68%，升降幅度较大，而下降区呈V型降低，表明尽管总体上与区域期望的经济发展目标相比，江苏省局部地区社会经济发展呈现一定的波动性和不稳定性，但研究期内与区域社会经济发展目标之间的差距呈缩小态势的区域总体呈增加趋势。从经济发展效率的损益变化率来看（图4-10a），不同研究时段内江苏省经济发展效率变化量的极值相差均超过2倍，且各研究时段增益极值变化量均大于减损极值变化量；同时，2000—2005年、2005—2010年、2010—2015年各时段内经济发展效率极值变化量的极化趋势减弱，内部收敛趋势增强（即极大值减小，极小值增大），表明尽管研究期内江苏省经济发展效率增益、减损的区域差异巨大，但整体上损益变化的两极分化趋势日趋减弱。分时段看，2000—2005年，苏南地区城市建成区极核区外围的经济发展效率增益程度明显，尤其是在南京市建成区的西南部以及无锡、苏州建成区外围形成了经济发展效率的增益高值集聚；2005—2010年，上述地区由2000—2005时段的增益状态总体转变为2005—2010时段的减损状态，程度明显，而苏北地区各城市建成区外围经济效率的损益变化总体与苏南地区相反，由2000—2005时段的减损状态总体转变为2005—2010时段的增益状态；2010—2015年，江苏省大部分地区处于经济发展效率的增益状态，而苏北局部地区经济效率的减损程度明显，如连云港的东南部和盐城的北部。

图 4-9　江苏省 2000—2015 年经济发展效率的时空演变特征

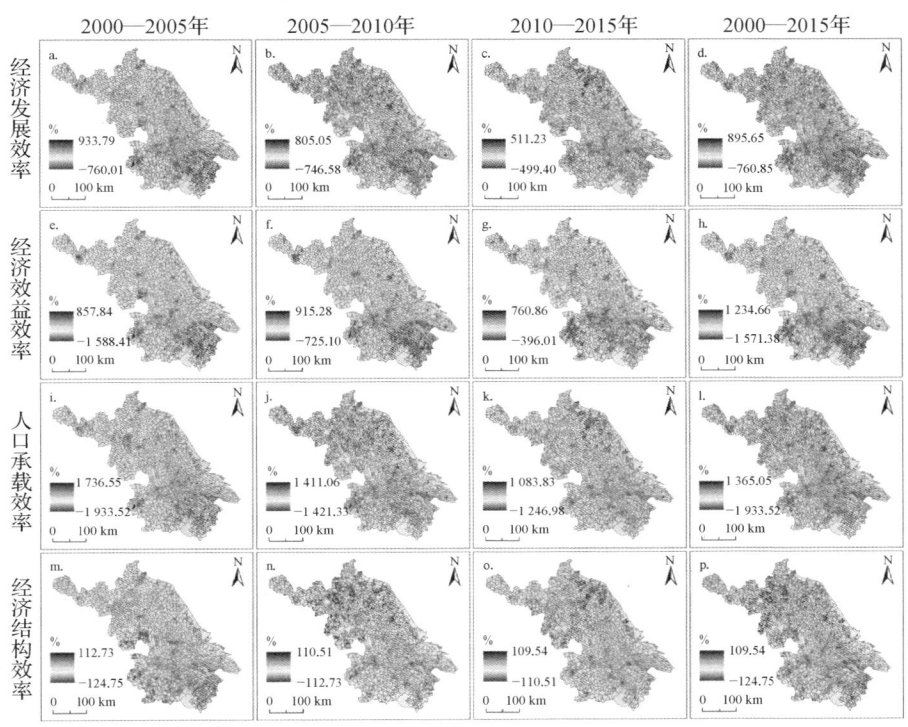

注：基于苏S（2019）024号制作

表 4-2　江苏省 2000—2015 年不同时段下经济发展效率损益面积占比（%）

国土空间利用效率	损益状况	2000—2005 年	2005—2010 年	2010—2015 年	2000—2015 年
经济发展效率	上升	11.77	37.11	50.68	26.49
	稳定	12.55	12.51	12.22	11.97
	下降	75.68	50.38	37.10	61.54
地均 GDP 效率	上升	9.70	28.24	79.09	26.39
	稳定	12.55	12.51	12.22	11.97
	下降	77.75	59.25	8.69	61.64
人口承载效率	上升	7.30	37.52	13.20	23.24
	稳定	43.27	33.31	33.07	34.59
	下降	49.43	29.17	53.73	42.17
二三产业贡献效率	上升	28.21	40.89	24.77	35.63
	稳定	41.26	32.99	32.73	33.76
	下降	30.53	26.12	42.50	30.61

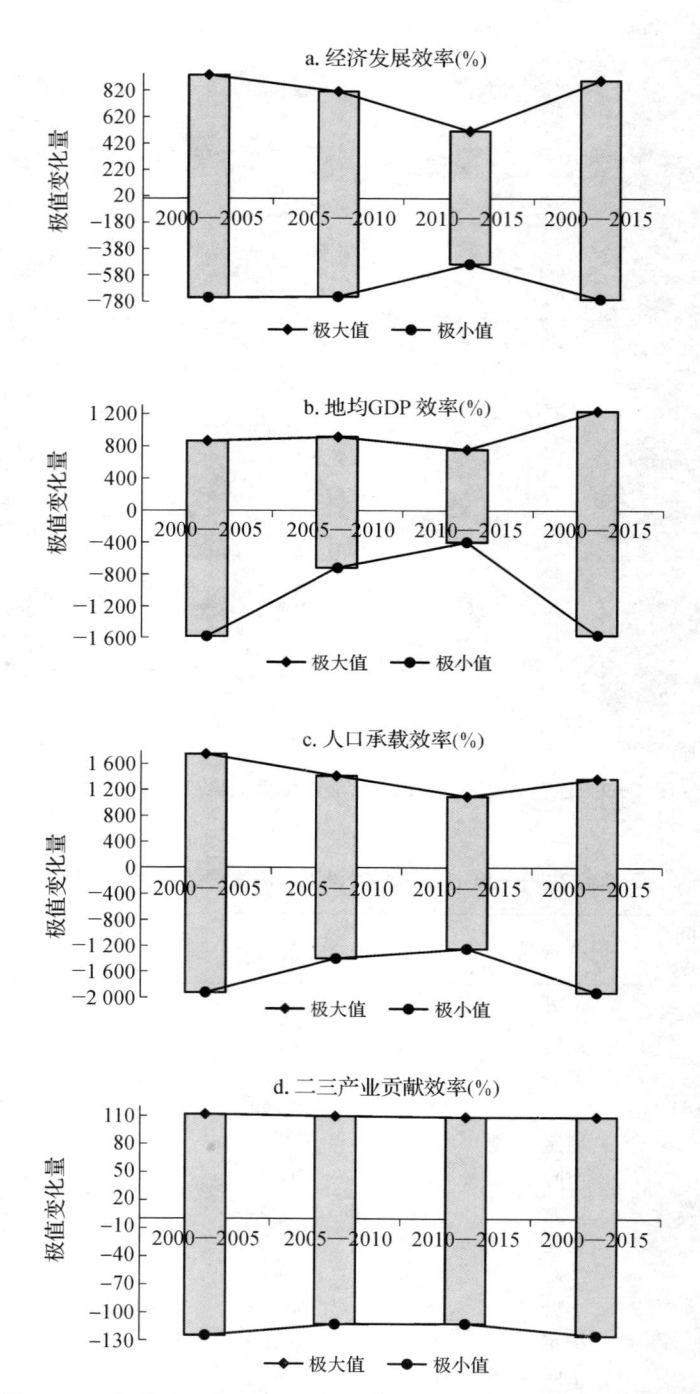

图 4-10　江苏省 2000—2015 年经济发展效率损益变化的极值演变

在单位面积的经济效益方面,2000—2015年江苏省地均GDP效率上升、稳定、下降的区域占比分别为26.39%、11.97%和61.64%,损益态势明显。从地均GDP效率损益变化的空间分异格局来看(图4-9e—h),2000—2015年地均GDP效率增益、减损现象广泛分布于江苏境内。需要注意的是,2000—2015不同时段内苏南地区地均GDP效率的变化量均呈现增益高值集聚与减损高值集聚并存的空间分异格局,且总体呈现增益高值区围绕减损高值区环状分布的空间格局特征。分时段看,2000—2005年,苏中和苏北地区、苏南地区的城市在地均GDP效率损益变化的空间格局演变方面呈现出相反的圈层演进规律,具体表现为苏南地区城市的建成区极核区地均GDP效率下降而外围地区上升,但均实现了区域期望的地均GDP目标,而苏中和苏北地区的城市其极核区内地均GDP效率上升而外围地区下降,这表明该时段内苏南地区城市建成区在普遍实现单位土地面积经济效益目标的基础上,其对周围地区的经济辐射带动、扩散效应凸显;而苏中和苏北地区的城市其极核区内外的经济发展效益存在一定的空间跳跃现象,两极分化严重,且总体上苏中和苏北地区城市极核区对外围地区经济效益的辐射带动作用较弱。2005—2010时段,苏中和苏北地区城市建成区地均GDP效率损益变化表现出与苏南地区相同的空间分异规律,建成区极核区内的地均GDP效率下降而外围地区上升,表明该时段内苏中和苏北地区城市极核区对外围地区的经济发展发挥一定的辐射带动作用;2010—2015时段,除无锡、苏州等城市建成区极核区的地均GDP效率下降态势显著外,江苏省大部分地区处于增益状态,面积占比约为79.09%,但增益程度差异显著。

在人口承载方面,2000—2015年不同时段下江苏省人口承载效率在空间演变格局、关键区域分布、损益极值演变趋势等方面均与相同时段下经济发展效率的演变特征高度相似。总体上,2000—2015年人口承载效率的损益演变自城市建成区极核区向外呈现出显著的空间圈层特征,表现为建成区极核区下降、极核区外围上升、远郊区下降(图4-8i—l),这在一定程度上印证了2000年以来经济发达地区多存在的由于市中心人口向近郊区或郊区转移而导致市中心人口降低、近郊区人口增加的郊区人口集聚现象,郊区分流人口能力显著提升[291-293]。2000—2015年,全省约有23.24%的区域人口承载效率上升,普遍分布于各级城市极核区的外围且上升幅度明显,约有42.17%的区域下降,34.59%的区域人口承载效率稳定。其中,下降区多为城市建成区的极核区或城市远郊地带,稳定区多为农用地及生态用地,如耕地、河流、湖泊、滩涂等。总体上,2000—2015年不同时段下人口承载效率上升的区域呈现波动式增加,并在2005—2010时段达到顶峰37.52%,表明研究期内与区域人口承载目标之间的差距呈缩小态势的区域总体呈增加趋势。从人口承载效率的损益变化率来看(图4-10c),不同研究时段内人口承载效率变化量的极值相差均超过2倍,且各时段减损极值变化量均大于增益极值变化量,表明江苏省局部地区在人口承载方面变化剧烈且减损状态发展显著;同时,2000—2005年、2005—2010年、2010—2015年各时段内人口承载效率极值变化量的极化趋势持续减弱,内部收敛趋势增强(即极大值减小,极小值增大),表明尽管研究期内江苏省人口承载效率增益、减损的区域差异巨大,但整体上损益变化的两极分化趋势日趋减弱。

在经济结构方面,2000—2015年江苏省北部地区二三产业贡献效率的增益现象较突出(图4-9m—p)。在二三产业贡献效率损益类型的面积变化方面(表4-2),2000—2015年全省35.63%的区域二三产业贡献效率上升,30.61%的区域下降,33.76%的区域稳定不变,增益状态发展显著。2000—2005时段、2005—2010时段、2010—2015时段江苏省二三产业贡献效率上升区的面积占比分别为28.21%、40.89%和24.77%,空间上广泛分布于西南低山丘陵、环太湖平原、沿江及沿海平原、里下河平原及徐淮平原地区,尤以宿迁、连云港、徐州、淮安等徐淮平原地区最为集中和突出。在二三产业贡献效率的损益变化率方面(图4-10d),2000—2005时段、2005—2010时段、2010—2015时段二三产业贡献效率极值变化量的极化趋势减弱,但减弱程度不明显。在不同时段二三产业贡献效率损益格局的演变方面,增益高值区由2000—2005时段集中分布在南京、常州、无锡和苏州等苏南地区演变为2005—2010时段的徐州东部、宿迁北部、连云港西部、淮安北部及盐城北部等苏北徐淮平原中部地区,而盐城北部由2005—2010时段的增益高值状态转变为2010—2005时段的减损高值状态,损益变化剧烈。

4.2.3 生态维护效率的空间演变特征

2000—2015年,江苏省生态维护效率损益变化总体呈现南增北减的空间演变格局,增益态势显著(图4-11a—d)。研究期内全省生态维护效率上升、下降的区域占比分别为51.97%和48.03%(表4-3)。其中,上升区主要分布在苏中和苏南地区,包括沿海平原的中部、沿江平原、宁镇扬及宜溧低山丘陵地区,尤其是南京、镇江、常州西部等西南低山丘陵地区增益态势最为突出;下降区主要分布在徐淮平原、沿海平原东南部及环太湖平原地区,尤以徐淮平原东北部的下降态势最为显著。从生态维护效率的损益变化来看(图4-12a),除2005—2010时段外,2000—2015年生态维护效率的极值变化量总体呈内部收敛态势,表明研究期内江苏省生态维护效率损益变化程度总体呈减弱态势,流域内生态维护效率保持增益、减损的异质性减弱。分时段看,江苏省生态维护效率损益变化在不同时段内亦呈现出显著的空间演变格局差异。2000—2005时段,江苏省生态维护效率总体呈北增南减的空间演变格局,与2000—2015年总体相反,苏北地区的生态维护效率呈现出显著的增益态势,而沿海平原东南部及苏南地区呈现出显著的减损态势;2005—2010年间,苏北地区转增益为减损,同时沿海平原东南部及苏南地区转减损为增益。南通东南部的生态维护效率在2000—2005时段与2005—2010时段呈现完全相反的损益变化趋势,表现为前一时段的减损高值集聚和后一时段的增益高值集聚,损益变化幅度巨大,反映出2000—2010年间该区域在生态维护功能方面变化剧烈且不稳定。2010—2015年间,生态维护效率的损益变化总体呈现与2005—2010时段相同的演变格局,区别在于该时段内南通东南部的生态维护效率增益幅度减弱。

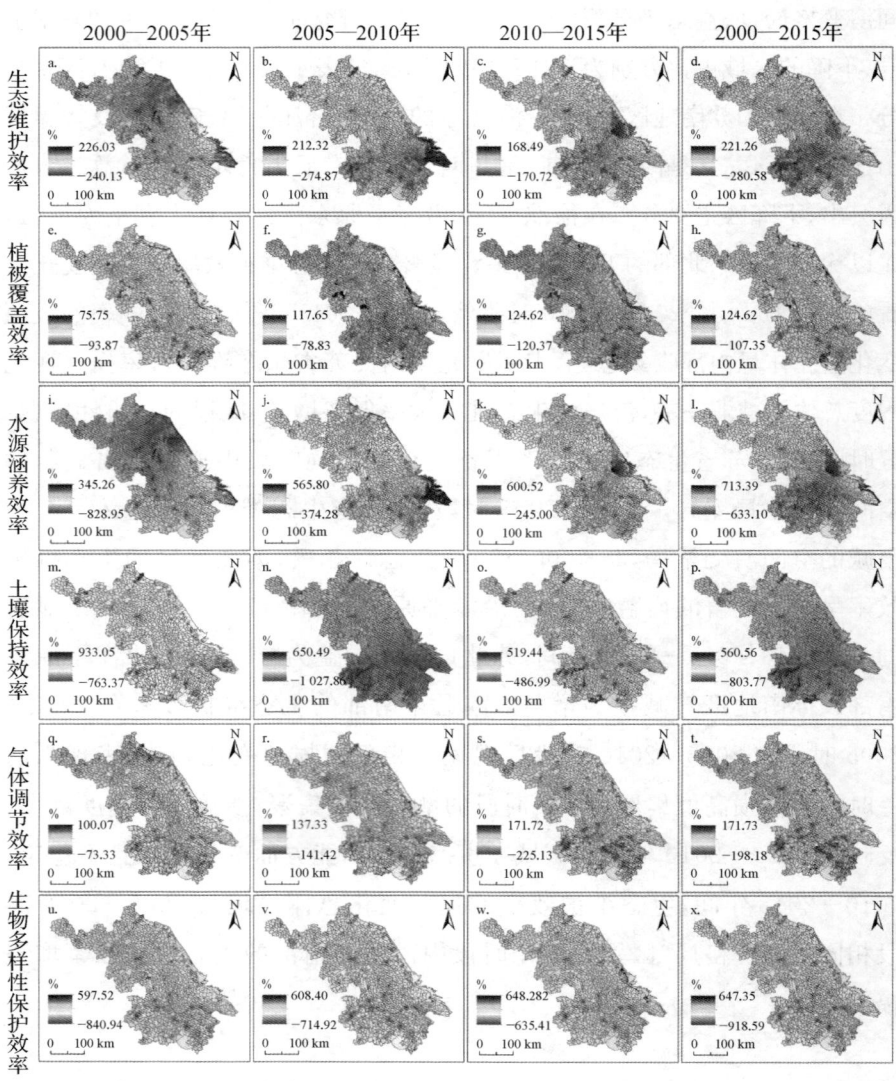

注：基于苏S（2019）024号制作

图4-11 江苏省2000—2015年生态维护效率的时空演变特征

表4-3 江苏省2000—2015年不同时段下生态维护效率损益面积占比(%)

国土空间利用效率	损益状况	2000—2005年	2005—2010年	2010—2015年	2000—2015年
生态维护效率	上升	55.22	43.88	67.06	51.97
	下降	44.78	56.12	32.94	48.03
植被覆盖效率	上升	53.51	52.97	41.69	47.92
	稳定	4.79	3.85	3.73	4.49
	下降	41.70	43.18	54.58	47.59
水源涵养效率	上升	49.88	43.74	73.76	52.12
	稳定	3.56	3.41	10.92	6.77
	下降	46.56	52.85	15.32	41.11
土壤保持效率	上升	54.67	38.06	49.70	45.29
	稳定	11.70	11.70	11.70	11.70
	下降	33.63	50.24	38.60	43.01
气体调节效率	上升	41.27	45.39	54.11	54.52
	稳定	19.70	19.71	14.86	14.85
	下降	39.03	34.90	31.03	30.63
生物多样性保护效率	上升	46.88	37.69	47.79	41.58
	稳定	15.46	16.03	20.44	14.98
	下降	37.66	46.28	31.77	43.44

在植被覆盖方面,2000—2015年江苏省植被覆盖效率损益变化总体呈现北增南减的空间演变特点,徐淮平原地区增益态势最为显著(图4-11e—h)。研究期内,全省约47.92%的区域植被覆盖效率呈增益态势,47.59%的区域呈下降态势(表4-3),尤以南京南部、常州东部、无锡北部及苏州等地区植被覆盖效率减损态势明显,此外,苏中及苏北地区部分城市的中心城区植被覆盖效率减损态势亦较严重,如盐城、南通。2000—2005时段、2005—2010时段、2010—2015时段植被覆盖效率增益区呈持续减少态势,表明研究期内江苏省与区域植被覆盖目标之间的差距呈扩大趋势的区域总体呈增加态势。从植被覆盖效率的损益极值变化量来看(图4-12b),不同研究时段内除2005—2010年间损益极小值有收敛趋势外,其他时段损益极值变化量趋向两极分化(即极大值增大,极小值减小),表明总体上研究期内江苏省

a. 生态维护效率(%)

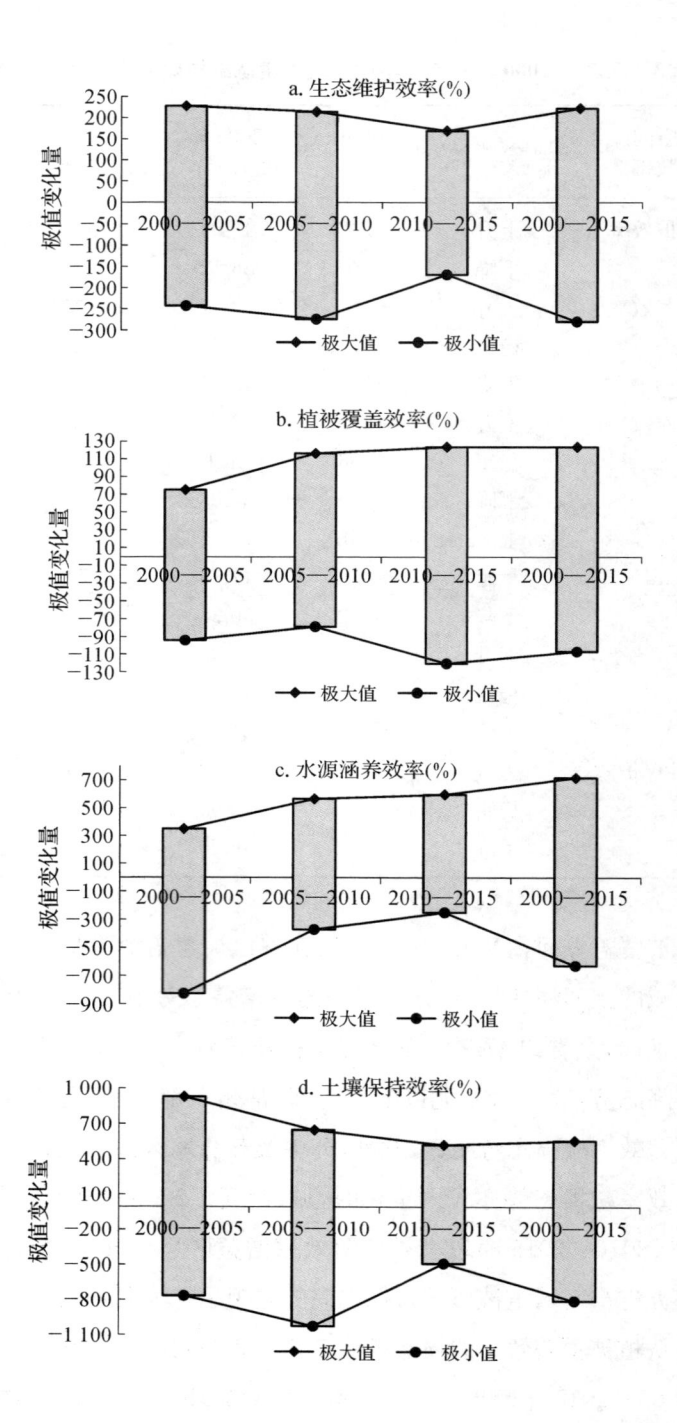

b. 植被覆盖效率(%)

c. 水源涵养效率(%)

d. 土壤保持效率(%)

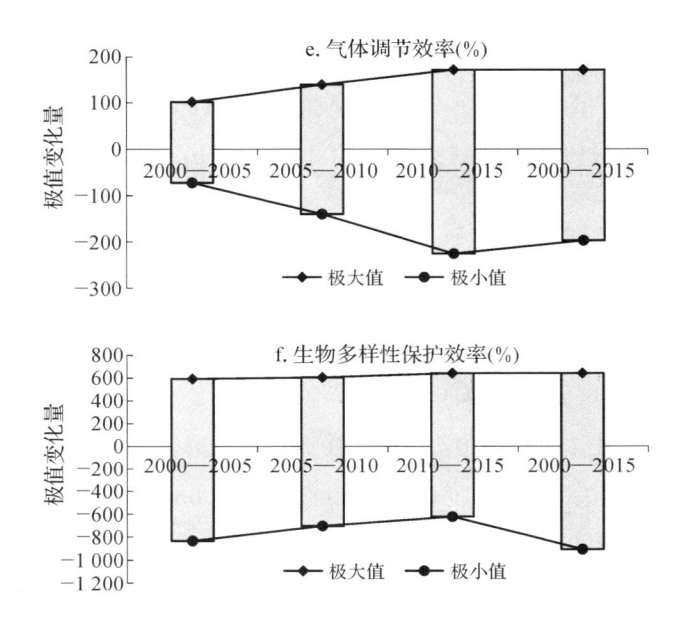

图 4‑12　江苏省 2000—2015 年生态维护效率损益变化的极值演变

植被覆盖效率保持增益、减损的区域异质性增强，局部地区的植被覆盖效率变化加剧。

2000—2015 年间不同时段江苏省水源涵养效率的空间演变格局与相同时段下江苏省生态维护效率的空间演变特征高度相似，水源涵养效率损益变化总体呈现出南增北减的特点，徐淮平原地区减损态势明显，而里下河平原、沿江沿海平原、西南低山丘陵地区增益态势显著（图 4‑11i—l）。研究期内全省约 52.12% 的区域水源涵养效率呈上升态势，41.11% 的区域呈下降态势，2000—2005 年、2005—2010 年、2010—2015 年不同时段内水源涵养效率上升区的面积占比分别为 49.88%、43.74% 和 73.76%，上升区总体呈波动式增加（表 4‑3），表明尽管研究期内江苏省局部地区的水源涵养状况存在一定的不稳定性，但总体上与水源涵养目标之间的差距呈缩小态势的区域总体呈增加态势。在损益极值变化量方面（图 4‑12c），2000—2005、2005—2010、2010—2015 时段水源涵养效率变化量的极大值与极小值均持续增大，且极值之间的差距呈缩小趋势，表明流域水源涵养保持增益、减损的异质性减弱,且增益态势发展显著。分时段看,水源涵养效率在不同研究时段内损益变化格局差异较大,苏北地区由 2000—2005 时段的增益状态转变为 2005—2010 时段、2010—2015 时段的减损状态,而苏中和苏南地区则由 2000—2005 时段的减损状态转变为 2005—2010 时段、2010—2015 时段的增益状态。

  在土壤保持方面,2000—2015 年江苏省土壤保持效率亦呈现出南增北减的特点,尤其是南京中心城区、镇江西部、常州西北部和南部、无锡南部等西南低山丘陵地区增益态势显著,而淮安北部、宿迁、盐城北部、连云港、徐州等徐淮平原地区减损态势明显(图 4-11m—p)。研究期内江苏省土壤保持效率呈上升、稳定、下降的区域占比分别为 45.29%、11.70%和 43.01%,不同时段内上升区总体呈波动式减少,由 2000—2005 时段的 54.67%减少至 2010—2015 时段的 49.70%(表 4-3),表明江苏省与区域土壤保持目标之间的差距呈扩大趋势的区域总体呈增加态势。从损益极值变化量来看(图 4-12d),2000—2005、2005—2010、2010—2015 时段土壤保持效率损益变化的极大值持续减小,而极小值呈 V 型增大,且极值变化量之间的差距日趋缩小,表明不同时段土壤保持效率损益变化的区域异质性日趋减弱,同时增益程度变化趋缓而减损程度变化剧烈。分时段看,土壤保持效率的损益变化在 2000—2005 时段与 2005—2010 时段呈现出完全相反的地域分异规律,苏北地区由前一时段的增益状态转变为后一时段的减损状态,而苏中和苏南地区则由减损状态转变为增益状态,且损益变化显著区均集中在徐州中部、连云港东部、淮安西南部、南京中心城区及无锡南部等地区;2010—2015 年,在总体保持 2005—2010 时段南增北减损益格局的基础上,苏北的损益显著区进一步向东北方向转移,同时无锡、苏州等环太湖地区由 2005—2010 时段的增益状态转变为 2010—2015 时段的减损状态,但减损程度较弱。

  在气体调节方面,2000—2015 年江苏省气体调节效率总体呈现"苏北和西南低山丘陵地区增加、环太湖平原地区降低"的地域分异特点,且增益高值区具有显著的围绕城市中心城区环状分布的特点,尤其是苏南地区(图 4-11q—t)。2000—2015 年,全省约有 54.52%的区域气体调节效率上升,且不同时段内上升区持续增加,由2000—2005时段的41.27%增加至2010—2015时段的54.11%(表4-3);30.63%的区域下降,尤其是南通东南部、苏州东北部等沿海平原南部和环太湖地区气体调节效率损益态势明显。从损益极值变化量来看(图4-12e),2000—2005年、2005—2010年、2010—2015年时段气体调节效率损益变化的极值持续趋向两极分化(即极大值增大,极小值减小),且损益极值变化量之间的差距日趋增大。气体调节效率损益类型面积和极值变化量的演变趋势表明,尽管研究期内江苏省与区域气体调节目标之间的差距呈缩小趋势的区域总体呈增加态势,但其损益变化的区域异质性持续增强且局部地区的气体调节服务变化剧烈。分时段看,2000—2005年,连云港、徐州、宿迁北部及盐城北部等徐淮平原北部地区气体调节效率的增益态势显著,而泰州、南通、镇江、南京南部、常州、无锡等里下河平原、西南低山丘陵及环太湖平原地区减损态势明显;2005—2010年,泰州、苏州等沿海平原南部及环太湖平原地区减损态势更为显著,而淮安、宿迁及徐州南部等地区增益态势明显;2010—2015年总体呈现与2000—2015年相似的气体调节效率损益变化格局,苏南城市中心城区周围增益态势明显。

在生物多样性保护方面,2000—2015年江苏省生境质量效率总体呈现北增南减的地域分异格局,且减损高值区主要为城市的中心城区(图4-11u—x)。研究期内,全省约41.58%的区域生境质量效率上升,43.44%的区域下降。其中,上升区主要分布在徐州、连云港、宿迁、淮安、盐城北部等徐淮平原地区,及泰州南部、镇江南部、常州中西部等沿江平原和西南低山丘陵的部分地区;下降区则主要分布在盐城中南部、南通等沿海平原,南京中部、扬州南部、镇江北部等沿江地区,及常州西部、无锡、苏州等环太湖平原地区。从生境质量效率损益变化的面积占比来看(表4-3),2000—2015年江苏省生境质量效率上升区的面积占比呈波动式减少,由2000—2005年的46.88%减少至2000—2015年的41.58%,表明江苏省与区域生境质量保护目标之间的差距呈缩小态势的区域总体呈减少趋势。在损益极值变化量方面(图4-12f),2000—2005年、2005—2010年、2010—2015年时段生境质量效率变化量的极大值与极小值均持续增大,且极值之间的差距呈缩小趋势,表明流域生境质量保持增益、减损的异质性减弱,且增益状态发展显著。分时段看,2000—2005 年、2005—2010 年时段总体与 2000—2015 年时段的损益变化格局大致相似,但部分地区损益程度存在较大差异,如淮安中部和苏州的中心城区;2010—2015 年时段,除沿江地区及里下河平原边缘地区生境质量效率处于减损态势外,江苏省大部分地区处于增益状态,占比为 47.79%。

4.3 国土空间利用效率的时空演变模式

在明确江苏省农业、经济、生态等国土空间利用效率时空演变特征的基础上,基于不同类型国土空间利用效率在 2000—2005 年、2005—2010 年及 2010—2015 年不同时段内的变化情况及研究期 2000—2015 年的增益、减损趋势,依据 3.3.4 中确定的国土空间利用效率时空演变模式归并准则,梳理其变化模式。研究发现,依据 3.3.4 节中确定的归并准则,理论上,农业、经济、生态等国土空间利用效率共包含 81 种组合方式,其中有效组合方式为 51 种,总计归并为持续提高型、倒 V 式提高型、阶梯式提高型、V 式提高型、波动式提高型、无效率区、倒 V 式稳定型、V 式稳定型、波动式稳定型、持续降低型、倒 V 式降低型、阶梯式降低型、V 式降低型和波动式降低型等 14 种不同的时空演变模式。总体上,从研究期 2000—2015 年江苏省国土空间利用效率的损益变化来看(图 4-13a—c),农业生产效率、经济发展效率均呈现降低型＞提高型的类型结构规律,而生态维护效率表现为提高型＞降低型,表明与区域期望的国土空间利用目标相比,研究期 2000—2015 年间江苏省在农业生产和经济发展方面的土地利用绩效与区域期望目标之间的差距呈扩大趋势的区域多于呈减小趋势的区域,而在生态维护方面则总体表现为缩小区域多于扩大区域。研究期内江苏省国土空间利用效率时空演变模式的结构占比及空间分布见图 4-13 和图 4-14。

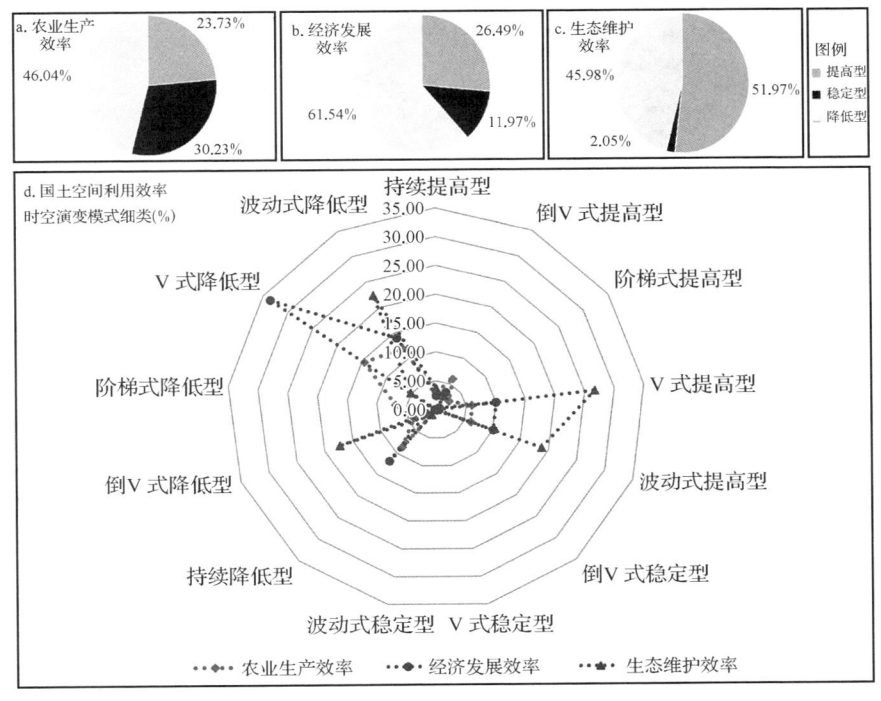

图 4-13 江苏省国土空间利用效率时空演变模式结构占比

1. 农业生产效率的时空演变模式

从研究期内江苏省农业生产效率损益变化的结构占比来看,效率提高型、降低型的结构占比分别为 23.73% 和 46.04%,降低型构成了江苏省农业生产效率损益变化模式的主体。在具体演变模式的细类划分上,2000—2015 年间江苏省农业生产效率总计存在 12 种时空演变模式,不包含波动式稳定型。其中,面积占比居前 5 位的细类模式为 V 式降低型、波动式降低型、持续降低型、阶梯式降低型和波动式提高型,占比分别为 14.53%、12.03%、8.64%、6.84% 和 6.15%(图 4-13d),表明研究期不同时段内江苏省农业生产效率具有较明显的不稳定性和跳跃性。空间上,江苏省农业生产效率的时空演变模式呈现出显著的南北分异规律,苏北地区以提高型为主,苏中及苏南地区以降低型为主(图 4-14a)。其中,提高型主要分布在沿海平原北部(如盐城北部)、里下河平原(如扬州北部、盐城西部等)及徐淮平

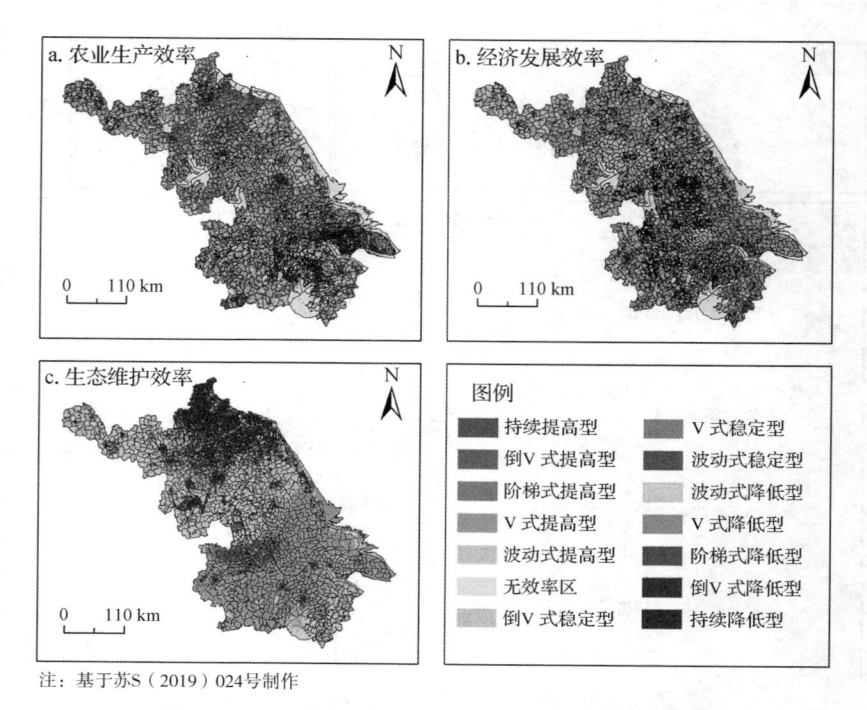

图4-14 江苏省国土空间利用效率的时空演变模式

原地区(如淮安、连云港、宿迁西北部、徐州东部和南部等),尤以盐城北部与连云港地区最为突出且成为持续提高型和倒V式提高型的集中分布区;降低型广泛分布在沿海平原中南部、里下河平原、西南低山丘陵及环太湖平原地区,尤其是,持续降低型在南京、常州、无锡及苏州等苏南地区呈现出显著的围绕中心城区环状分布的地域规律。

2. 经济发展效率的时空演变模式

研究期内江苏省经济发展效率提高型、降低型的结构占比分别为26.49%和61.54%,降低型亦构成了江苏省经济发展效率损益演变模式的主体。在具体演变模式的细类划分上,2000—2015年江苏省经济发展效率总计存在11种演变模式子类,不包含V式稳定型和波动式稳定型两种子类。其中,面积占比居前5位的细类模式为V式降低型(33.56%)、波动式降低型(14.02%)、持续降低型(11.86%)、波动式提高型(10.13%)和V式提高型(10.03%)(图4-13d)。空间上,经济发展效率提高型主要分布在城市极核区的周围地带,尤其是南京、常州、无锡和苏州等苏南经济发达区,而降低型多分布于城市远郊区(图4-14b)。需要特别注意,在子类别效率上,经济发展效率持续提高型呈现出与农业生产效率持续降低型相似的空间分布特点,均呈现出显著的围绕中心城区环状分布的地域规律,尤其是在常州、无锡和苏州等苏南环太湖地区,这在一定程度上反映了苏南地区城镇物质空间膨胀、建设用地扩张等社会经济活动对区域农业生产在耕地集约利用、粮食生产等方面的负面影响。

3. 生态维护效率的时空演变模式

研究期内江苏省生态维护效率提高型、降低型的面积占比分别为51.97%和45.98%,提高型构成了江苏省生态维护效率损益演变模式的主体。在具体演变模式的细类划分上,2000—2015年间江苏省生态维护效率总计存在8种演变模式子类,不包括阶梯式提高型、倒V式稳定型、V式稳定型和波动式稳定型4种子类。其中,V式提高型、波动式降低型、波动式提高型、倒V式降低型构成了江苏省生态维护效率时空演变模式的主体子类,占比分别为26.72%、22.38%、18.78%和17.29%(图4-13d)。空间上,生态维护效率的时空演变模式总体呈现与农业生产效率相反的地域分异规律,苏北地区以降低型为主,而苏中和苏南地区以提高型为主(图4-14c)。

第五章 国土空间利用效率的权衡/协同关系

在明确2000—2015年江苏省单一类型国土空间利用效率(即农业生产效率、经济发展效率、生态维护效率)时空演变特征的基础上,综合运用相关性分析、空间探索性分析等数理统计与空间分析方法,系统探测农业生产效率与经济发展效率、生态维护效率与经济发展效率、生态维护效率与农业生产效率两两类型之间权衡/协同关系的时间演变规律和空间分异特征。

5.1 国土空间利用效率权衡与协同总体分析

以格网尺度下2000年、2015年不同类型的国土空间利用效率变化量为基础,运用皮尔逊相关分析法识别研究期内江苏省农业生产效率、经济发展效率和生态维护效率下10种子类别效率两两效率之间的相互关系,相关系数见表5-1。表5-1中除水源涵养与地均GDP、气体调节与二三产业贡献之间的相关关系未通过显著性检验外,其他两两效率之间均通过了显著性检验。其中,相关系数为正值表明研究期内两种国土空间利用效率具有相同演变趋势的协同关系,即研究期内一种国土空间利用效率的变化会促进另一种国土空间利用效率发生相同的变化趋势,具体表现为相互增益的同时提高或同时降低;相关系数为负值则表明两种效率之间呈现相反演变趋势的权衡关系,即一种国土空间利用效率的变化会促使另一种国土空间利用效率发生相反的变化趋势,两种效率之间表现为此消彼长。

总体上,江苏省10种国土空间利用子类别效率之间总计组成100组值，其中，48组值为正，52组值为负。在所有相互关系中，通过显著性检验的协同关系、权衡关系占比均为48%，表明江苏省农业、经济、生态等国土空间利用效率两两效率之间的相互关系复杂多样，协同与权衡关系均为研究期江苏省农业生产效率、经济发展效率和生态维护效率之间的主导关系，且普遍存在于农业生产效率与经济发展效率、生态维护效率与经济发展效率、生态维护效率与农业生产效率之间的相互关系之中。

在江苏省国土空间利用效率之间存在的相互关系之中，64.58%的协同关系、84.62%的权衡关系均与生态维护效率有关。其中，64.58%的协同关系主要发生在农业生产效率与生态维护效率及生态维护效率内部的多种子类别效率之间，占比分别为38.71%和41.94%；84.62%的权衡关系主要发生在生态维护效率与经济发展效率及生态维护效率内部的多种子类别效率之间，占比分别为54.55%和27.27%。从农业生产效率、经济发展效率、生态维护效率内部子类别效率之间的相互关系来看，农业生产效率与经济发展效率内部各子类别效率之间均表现为相互增益的协同关系，而生态维护效率内部各子类别效率之间协同、权衡关系共存，占比分别为52%和48%。进一步分析发现，生态维护效率内部存在的协同关系主要与植被覆盖、气体调节和生物多样性保护有关，占比均为30.77%，且主要发生在植被覆盖与气体调节、植被覆盖与生物多样性保护、水源涵养与土壤保持、气体调节与生物多样性保护之间。

分类别来看，农业生产效率与经济发展效率之间的协同、权衡关系占比分别为33.33%和66.67%，表明此消彼长的权衡关系是江苏省农业生产效率与经济发展效率之间的主导关系。其中，协同关系均与耕地复种指数有关，而权衡关系主要与粮食生产能力有关，占比为75%。具体的，粮食生产能力与地均GDP、人口密度和二三产业贡献之间均存在显著的权衡关系，且权衡程度表现为人口密度＞地均GDP＞二三产业贡献，表明总体上以区域经济总量扩大、人口数量增多和二三产业结构升级为表征的区域社会经济发展水平的提高将显著抑制区域粮食生产能力的提高。耕地复种指数与人口密度、二三产业贡献之间均表现为相互增益的协同关系，且增益程度表现为人口密度＞二三产业贡献。

表5-1 江苏省不同类型国土空间利用效率两两效率之间的相关系数

相关性		农业生产效率		社会经济发展效率			生态维护效率				
		粮食生产能力	耕地复种指数	地均GDP	人口密度	二三产业贡献	植被覆盖	水源涵养	土壤保持	气体调节	生物多样性保护
农业生产效率	粮食生产能力	1	0.095**	−0.171**	−0.179**	−0.145**	0.118**	−0.126**	−0.065**	0.361**	0.231**
	耕地复种指数	0.095**	1	−0.004	0.035**	0.010	0.068**	−0.352**	−0.199**	0.078**	0.078**
社会经济发展效率	地均GDP	−0.171**	−0.004	1	0.511**	0.294**	−0.026**	−0.001	0.030**	−0.032**	−0.093**
	人口密度	−0.179**	0.035**	0.511**	1	0.547**	−0.015**	−0.057**	0.090**	0.051**	−0.118**
	二三产业贡献	−0.145**	0.010	0.294**	0.547**	1	−0.026**	−0.059**	−0.046**	−0.004	−0.055**
生态维护效率	植被覆盖	0.118**	0.068**	−0.026**	−0.015**	−0.026**	1	−0.100**	−0.070**	0.175**	0.130**
	水源涵养	−0.126**	−0.352**	−0.001	−0.057**	−0.059**	−0.100**	1	0.298**	−0.067**	−0.091**
	土壤保持	−0.065**	−0.199**	0.030**	0.009**	−0.046**	−0.070**	0.298**	1	−0.074**	−0.054**
	气体调节	0.361**	0.078**	−0.032**	0.051**	−0.004	0.175**	−0.067**	−0.074**	1	0.052**
	生物多样性保护	0.231**	0.078**	−0.093**	−0.118**	−0.055**	0.130**	−0.091**	−0.054**	0.052**	1

** 相关性在0.01层上显著(双尾)。

生态维护效率与经济发展效率之间的协同、权衡关系占比分别为20％和80％，表明权衡关系是江苏省生态维护效率与经济发展效率之间的主导关系。其中，协同关系主要与土壤保持有关，占比为66.67％；权衡关系则广泛分布于各类生态维护与经济发展的子类别效率之间，但彼此之间的权衡程度存在显著差异。总体上，以区域经济总量扩大、人口数量增多和二三产业结构升级为表征的区域社会经济发展水平的提高对区域生态维护效率的提高发挥一定的负向抑制作用，尤其是在植被覆盖、水源涵养、气体调节及生物多样性保护等方面。

生态维护效率与农业生产效率之间的协同、权衡关系占比分别为60％和40％，表明协同关系是江苏省生态维护效率与农业生产效率之间的主导关系。其中，协同关系均发生在植被覆盖、气体调节、生物多样性保护与各农业生产子类别效率之间，而权衡关系均发生在水源涵养、土壤保持与各农业生产子类别效率之间。

5.2 权衡与协同关系演变的时间动态变化

在对省域尺度国土空间利用效率之间的相互关系进行总体分析的基础上，为进一步分析不同类型国土空间利用效率两两之间相互关系演变的动态变化特征，对2000年、2005年、2010年和2015年农业生产效率、经济发展效率与生态维护效率进行空间相关性分析，以相关系数正负差异及绝对值的动态变化特征判断国土空间利用效率之间权衡/协同关系演变的强弱变化。

5.2.1 农业生产效率与经济发展效率权衡/协同关系的时间变化

以2000年、2005年、2010年和2015年为时间序列，对江苏省农业生产效率与经济发展效率及其各子类别效率之间的相互关系进行趋势动态分析，结果如图5-1所示。从相关系数的多年变化趋势来看，研究期内江苏省农业生产效率与经济发展效率之间的相关系数由2000年的0.015下降至2015年的－0.078，且呈现持续下降趋势，表明研究期内江苏省农业生产效率与经济发展效率之间的相互关系由相互增益的弱协同关系逐步转变为此消彼长的权衡关系，且随时间的推移，二者之间的权衡程度逐渐增强（图5-1a）。就农业生产效率与经济发展效率各子类别效率相互关系的动态演变来看，研究期内农业生产效率与地均GDP之间的相关系数均为负值，且由2000年的-0.099下降至2015年的-0.213，表明二者之间存在稳定的权衡关系，且权衡程度总体呈持续增强态势；与人口密度之间的相关系数由2000年的0.052下降至2015年的-0.037，且相关系数呈持续降低趋势，表明研究期内二者之间由弱协同关系逐步转变为权衡关系，且权衡程度逐渐增强；与二三产业贡献之间的相关系数均为正值，但相关系数呈波动下降趋势，表明研究期内江苏省农业生产效率与二三产业贡献之间存在稳定的协同关系，但协同程度呈波动式减弱。总体上，研究期内江苏省农业生产效率与经济发展效率及其子类别效率之间呈现出协同减弱、权衡增强的相互作用趋势。

就农业生产效率各子类别效率与经济发展效率及其子类别效率相互关系的具体差异而言，2000—2015年江苏省耕地质量与经济发展效率之间的相互关系表现为权衡/协同关系的波动变化，但作用程度均较弱（图5-1b）。进一步分析发现，研究期内江苏省耕地质量与地均GDP之间的相关系数均为负值，且由2000年的-0.108V式下降至2015年的-0.150，最小值为2010年的-0.177，表明二者之间存在稳定的权衡关系且随时间的推移权衡程度增强；研究期内耕地质量与人口密度、二三产业贡献之间的相关系数均为正值，区别在于耕地质量与人口密度之间的相关系数由2000年的0.068波动下降至2015年的0.021，而与二三产业贡献之间的相关系数由2000年的0.041倒V式提高至2015年的0.086，表明研究期内江苏省耕地质量与人口密度、二三产业贡献之间存在稳定的协同关系，但与前者的协同程度总体呈减弱趋势，后者呈增强趋势。

2000—2015年间江苏省粮食生产效率与经济发展效率及其子类别效率的相关性估算结果中，除2000年粮食生产与人口密度、二三产业贡献之间的相关系数为正值外，其他时间段粮食生产与经济发展效率及其子类别效率之间的相关系数均为负值，且相关系数均呈持续减小趋势，表明研究期内江苏省粮食生产效率与经济发展效率及其子类别效率之间此消彼长的权

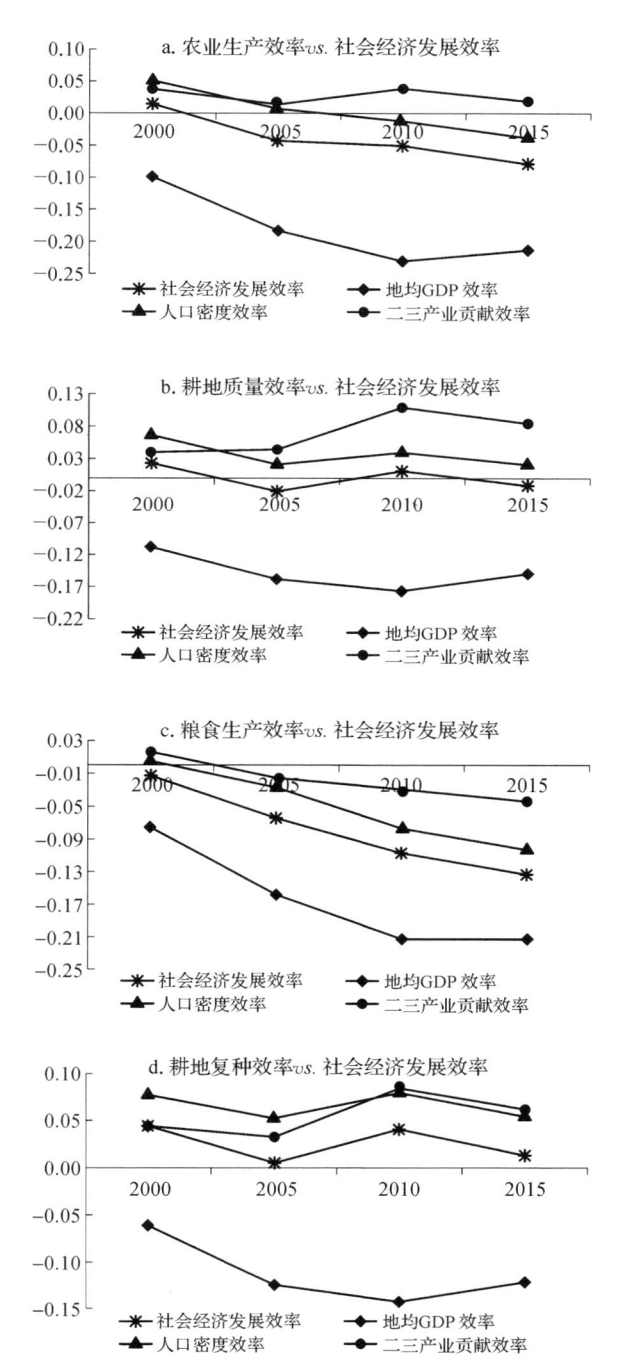

图 5-1 2000—2015 年江苏省农业生产效率与经济发展效率之间相关系数的时间演变趋势

衡关系更为突出,且权衡程度均随时间的推移逐年增强(图5-1c)。在相关系数的波动程度方面,研究期内粮食生产效率与经济发展效率、地均GDP、人口密度、二三产业贡献之间相关系数的最大值分别为-0.013、-0.075、0.006和0.016,最小值分别为-0.133、-0.212、-0.102和-0.044,标准差分别为0.045、0.056、0.042和0.022,研究期内粮食生产与地均GDP之间相关系数的多年波动幅度和离散程度均最大,而与二三产业贡献之间的多年波动幅度和离散程度均最小,表明研究期内江苏省粮食生产与地均GDP之间的空间权衡程度最强,但与二三产业贡献之间的权衡关系更为稳定。

2000—2015年间,从耕地复种指数与经济发展及其子类别效率之间相关系数的正负差异来看,除与地均GDP在2000—2015年间的相关系数均为负值外,与经济发展效率、人口密度及二三产业贡献之间的相关系数均为正值,表明研究期内江苏省耕地复种指数与地均GDP之间存在稳定的权衡关系,而与经济发展效率、人口密度及二三产业贡献之间存在稳定的协同关系。在相关系数的演变趋势方面,耕地复种指数与地均GDP之间的相关系数由2000年的-0.061V式下降至2015年的-0.122,表明研究期内江苏省耕地复种指数与地均GDP之间的权衡程度呈增强态势;而与社会经济效率、人口密度之间的相关系数呈波动降低趋势,与二三产业贡献之间呈波动上升趋势,表明2000—2015年江苏省耕地复种指数与社会经济效率、人口承载之间的协同关系减弱,而与二三产业贡献之间相互增益、共同促进的协同程度增强。

5.2.2 生态维护效率与经济发展效率权衡/协同关系的时间变化

图5-2反映了研究期2000—2015年间江苏省生态维护效率及其子类别效率与经济发展效率及其子类别效率之间相关系数的时间演变趋势。从相关系数的多年变化趋势来看,2000年、2005年和2010年江苏省生态维护效率与经济发展效率之间的相关系数均为负值,2015年为正值,且由2000年的-0.022V式上升至2015年的0.003,相关系数总体呈增大趋势(图5-2a),表明尽管研究期内江苏省生态维护效率与经济发展效率之间的相

互关系以权衡关系为主,但伴随时间的推移,二者之间此消彼长的权衡关系减弱,并在2015年转变为相互增益的弱协同关系,区域土地利用在促进生态维护与经济发展二者协调发展方面呈现出良好的发展态势。就生态维护效率与经济发展子类别效率相互关系的动态演变来看,生态维护效率与地均GDP、二三产业贡献之间相关系数的演变趋势类似于生态维护效率与经济发展效率之间的关系,均在研究时段的前期表现为负值,后期转变为正值,且负相关系数、正相关系数均总体呈增大趋势,表明研究期内江苏省生态维护效率与地均GDP、二三产业贡献之间的权衡关系逐渐减弱、协同关系增强,终由此消彼长的权衡关系转变为相互增益的协同关系。相对而言,研究期内江苏省生态维护效率与人口密度之间的相关系数均为负值,且由2000年的−0.018波动式下降至2015年的−0.029,表明2000—2015年间江苏省生态维护效率与人口密度之间存在稳定的权衡关系,且随时间的推移,权衡关系进一步增强。

从生态维护效率各子类别效率与经济发展效率及其子类别效率的相互关系来看,2000—2015年江苏省植被覆盖与经济发展效率、人口密度、二三产业贡献之间的相关系数均为正值,且随着时间的推移,除与人口密度之间的相关系数由2000年的0.198波动式减小至2015年的0.148外,与经济发展效率和二三产业贡献之间的相关系数均呈持续减小态势,分别由2000年的0.205、0.238下降至2015年的0.127和0.188(图5-2b),表明尽管研究期内江苏省植被覆盖与经济发展效率、人口密度和二三产业贡献之间存在相对稳定的协同关系,但这种协同关系总体呈现持续减弱态势,且与经济发展效率之间协同程度的下降幅度最大。此外,植被覆盖效率与地均GDP之间的相关系数在2000年、2005年为正值,2010年、2015年发展为负值,且总体呈现持续下降趋势,表明研究期内江苏省植被覆盖效率与地均GDP之间由前期的协同关系逐步转变为权衡关系,且随着时间的推移,权衡关系进一步增强。

区域期望视角下国土空间多维利用效率交互作用研究

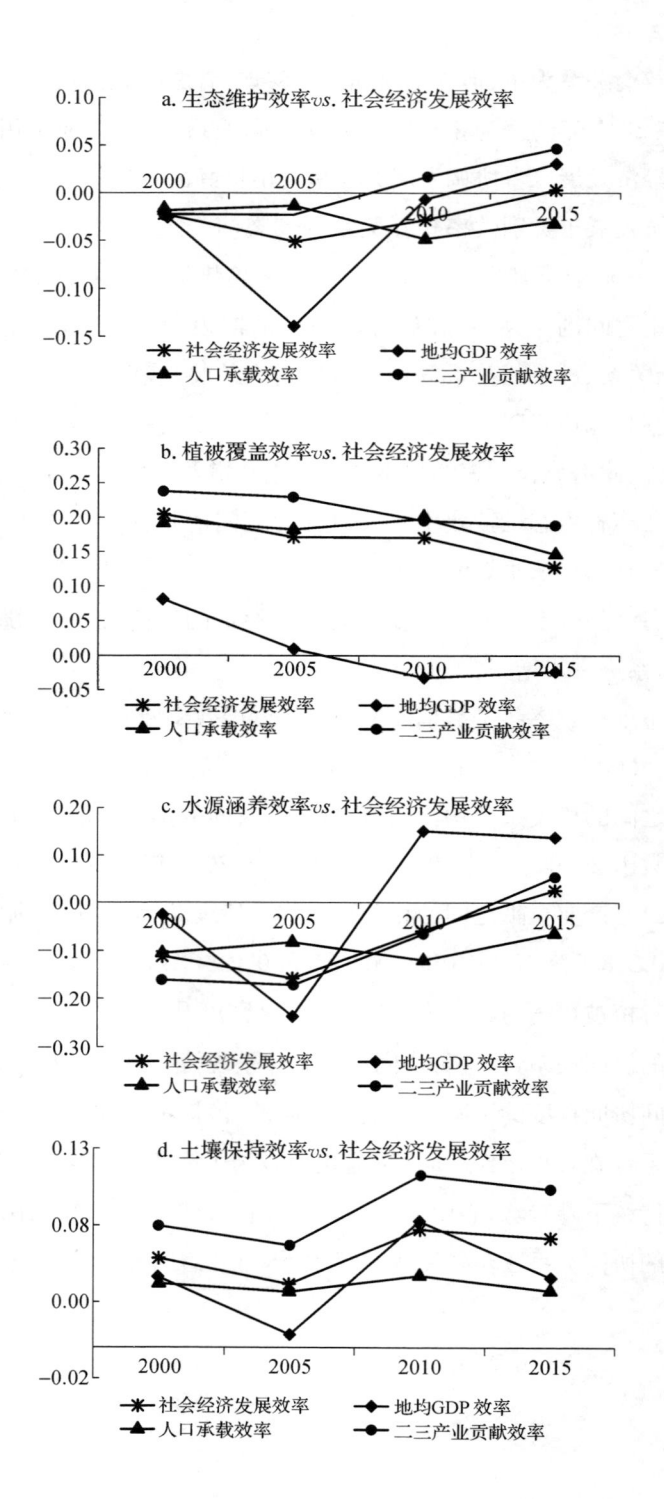

a. 生态维护效率 vs. 社会经济发展效率

b. 植被覆盖效率 vs. 社会经济发展效率

c. 水源涵养效率 vs. 社会经济发展效率

d. 土壤保持效率 vs. 社会经济发展效率

图例：社会经济发展效率、地均GDP效率、人口承载效率、二三产业贡献效率

第五章　国土空间利用效率的权衡/协同关系

e. 气体调节效率 vs. 社会经济发展效率

—※— 社会经济发展效率　—◆— 地均GDP效率
—▲— 人口承载效率　　—●— 二三产业贡献效率

f. 生物多样性保护效率 vs. 社会经济发展效率

—※— 社会经济发展效率　—◆— 地均GDP效率
—▲— 人口承载效率　　—●— 二三产业贡献效率

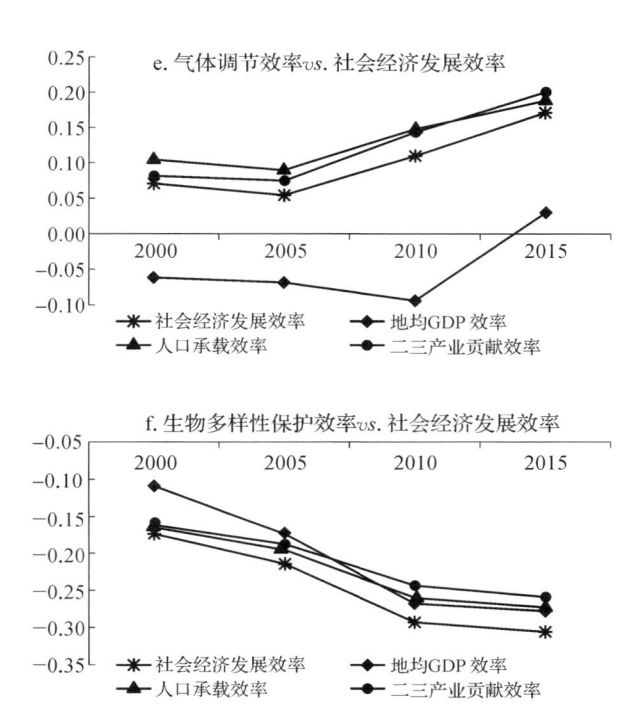

图 5-2　2000—2015 年江苏省经济发展效率与生态维护效率之间相关系数的时间演变趋势

2000—2015 年江苏省水源涵养与经济发展效率之间的相关系数在 2000—2010 年间均为正值，2015 年发展为负值，且由 2000 年的 −0.112V 式提高至 2015 年的 0.025（图 5-2c），表明研究期内江苏省水源涵养与经济发展效率之间的相互作用关系由较强的权衡关系逐渐转变为弱协同关系，总体呈现权衡减弱、协同增强的相互作用趋势。在与经济发展各子类别效率之间的相互关系中，水源涵养与地均 GDP、二三产业贡献之间的相互作用趋势类似于水源涵养与经济发展效率，相关系数分别由 2000 年的 −0.027、−0.161 上升至 2015 年的 0.137 和 0.053，表明水源涵养与地均 GDP、二三产业贡献之间均由研究前期的权衡关系逐步发展为后期的协同关系，彼此之间相互促进、共同发展的协同程度增强。研究期内水源涵养与人口密度之间的相关系数均为负，且由 2000 年的 −0.105 波动提高至 2015 年的 −0.063，表明江苏省水源涵养与人口密度之间存在稳定的权衡关系，但随时间的演进权衡程度总体呈减弱态势。在相关系数的波动程度方面，研究期内江苏省水源涵养与经济发展效率、地均 GDP、人口密度、二三产业贡献之间相关系数的最大值分别为 0.025、0.137、−0.063 和 0.053，最小值分别为 −0.159、−0.238、−0.119 和 −0.174，标准差分别为 0.068、0.157、0.021 和 0.091，水源涵养与地均 GDP 之间的相关系数波动幅度和离散程度均最大，表明二者之间的相关关系呈现一定的不稳定性。

2000—2015 年，江苏省土壤保持与经济发展效率、地均 GDP、人口密度及二三产业贡献之间的相关系数均为正，且除与地均 GDP、人口密度之间的相关系数分别呈波动式稳定、波动式降低外，与经济发展效率、二三产业贡献之间的相关系数均呈波动式上升（图 5-2d），表明江苏省土壤保持与经济发展及其各子类别效率之间存在较稳定的协同关系，但协同程度的演变趋势存在显著差异，其中，与经济发展效率、二三产业贡献之间的协同关系随时间的推移协同程度呈增强态势，而与地均 GDP 之间的协同程度总体保持稳定，与人口密度之间的协同程度随时间推移呈减弱态势，但减弱幅度较小。

在气体调节方面，2000—2015 年江苏省固碳功能与经济发展效率之间的相关系数均为正，由 2000 年的 0.071V 式提高至 2015 年的 0.172 且呈持续上升趋势（图 5-2e），表明研究期内江苏省气体调节与经济发展效率之间存在稳定的协同关系，且随时间的推移协同程度总体呈持续增强态势。在与经济发展各子类别效率的相互关系中，固碳功能与人口密度、二三产业贡献之间的相互作用类似于固碳功能与经济发展效率之间的关系，研究期内彼此之间存在稳定且持续增强的协同关系。与人口密度、二三产业贡献之间的相互作用不同，固碳功能与地均 GDP 之间的相关系数在 2000—2010 年间均为负，2015 年发展为正值，且由 2000 年的 −0.061V 式上升至 2015 年的 0.031，最大值为 2015 年的 0.031，最小值为 2010 年的 −0.094，标准差 0.101 最大，相关系数波动程度和离散程度均较大，表明研究期内固碳功能与地均 GDP 之间的相互关系具有一定的不稳定性，但总体由权衡关系发展为协同关系，呈现权衡减弱、协同增强。

在生物多样性保护方面，2000—2015 年间江苏省生境质量与经济发展效率、地均 GDP、人口密度及二三产业贡献之间的相关系数均为负值，且均呈持续减小趋势（图 5-2f），表明研究期内江苏省生物多样性保护与经济发展及其子类别效率之间存在稳定且持续增强的权衡关系，这在一定程度上反映了以经济总量扩大、人口数量增多和二三产业结构升级为表征的区域社会经济发展水平的提高对区域生物多样性保护、生境质量维持等方面产生的消极影响，且伴随时间的推移其消极影响持续强化。

5.2.3 生态维护效率与农业生产效率权衡/协同关系的时间变化

图 5-3 反映了研究期 2000—2015 年间江苏省生态维护效率及其子类别效率与农业生产效率及其子类别效率之间相关系数的时间演变趋势。由图 5-3a 可以看出，研究期内江苏省生态维护效率与农业生产效率、耕地质量、粮食生产能力、耕地复种指数之间的相关系数均为正值，且最大值均出现在 2005 年，最小值均出现在 2010 年，相关系数均呈现波动下降趋势，表明研究期内江苏省生态维护效率与农业生产效率及其子类别效率之间存在稳定的协同关系，彼此之间呈相互促进、彼此增益的作用方式，但协同程度存在一定的不稳定性且伴随时间的推移总体呈波动式减弱。

从生态维护效率各子类别效率与农业生产效率及其子类别效率的相互关系来看，2000—2015 年江苏省植被覆盖与农业生产效率、耕地质量、粮食生产能力、耕地复种指数之间的相互作用关系类似于生态维护效率，研究期内相关系数均为正，但在时间演变趋势上，植被覆盖与农业生产效率、耕地质量之间的相关系数总体呈现波动式稳定，与粮食生产能力、耕地复种指数之间呈波动式上升。上述结果表明，研究期内江苏省植被覆盖与农业生产效率及其子类别效率之间均存在稳定的协同关系，但与农业生产效率、耕地质量之间相互增益的协同程度总体趋于稳定，而与粮食生产能力、耕地复种指数之间的协同程度总体随时间的推移增强。

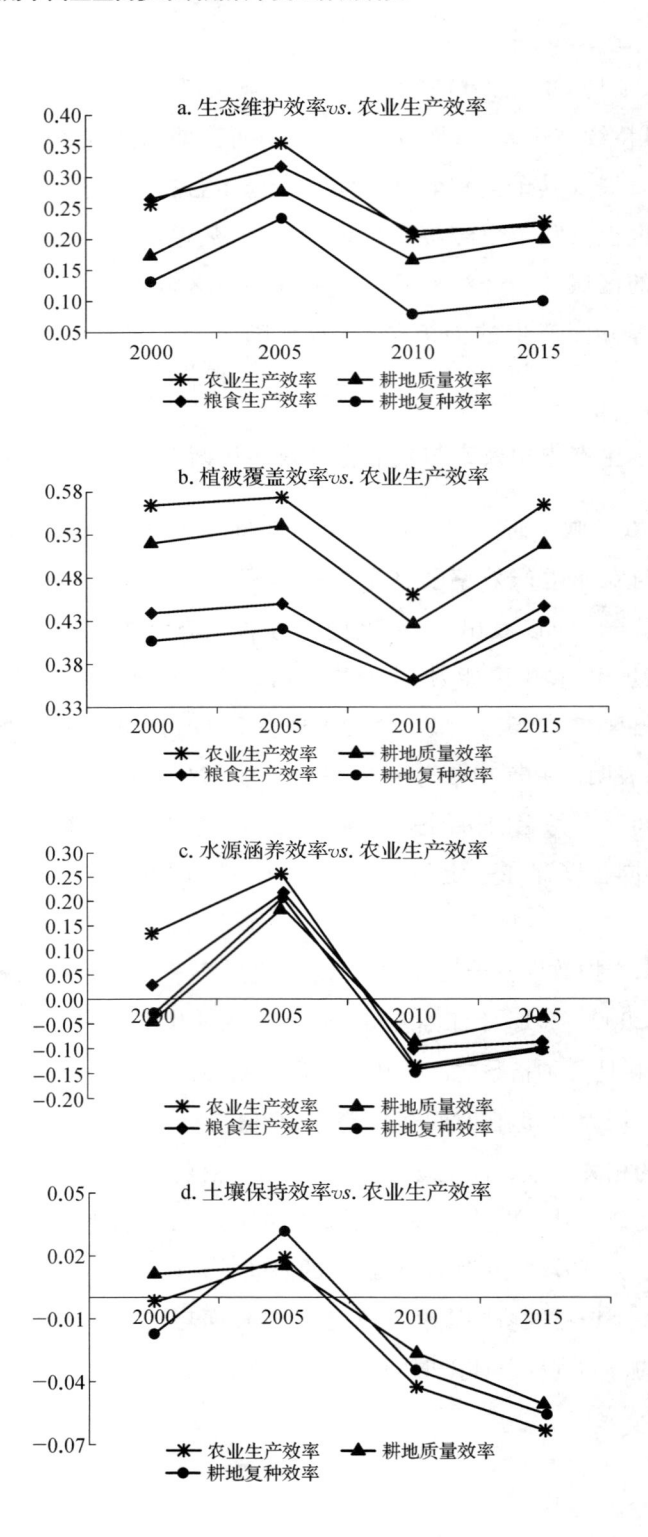

a. 生态维护效率 vs. 农业生产效率

b. 植被覆盖效率 vs. 农业生产效率

c. 水源涵养效率 vs. 农业生产效率

d. 土壤保持效率 vs. 农业生产效率

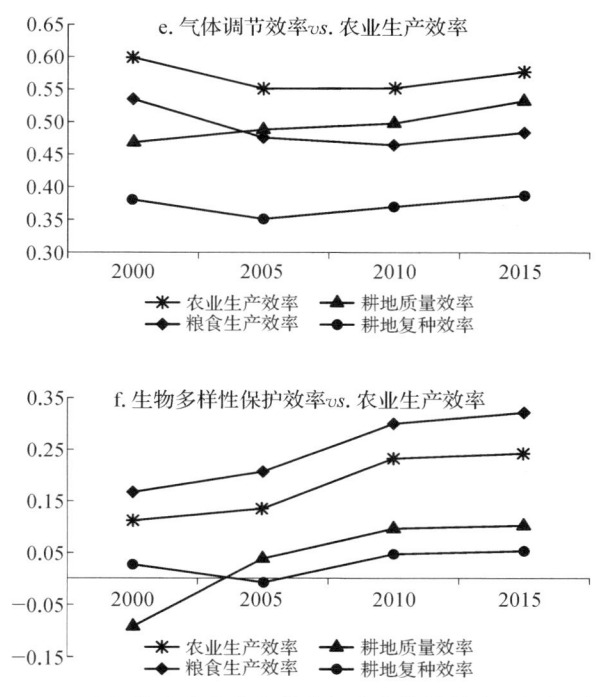

图 5-3　2000—2015 年江苏省农业生产效率与生态维护效率之间相关系数的时间演变趋势

2000—2015 年江苏省水源涵养与农业生产及其子类别效率之间的相互关系呈现权衡/协同关系交叉分布的波动变化趋势(图 5-3c),总体上权衡关系更为显著。具体来看,水源涵养与农业生产效率、粮食生产能力之间的相关系数在 2000 年、2005 年均为正值,2010 年、2015 年发展为负值,相关系数分别由 2000 年的 0.135、0.031 波动下降至 2015 年的 －0.095、－0.086,表明研究期内江苏省水源涵养与农业生产效率、粮食生产能力之间的相互关系均由前期的协同关系发展为后期的权衡关系,但相互作用强度分别表现为持续减弱和波动增强;相比之下,研究期内水源涵养与耕地质量、耕地复种指数之间相关系数的正负属性存在一定的波动变化,在 2000 年均为负,2005 年为正,2010 年、2015 年亦发展为负,在数值演变方面分别表现为波动式上升和波动式下降,相关系数分别由 2000 年的 －0.044、－0.034 发展至 2015 年的 －0.032、－0.101,表明研究期内江苏省水源涵养与耕地质量、耕地复种指数之间的权衡/协同关系具有一定的时空波动性和跳跃性，但总体上以权衡关系为主。

研究期内由于土壤保持与粮食生产能力之间的相关关系均未通过显著性检验，故对二者之间的相互关系不作深入探讨。总体上，研究期内土壤保持与农业生产效率、耕地质量、耕地复种指数之间的相互关系表现为权衡/协同并存，但总体上此消彼长的权衡关系更为突出且权衡程度随时间的推移呈持续增强趋势（图5-3d）。区别在于，土壤保持与耕地质量之间的相互关系由前期的协同关系稳定发展为后期的权衡关系，且权衡关系持续深化；而与农业生产效率、耕地复种指数之间的权衡/协同关系交叉变化，呈现出一定的时空跳跃性，尤其是在2000—2010年间。

研究期内江苏省固碳功能与农业生产及其子类别效率之间的相关系数均为正且均大于0.351，表明固碳功能与农业生产及其子类别效率之间存在稳定且较强的协同关系，但协同趋势存在细微差异（图5-3e）。具体来说，固碳功能与农业生产效率、粮食生产能力之间的相关系数呈V式减小，而与耕地质量、耕地复种指数之间表现为持续上升，但下降、上升幅度均较小，表明伴随时间的推移，固碳功能与农业生产效率、粮食生产能力之间的协同关系呈现轻微减弱之势，而与耕地质量、耕地复种指数之间的协同程度增强。

在生物多样性保护方面，研究期内江苏省生境质量与农业生产效率及其子类别效率之间相互增益、相互促进的协同关系显著，且随时间的推移总体呈协同关系持续深化、协同程度持续增强的演变态势（图5-3f）。

总体而言，在生态维护各子类别效率与农业生产效率及其子类别效率的相互关系中，植被覆盖、水源涵养、土壤保持、气体调节、生物多样性保护与农业生产效率及其子类别效率之间相关系数的平均标准差分别为0.051、0.039、0.134、0.031、0.021和0.056，平均标准差的最大值、最小值分别与水源涵养和气体调节有关，表明研究期内水源涵养与农业生产效率及其子类别效率之间的相互关系在稳定性方面最弱，而与气体调节有关的相互关系在稳定性方面最强。

5.3 权衡与协同关系的空间格局表达

在明确 2000—2015 年农业生产、经济发展和生态维护两两效率之间权衡/协同关系时间动态变化特征的基础上,基于 3.5 节中的探索性空间数据分析方法,进一步在格网尺度下对研究期内各项国土空间利用效率的变化量进行双变量局部空间自相关分析,据此定量分析研究期内江苏省国土空间利用效率权衡/协同关系的空间分异格局。总体上,江苏省国土空间利用效率之间的权衡/协同关系空间异质性显著。

5.3.1 农业生产效率与经济发展效率权衡/协同关系的空间分异格局

研究期内江苏省农业生产效率与经济发展效率之间的权衡/协同关系呈现出显著的南北分异格局和类型结构差异(图 5-4,图 5-5)。在空间分布上,江苏省农业生产效率与经济发展效率之间的协同关系主要集中在苏中和苏北地区,而权衡关系主要发生在苏南地区(图 5-4a)。从权衡/协同类型的细类来看,协同减损主要集中在扬州的江都区、泰州的姜堰区、泰兴市及南通的海安市、如皋市等沿江平原北部地区;协同增益主要集中在徐州的新沂市、睢宁县,宿迁的宿豫区及连云港的东海县等徐淮平原北部地区;权衡减损主要发生在连云港的灌云县、淮安的金湖县等徐淮平原东北部和西南部及盐城的响水县、滨海县等沿海平原北部地区。相比之下,以研究期内农业生产效率下降、经济发展效率上升为主要特征的权衡增益型广泛分布于江苏省各城市的中心城区内,尤其集中于南京中心城区及苏锡常都市区及其周围县域。类型结构上,在具有显著统计学意义的相关关系中,农业生产效率与经济发展效率呈空间协同、权衡的结构占比分别为 47.82% 和 52.18%(图 5-5a),且在权衡关系中权衡增益型占比为 62.36%,表明研究期内江苏省农业生产效率与经济发展效率在空间上以农业生产效率下降、经济发展效率上升为主要表现的权衡增益关系为主。此外,在农业生产效率与经济发展各子类别效率的空间权衡/协同关系中,农业生产效率与地均

GDP 之间的相互关系主要发生在南京都市圈、沿长江两岸及苏锡常都市区内(图 5-4b),且以农业生产效率下降、地均 GDP 效率上升为主要表现的权衡增益关系为主导,结构占比高达 49.35%(图 5-5a),这在一定程度上反映了研究期内南京、苏州、无锡、常州等苏南地区片面追求经济效益对区域农业生产活动造成的消极影响。农业生产效率与人口承载、二三产业贡献之间权衡/协同关系的空间分布格局具有一定的相似性,彼此之间相互促进的协同增益关系均集中在徐淮平原北部地区,而以农业生产效率上升、人口承载和二三产业贡献效率下降为主要表现的权衡减损关系均集中在徐淮平原与沿海平原的交界地带(图 5-4c—d)。结构上(图 5-5a),农业生产效率与人口承载、二三产业贡献之间均以权衡关系为主,占比分别为 51.06% 和 54.54%,其中,尤以农业生产效率下降、人口承载与二三产业贡献上升为主要表现的权衡增益关系最为突出。

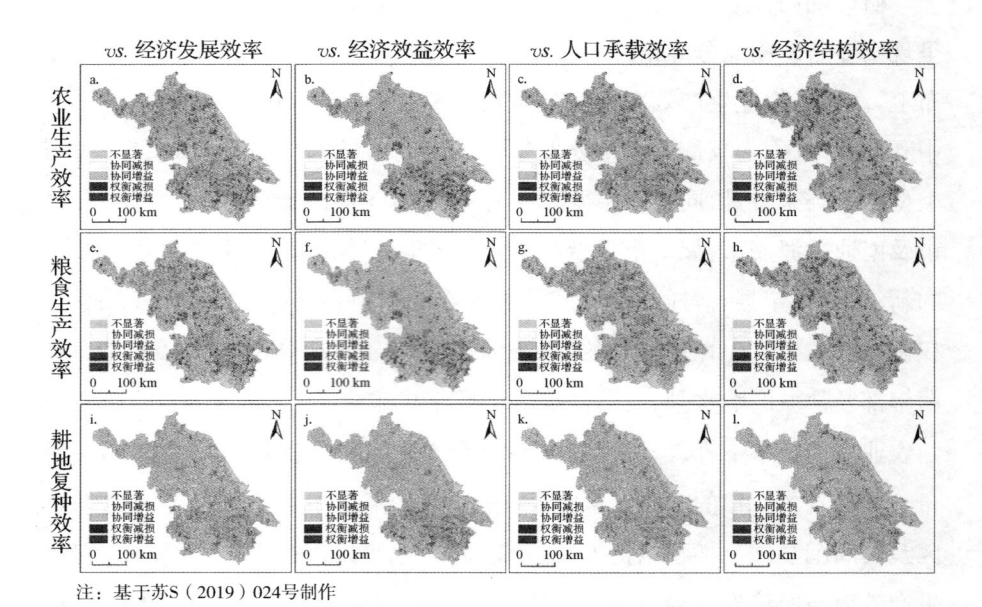

注:基于苏S(2019)024号制作

图 5-4 江苏省农业生产效率与经济发展效率权衡/协同关系的空间分异格局

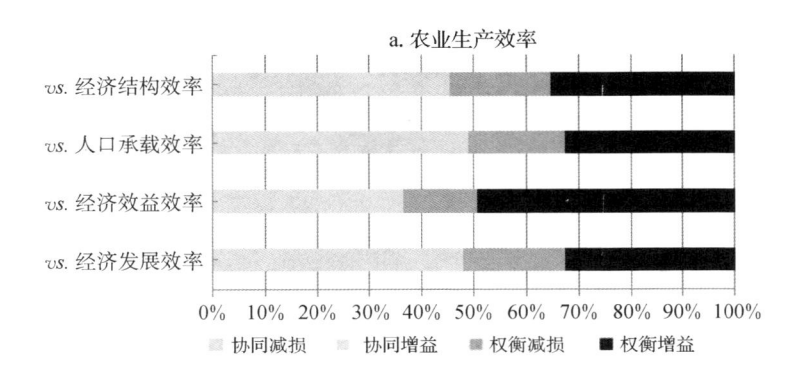

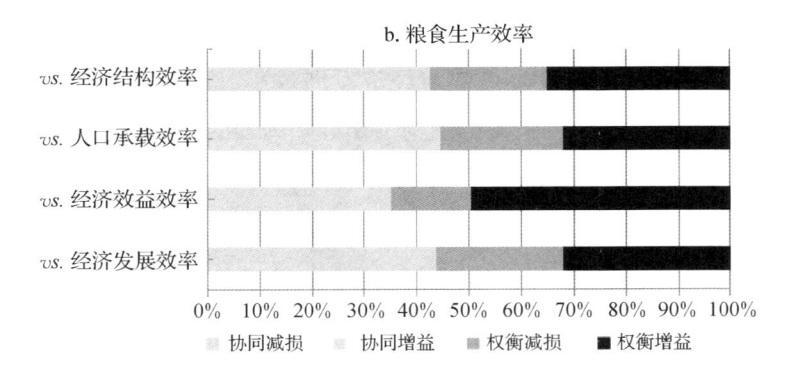

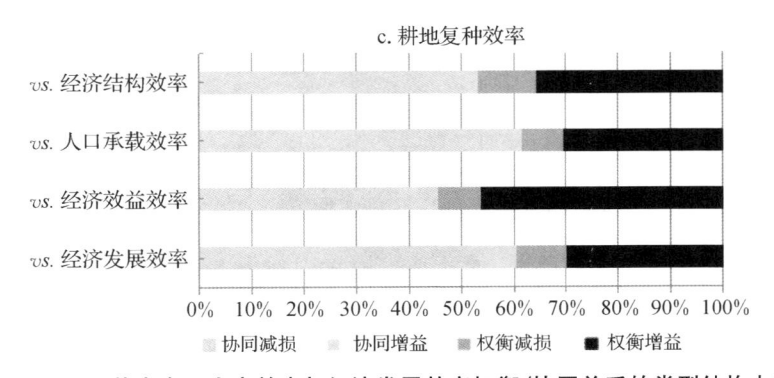

图 5-5　江苏省农业生产效率与经济发展效率权衡/协同关系的类型结构占比

就农业生产效率各子类别效率与经济发展效率及其子类别效率权衡/协同关系的空间差异而言,粮食生产能力与经济发展效率、地均 GDP、人口承载及二三产业贡献之间权衡/协同关系的空间分异格局均与农业生产效率呈现出较高的一致性(图 5-4e—h),区别在于以彼此之间粮食生产能力效率上升、经济发展及其各子类别效率下降为表现的权衡减损关系分布范围更为广泛,且除地均 GDP 外,总体表现为由徐淮平原与沿海平原交界地带进一步向里下河平原地区延伸。结构上(图 5-5b),粮食生产能力与经济发展效率、地均 GDP、人口承载及二三产业贡献之间均以权衡关系为主,占比分别为 56.34%、64.99%、55.56% 和 57.29%,其中,尤以粮食生产效率下降、经济发展及其各子类别效率上升为主要表现的权衡增益关系最为显著。

耕地复种指数与经济发展效率及其子类别效率之间的权衡/协同关系主要发生在里下河平原、沿江平原、西南低山丘陵地带及环太湖地区,其中,协同减损关系集中分布在里下河平原和沿江平原地区(图 5-4i—l)。类型结构上(图 5-5c),耕地复种指数与经济发展效率、地均 GDP、人口承载及二三产业贡献呈空间协同关系的结构占比分别为 60.47%、45.62%、61.59% 和 53.23%,且在协同关系中协同减损型占比分别为 89.14%、83.89%、88.31% 和 80.07%,表明除地均 GDP 外,耕地复种指数与经济发展效率及其子类别效率的相互关系以共同下降的协同关系为主。而耕地复种指数与地均 GDP 呈空间协同、权衡关系的结构占比分别为 45.62% 和 54.38%(图 5-5a),且在权衡关系中权衡增益型占比为 85.12%,表明二者之间以耕地复种指数效率下降、地均 GDP 效率上升为主要表现的权衡增益关系为主。

5.3.2 生态维护效率与经济发展效率权衡/协同关系的空间分异格局

研究期内江苏省生态维护效率与经济发展效率之间的权衡/协同关系呈现出显著的空间连片特征,南北分异显著,协同、权衡关系的结构占比分别为 41.54% 和 58.46%,且在权衡关系中权衡减损类占比为 57.20%(图 5-6a,图 5-7a),表明二者之间的相互关系以权衡为主,且主要表现为生态维护效率上升、经济发展效率下降的权衡减损关系。从不同区域相互关系的地域分异来看,苏北和苏中地区均以权衡关系为主,区别在于苏北片区以生态维护效率下降、经济发展效率上升为主要表现的权衡增益关系为主且广泛分布于苏北片区的各地级市内。此外,在淮安南部、盐城中南部等地区呈现出一定的权衡减损关系;苏中地区则以生态维护效率上升、经济发率下降为主要表现的权衡减损关系为主;苏南片区呈现权衡、协同关系均衡分布的特点,尤以生态维护效率与经济发展效率相互促进为主的协同增益和以生态维护效率下降、经济发展效率上升为主要表现的权衡增益关系最为显著,其中,前者主要分布在南京中心城区、常州市区,后者集中分布在苏州市的环太湖地区及其北部县域。亦需认识到,生态维护效率与经济发展效率二者之间的权衡/协同细类在空间上呈现出相伴分布的特点,表现为协同减损类与权衡增益类相伴分布,及协同增益类与权衡减损类相伴分布,且前者主要分布在苏北的徐宿淮连地区,后者主要分布在南京、镇江、常州、无锡等苏南地区,这在一定程度上表明以苏南为代表的经济发达区在建立生态—经济共赢格局、生态保护优先意识等方面具有较强的意识水平并取得了一定的管理实践成效。在生态维护效率与经济发展各子类别效率的空间权衡/协同关系中,生态维护效率与地均GDP之间以生态维护效率下降、地均GDP上升为主要表现的权衡增益区域主要分布在苏北片区的城市极核区及苏州市城市极核区的外围地带(图5-6b),这在一定程度上表明研究期内以牺牲生态环境效益促进经济效益提升的不可持续社会经济发展模式在苏北地区广泛存在,尤其是在城市的中心地带。相比之下,沿长江两岸、南京都市圈及常州、无锡等区域生态维护效率与地均GDP之间呈现较好的发展趋势,彼此之间多表现为协同增益或权衡减损。在权衡/协同关系细类划分上,生态维护效率与地均GDP主要表现为彼此之间相互促进、共同提高的协同增益关系,占比为33.72%(图5-7a)。生态维护效率与人口承载、二三产业贡献之间权衡/协同关系的空间分布格局类似于经济发展效率(图5-6c—d),区别在于生态维护效率与二三产业贡献之间呈权衡减损关系的区域由盐城、南通、泰州等地区转移至西南部的宁镇扬地带,而权衡增益类在苏北地区的分布范围更为广泛(图5-6d)。类型结构上(图5-7a),生态维护效率与人口承载、二三产业贡献之间的相互关系分别以权衡减损、权衡增益关系为主,占比分别为30.41%和35.03%。

在生态维护各子类别效率与经济发展及其各子类别效率之间的相互关系方面,水源涵养、土壤保持与经济发展及其各子类别效率之间权衡/协同关系的空间分异格局基本一致,亦与生态维护效率的权衡/协同关系格局呈

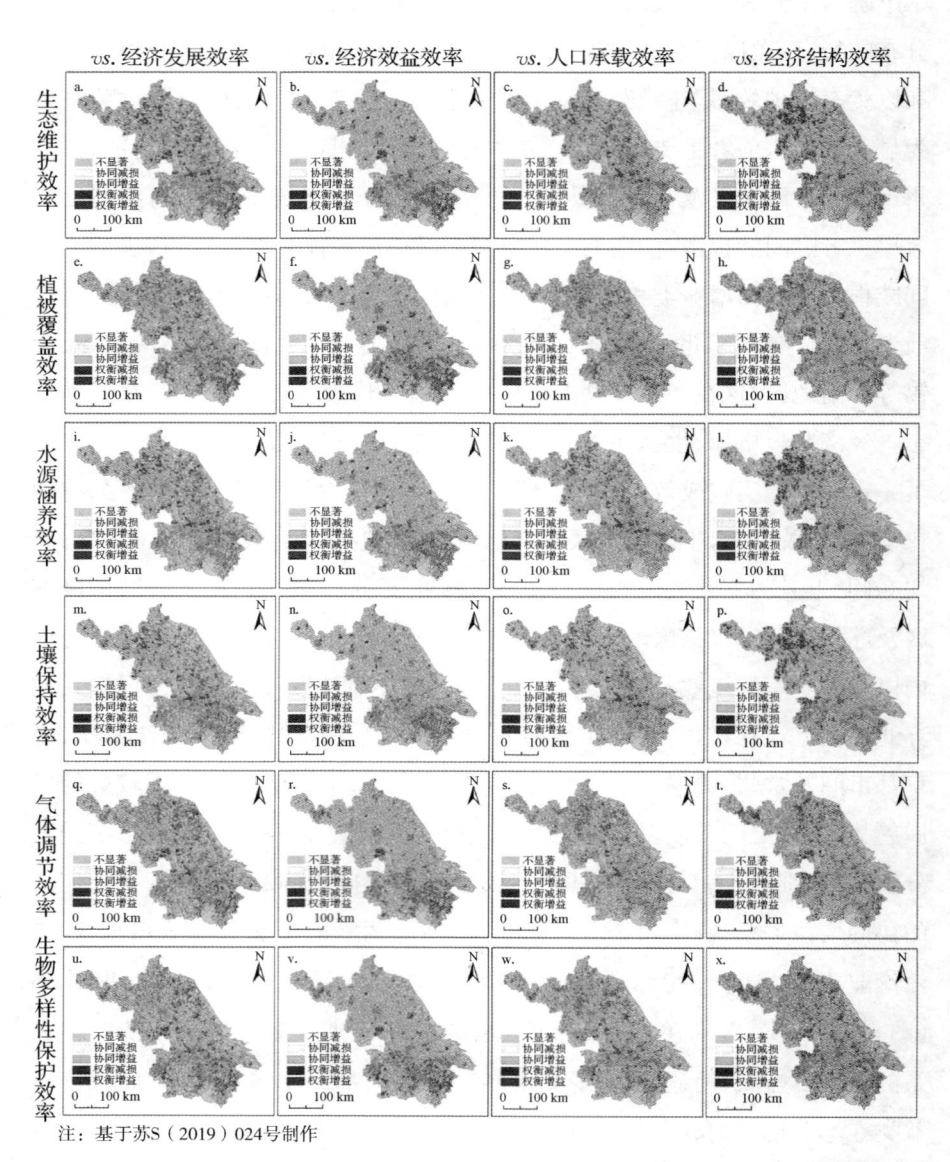

注：基于苏S（2019）024号制作

图 5-6 江苏省生态维护效率与经济发展效率权衡/协同关系的空间分异格局

现较高的一致性(图 5-6i—p)。空间上,除地均 GDP 外,水源涵养、土壤保持与经济发展及其各子类别效率之间协同的区域均集中在徐宿淮连地区和沿长江两岸、南京市区及苏锡常环太湖地区,其中,前者主要为研究期内水源涵养、土壤保持与经济发展及其各子类别效率均下降的协同减损关系,后者则为均上升的协同增益关系。水源涵养、土壤保持与经济发展及其各子类别效率之间权衡的区域均集中在苏中和苏北片区,其中,苏中片区以研究期内水源涵养与土壤保持效率上升、经济发展及其各子类别效率下降的权衡减损关系为主,苏北则以水源涵养与土壤保持效率下降、经济发展及其各子类别效率上升的权衡增益关系为主。此外,水源涵养、土壤保持与地均GDP 之间的相互关系在南京中心城区、沿长江两岸及苏锡常等环太湖地区均以相互促进、提高的协同增益关系为主,而在苏北各城市建成区的极核区均以水源涵养与土壤保持效率下降、地均 GDP 效率上升的权衡增益关系为主。结构上(图 5-7c—d),除与地均 GDP 之间的关系以相互促进的协同关系为主外,水源涵养、土壤保持与经济发展及其各子类别效率之间的相互关系均以权衡关系为主,其中与经济发展效率、人口承载之间的权衡关系主要为水源涵养、土壤保持上升,经济发展效率、人口承载下降的权衡减损关系,而与二三产业贡献则为水源涵养、土壤保持下降,二三产业贡献效率上升的权衡增益关系。

相比之下,植被覆盖、气体调节、生物多样性保护分别与经济发展及其各子类别效率之间的相互作用关系格局具有较强的一致性,权衡/协同关系均呈现出显著的南北差异(图 5-6e—h,q—x)。总体上,与水源涵养、土壤保持同经济发展及其各子类别效率之间呈协同关系的区域分布相似,除地均 GDP 外,植被覆盖、气体调节、生物多样性保护分别与经济发展及其各子类别效率之间呈协同作用的区域亦集中在徐宿淮连地区及南通西部、盐城西部及泰州等沿江平原地区,区别在于研究期内植被覆盖、气体调节、生物多样性保护在苏北的徐淮宿连地区与经济发展及其各子类别效率之间以彼此促进提升的协同增益关系为主,而在沿江平原地区则为彼此共同下降的协同减损关系;植被覆盖、气体调节、生物多样性保护与经济发展及其各子类别效率之间呈现权衡作用的区域在空间上形成了由连云港东南部、盐城

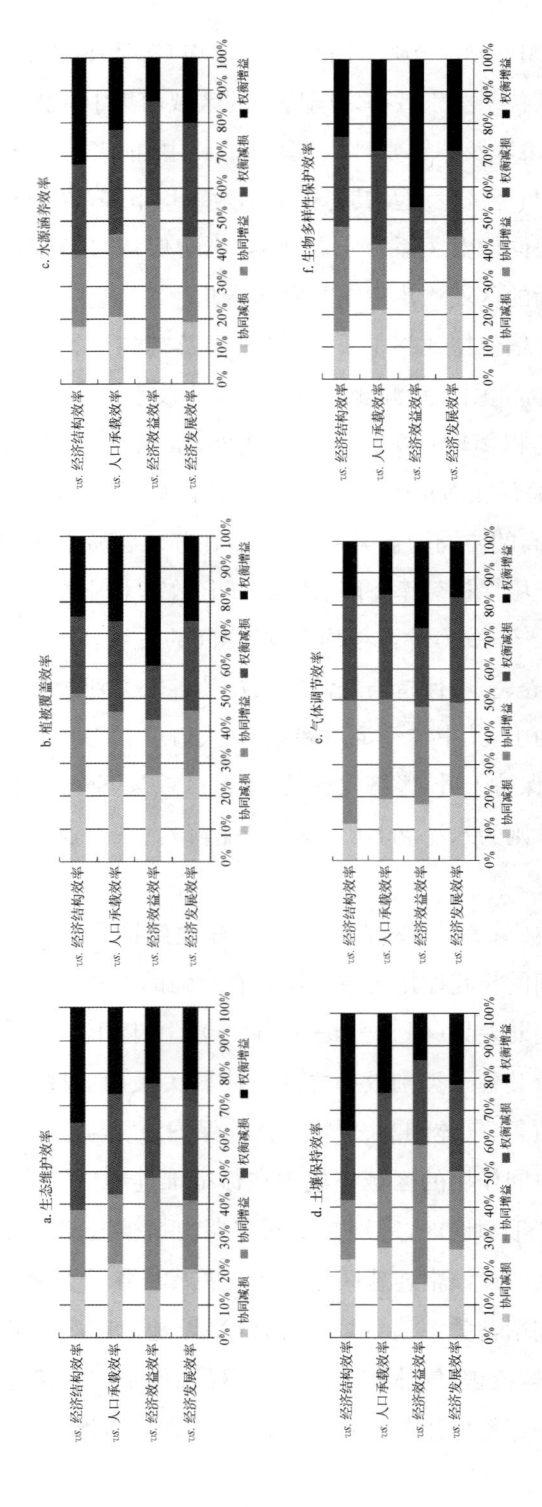

图 5-7 江苏省生态维护效率与经济发展效率权衡/协同关系的类型结构占比

· 140 ·

北部等沿海平原北部至淮安东南部、泰州北部、扬州等里下河平原地区的东北—西南走向"权衡作用集聚带"，及南京中心城区、苏锡常环太湖地带的"权衡作用连片区"。其中，"权衡作用集聚带"以研究期内江苏省植被覆盖、气体调节、生物多样性保护效率提高，经济发展及其各子类别效率下降的权衡减损关系为主，而"权衡作用连片区"以植被覆盖、气体调节、生物多样性保护效率降低，经济发展及其各子类别效率提高的权衡增益关系为主。此外，除气体调节与地均 GDP 在南京中心城区的相互关系以共同提高的协同增益关系为主外，植被覆盖、生物多样性保护与地均 GDP 之间的相互关系在南京中心城区、沿长江两岸及苏锡常等环太湖地区均以研究期内植被覆盖与生物多样性保护效率下降、地均 GDP 效率上升的权衡增益关系为主。结构上（图 5-7b，e—f），研究期内江苏省植被覆盖、气体调节、生物多样性保护与经济发展及其各子类别效率之间的相互关系总体以权衡关系为主。

  总体上，从生态维护各子类别效率与经济发展及其各子类别效率之间的相互作用的关系来看，除地均 GDP 外，苏北片区的徐宿淮连地区水源涵养、土壤保持与经济发展及其各子类别效率之间的相互关系主要以研究期内水源涵养、土壤保持与经济发展及其各子类别效率同步下降的协同减损关系，及水源涵养与土壤保持效率下降、经济发展及其各子类别效率上升的权衡增益关系为主；而植被覆盖、气体调节、生物多样性保护与经济发展及其各子类别效率之间的相互关系主要以研究期内江苏省植被覆盖、气体调节、生物多样性保护与经济发展及其各子类别效率相互促进、提高的协同增益关系，及以植被覆盖、气体调节、生物多样性保护效率提高，经济发展及其各子类别效率降低的权衡减损关系为主。南京中心城区、沿长江两岸及苏锡常等环太湖地区水源涵养、土壤保持与经济发展及其各子类别效率之间的相互关系主要以研究期内各项效率上升的协同增益关系为主，而植被覆盖、气体调节、生物多样性保护与经济发展及其各子类别效率之间则以植被覆盖、气体调节、生物多样性保护效率下降，经济发展及其各子类别效率上升的权衡增益关系为主。

5.3.3 生态维护效率与农业生产效率权衡/协同关系的空间分异格局

研究期内江苏省生态维护效率与农业生产效率及其各子类别效率之间的权衡/协同关系呈现出显著的南北分异差异,且空间连片特征显著(图5-8)。在具备统计学意义的相互关系中(图5-8a,图5-9a),生态维护效率与农业生产效率之间协同、权衡关系的结构占比分别为39.26%和60.74%,且协同减损、协同增益、权衡减损和权衡增益类型占比分别为24.74%、14.52%、31.86%和28.88%,表明研究期内江苏省生态维护效率与农业生产效率之间的相互关系以此消彼长的权衡关系为主,尤其是生态维护效率上升、农业生产效率下降的权衡减损关系最为突出。其中,以生态维护效率下降、农业生产效率上升为表现形式的权衡增益关系主要集中在苏北地区,如连云港全域,盐城的响水县和滨海县,徐州的铜山区、睢宁县、新沂市及宿迁的宿豫区、宿城区等;而权衡减损关系广泛分布在苏中和苏南地区,尤以沿江平原和南京市中心城区最为集中。协同关系主要分布在徐淮平原与里下河平原交界地带,如扬州北部、淮安西部、盐城西部等,及苏州北部县域和南通东南部等地区。其中,生态维护效率与农业生产效率在徐淮平原和里下河平原交界地带的相互关系主要为二者共同促进的协同增益关系,而在苏州北部县域和南通东南部则为协同减损关系。在生态维护效率与粮食生产、耕地复种指数等农业生产子类别效率的相互关系中,生态维护效率与粮食生产的空间关系类似于生态维护效率与农业生产效率(图5-8b),区别在于徐淮平原与里下河平原交界地带生态维护效率与粮食生产之间呈协同增益关系的区域增加,而沿江平原地区呈权衡减损关系的区域减少。在类型结构上(图5-9a),生态维护效率与粮食生产之间协同、权衡关系的结构占比分别为51.53%和48.47%,且协同减损、协同增益、权衡减损和权衡增益类型占比分别为26.41%、25.12%、22.72%和25.75%。相比之下,以生态维护效率上升、耕地复种指数效率下降为主要表现的权衡减损关系是研究期内江苏省生态维护效率与耕地复种指数之间相互作用关系的主体,结构占比高达70.14%,空间上广泛分布在苏中和苏南地区(图

5-8c,图5-9a);而协同增益的区域仅占5.61%,零星分布于无锡南部、常州南部、盐城沿海及淮安南部等地区。

在生态维护各子类别效率与农业生产及其各子类别效率之间的相互关系方面,水源涵养与综合农业生产效率、粮食生产能力之间的相互作用格局、类型结构均与土壤保持基本一致。在结构上(图5-9c—d),水源涵养、土壤保持与农业生产效率、粮食生产能力之间的协同关系占比均在35%以下,权衡关系占比均在65%以上,表明水源涵养、土壤保持与综合农业生产效率、粮食生产能力的相互关系均以权衡关系为主。空间上(图5-8g—h,j—k),水源涵养、土壤保持分别与农业生产效率、粮食生产能力的相互关系在苏北地区均主要表现为水源涵养、土壤保持效率下降,综合农业生产效率及粮食生产能力提高的权衡增益关系;而在苏中及苏南地区主要表现为水源涵养、土壤保持效率上升,综合农业生产效率及粮食生产能力下降的权衡减损关系。此外,水源涵养、土壤保持与耕地复种指数效率之间的空间关系亦呈现出较高的一致性(图5-8i,l),在徐州东部、连云港北部均呈现以水源涵养和土壤保持效率下降、耕地复种指数效率上升的权衡增益关系,在苏中和苏南地区广泛存在水源涵养和土壤保持效率上升、耕地复种指数效率下降的权衡减损关系。

相比之下,植被覆盖、气体调节、生物多样性保护与农业生产及其各子类别效率之间的相互关系在空间分异格局、类型结构等方面均具有较高的一致性,但在局部地区存在一定的差异。具体来说,在空间分异格局方面(图5-8d—e,m—n,p—q),苏北地区植被覆盖、气体调节、生物多样性保护与综合农业生产效率、粮食生产能力之间的相互关系均以研究期内植被覆盖、气体调节、生物多样性保护与综合农业生产效率、粮食生产能力共同促进的协同增益关系为主,而苏南片区的苏锡常环太湖地区及苏中的南通南部、泰州等地区均以共同降低的协同减损关系为主。除此之外,气体调节、生物多样性保护与综合农业生产效率在宿迁中部、南京中心城区内均呈现气体调节与生物多样性保护效率上升、综合农业生产效率下降的权衡减损关系。在类型结构方面(图5-9b,e—f),植被覆盖、气体调节、生物多样性保护与综合农业生产效率、粮食生产能力之间的协同关系占比均在65%以

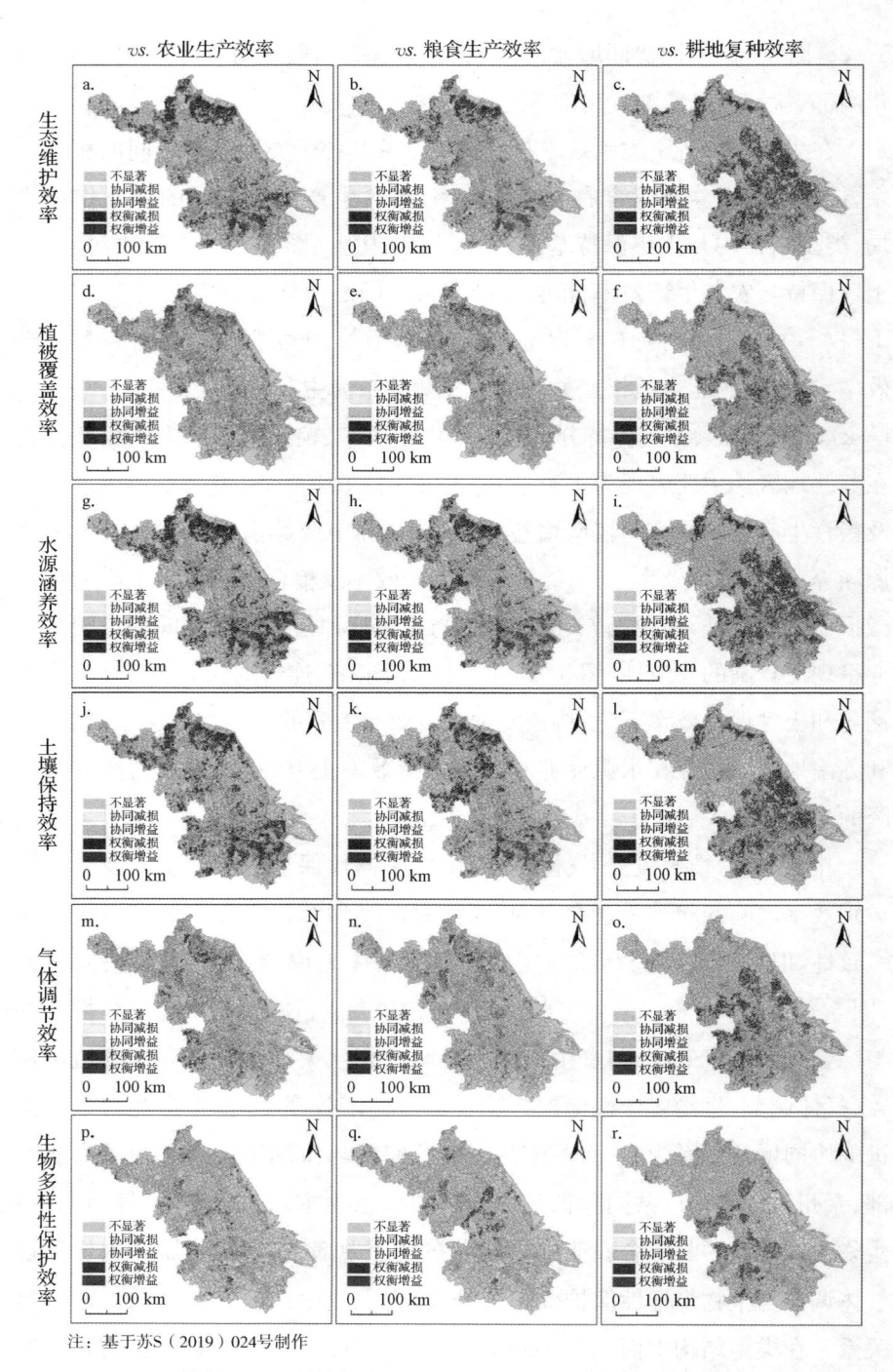

图 5-8 江苏省生态维护效率与农业生产效率权衡/协同关系的空间分异格局

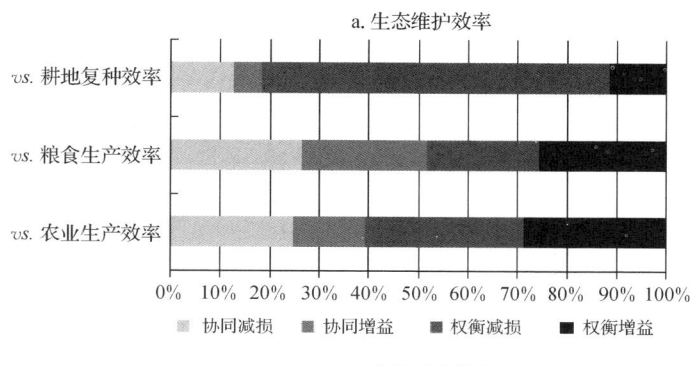

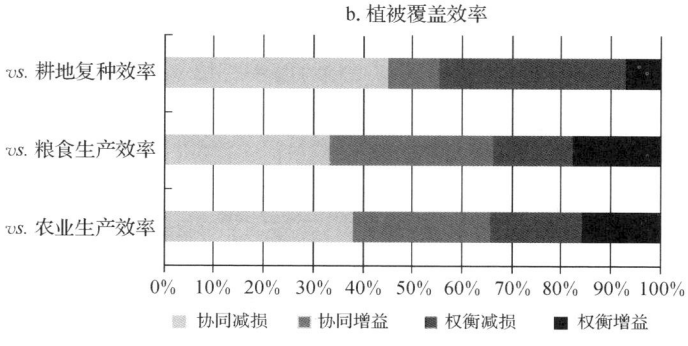

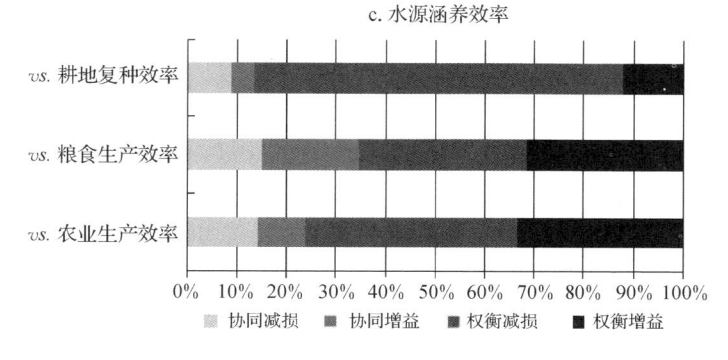

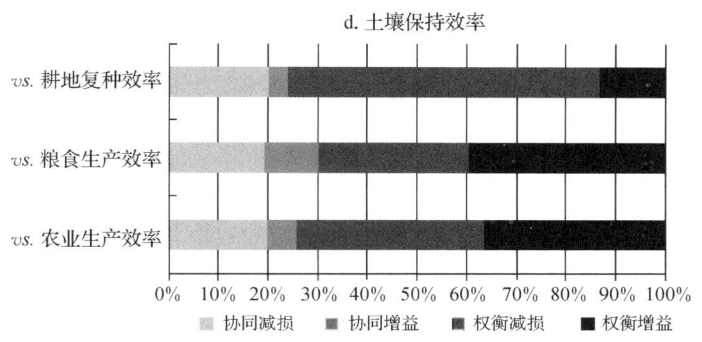

a. 生态维护效率

b. 植被覆盖效率

c. 水源涵养效率

d. 土壤保持效率

e. 气体调节效率

vs. 耕地复种效率

vs. 粮食生产效率

vs. 农业生产效率

0% 10% 20% 30% 40% 50% 60% 70% 80% 90% 100%

协同减损　协同增益　权衡减损　权衡增益

f. 生物多样性保护效率

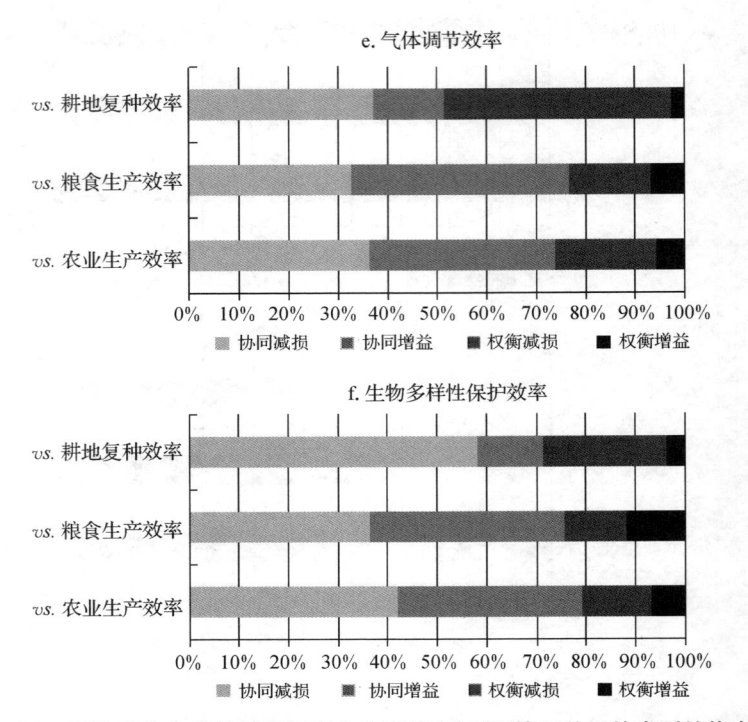

vs. 耕地复种效率

vs. 粮食生产效率

vs. 农业生产效率

0% 10% 20% 30% 40% 50% 60% 70% 80% 90% 100%

协同减损　协同增益　权衡减损　权衡增益

图 5-9　江苏省生态维护效率与农业生产效率权衡/协同关系的类型结构占比

上,权衡关系占比均在 35% 以下,表明研究期内江苏省植被覆盖、气体调节、生物多样性保护与综合农业生产效率、粮食生产能力之间的相互关系均以协同关系为主。具体的,植被覆盖与综合农业生产效率、粮食生产能力之间以研究期内共同降低的协同减损关系为主,气体调节以相互促进的协同增益关系为主,而生物多样性与综合农业生产效率以协同减损关系为主、与粮食生产能力以协同增益关系为主。此外,在与耕地复种指数效率的相互关系中,在里下河平原、沿江平原西部及宁镇扬低山丘陵地区均呈现以植被覆盖、气体调节、生物多样性保护效率上升,耕地复种指数效率下降为主要表现的权衡减损关系,而在沿江平原中东部、沿海平原中南部呈现植被覆盖、气体调节、生物多样性保护与耕地复种指数效率均下降的协同减损关系(图 5-8f,o,r)。结构上,植被覆盖、气体调节、生物多样性保护与耕地复种指数效率之间的协同关系占比分别为55.39%、51.41%和71.25%,其中,协同减损关系占比分别为81.44%、72.42%和81.53%(图5-9b,e—f),表明研究期内江苏省植被覆盖、气体调节、生物多样性保护与耕地复种指数效率之间的相互关系以共同下降的协同减损关系为主。

第六章 国土空间利用效率耦合协调发展格局及其影响因素

在明确 2000—2015 年间江苏省单一类型国土空间利用效率（即农业生产效率、经济发展效率和生态维护效率）时空演变特征及两两效率之间权衡/协同关系动态变化与空间演变的基础上，进一步探讨研究期内江苏省农业生产效率、经济发展效率、生态维护效率三者之间耦合协调作用的时空格局及其驱动机制。在研究单元的选择上，考虑到农业生产—经济发展—生态维护之间耦合协调关系对区域土地资源利用和可持续管理决策等方面的启示意义以及实践土地资源管理中多以行政单位为基本单元实施管控的操作模式，同时鉴于乡镇级行政单位是落实土地资源利用政策、执行资源管理措施的最基层行政机构，在统筹城乡土地资源管理、农村社会治理等方面发挥重要的纽带和承上启下作用，研究将格网尺度（1 km×1 km）下的农业—经济—生态效率耦合协调计算结果在乡镇级行政单位统计、汇总，并以此为基本分析单元，进一步探讨三者之间的耦合协调发展格局及其驱动机制，以期为促进国土空间的协调有序发展、制定差异化的土地利用和管理政策提供依据。

6.1 国土空间利用效率的耦合协调特征

根据耦合协调度模型测算研究期内乡镇尺度下江苏省农业生产效率、经济发展效率及生态维护效率三个类别效率之间的耦合协调发展状况；在此基础上，结合空间探索性分析，从时序演进、空间差异及空间集聚关系等方面探讨研究期内江苏省农业生产效率—经济发展效率—生态维护效率

(以下简称为农业—经济—生态)三者之间的耦合协调过程与时空格局特征。

6.1.1 国土空间利用效率耦合协调发展的时空格局特征

1. 农业—经济—生态耦合协调发展的时序演进性

从全省来看，2000—2015 年江苏省农业—经济—生态三者之间的耦合度和协调度均呈波动上升趋势，但上升幅度较小(图 6-1)。具体的，在农业—经济—生态三者相互作用强度方面，耦合度由 2000 年的 0.612 波动上升至 2015 年的 0.617，最低值为 2005 年的 0.569，最高值为 2010 年的 0.678，研究期内江苏省农业—经济—生态三者的相互作用强度均处于良性耦合水平，耦合度均值为 0.619。从农业—经济—生态三者相互作用程度的协调水平来看，协调度呈现出与耦合度相同的演变趋势，由 2000 年的 0.613 波动上升至 2015 年的 0.634，除 2010 年达到良性协调耦合等级的边缘外，2000年、2005 年、2015 年均处于中度协调耦合水平，表明未来土地管理实践中，促进区域农业—经济—生态三者的协调、可持续发展应该引起政府及土地资源管理者的更多关注。

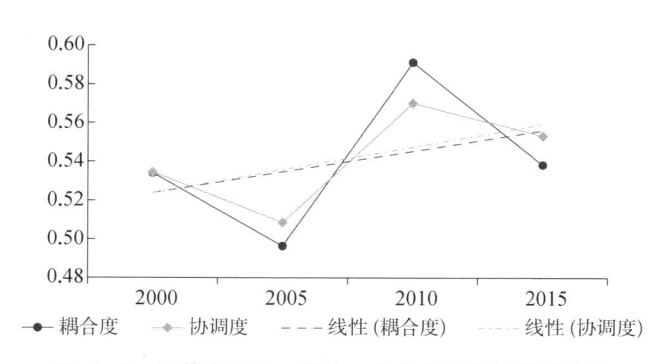

图 6-1 江苏省农业—经济—生态耦合协调发展趋势

将乡镇尺度下的农业生产、经济发展与生态环境耦合协调状况在区域尺度进行统计，苏南、苏中、苏北片区农业—经济—生态三者之间的耦合协调状况存在显著的区域差异(图 6-2)。从研究期内不同区域农业—经济—

生态三者之间耦合协调状况的发展趋势来看(图6-2a—c),苏南、苏中、苏北地区的耦合度、协调度均呈上升趋势,区别在于苏北片区农业—经济—生态三者之间的协调度均大于耦合度,而苏南和苏中地区均为耦合度大于协调度,这表明2000—2015年间苏南、苏中和苏北地区农业生产、经济发展和生态维护三者之间的相互作用关系均表现为作用强度增强、协调程度提高,但就区域内部各类别效率之间相互作用强度与协调程度的相对关系而言,苏北地区农业—经济—生态三者之间相互作用的协调程度优于作用强度,而苏南和苏中地区则为相互作用强度滞后于协调程度。从耦合协调水平的等级演变来看,在耦合度方面,研究期内苏南、苏中、苏北地区均处于良性耦合水平,农业—经济—生态三者之间均存在较强的相互作用关系。在协调度方面,2000—2015年间苏北地区均处于中度协调耦合水平,苏中地区由2000年、2005年的中度协调耦合水平发展至2010年、2015年的良性协调耦合水平,苏南地区则由2000—2010年的中度协调耦合水平发展至2015年的良性协调耦合水平,表明研究期内除苏北地区农业—经济—生态三者之间的相互作用关系等级保持稳定不变外,苏南和苏中地区均呈现农业—经济—生态协调有序发展的良性态势。

  从不同区域农业—经济—生态三者之间耦合协调状况的对比来看(图6-2d—e),研究期内苏北地区农业—经济—生态三者之间的耦合度、协调度均低于苏中和苏南地区,且不同时段内的耦合协调水平波动较大,而协调度总体呈现苏中＞苏南＞苏北的地域分异规律;在耦合度、协调度的增长速度方面,研究期内苏南、苏中、苏北地区农业—经济—生态三者之间耦合度、协调度的年均增长率分别为0.95%、0.57%和0.05%,0.41%、0.57%和0.06%,表明研究期内苏中地区农业—经济—生态三者之间的协调度最高且协调度的增长速度最快;苏南地区的协调度及其增长速度次之,但三者之间相互作用的强度增速最快;苏北地区三者之间的协调发展水平最低且协调度的增速最慢。

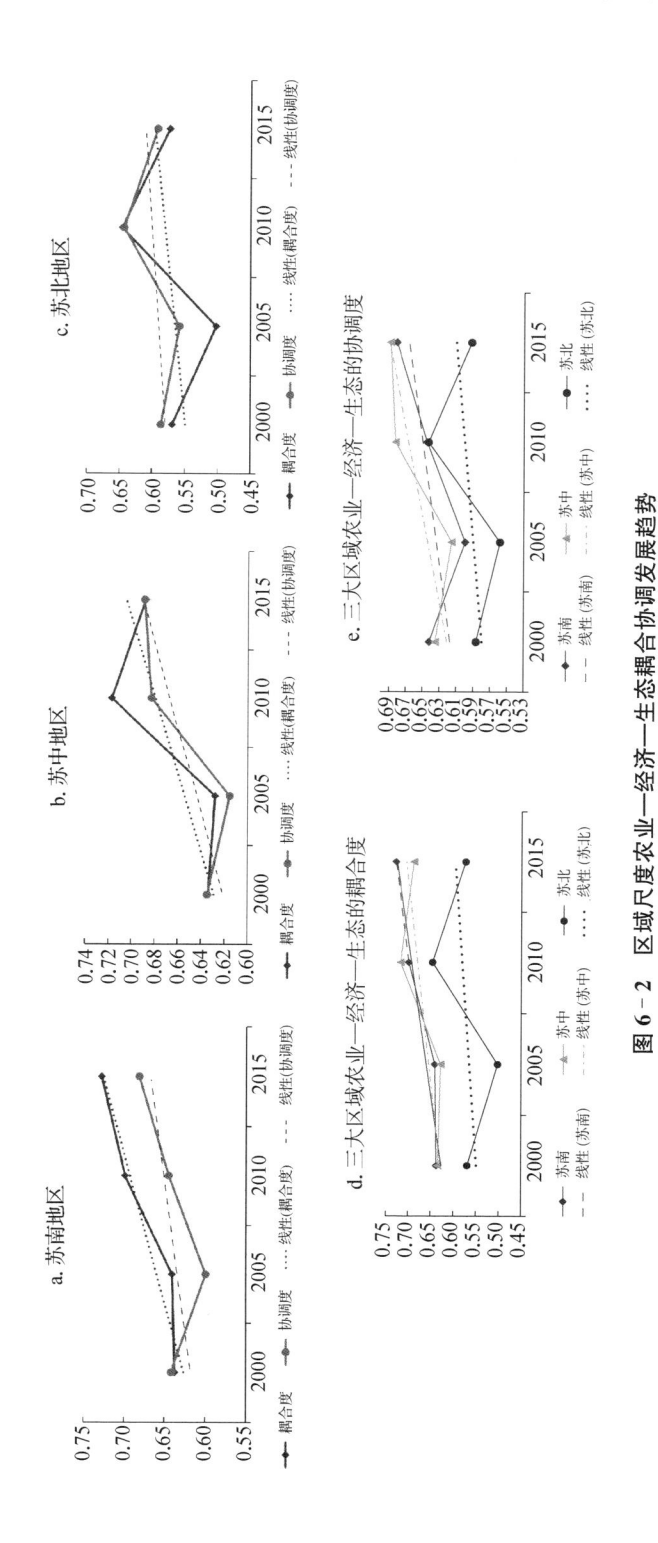

图 6-2 区域尺度农业—经济—生态耦合协调发展趋势

2. 农业—经济—生态耦合协调发展的空间差异

依据 2000—2015 年江苏省农业生产效率、经济发展效率、生态维护效率三者之间的耦合度、协调度计算结果,按照其对应的等级梯度进行空间可视化以反映研究期内江苏省农业—经济—生态之间的耦合协调空间差异特征(图 6-3)。从空间分布来看,2000—2015 年江苏省农业—经济—生态之间的耦合度、协调度均呈现南高北低的地域分异规律,南北分异显著。从耦合度的空间分异格局来看(图 6-3a—d),2000—2005 年耦合度的空间分布格局基本一致,良性耦合强度是耦合类型的主体,占比分别为 44.48% 和 41.06%,而高水平耦合区集中分布在南京中心城区、镇江北部、扬州西南部等西南低山丘陵地带,及无锡中心城区、苏州等环太湖平原地区;2010 年高水平耦合区大幅增加,且在西南低山丘陵、沿江平原和环太湖平原地区形成显著的集中连片态势;2015 年总体呈现与 2010 年相似的空间分异格局,区别在于扬州北部、盐城西北部等里下河平原地区的高水平耦合区消失。总体上,研究期内耦合度高值区($C>0.8$)集中分布在南京、镇江、常州等西南低山丘陵,无锡、苏州等环太湖平原及扬州、泰州、南通南部等沿江地区,这些区域是江苏省经济发展的先行地区,社会经济发展水平高,高强度的人类活动在一定程度上促使区域农业、经济与生态系统之间的相互作用影响剧烈;耦合度低值区($C\leqslant0.3$)主要分布在城镇建成区的极核区及主干河流、湖泊、沿海滩涂等附近,国土空间利用以促进经济发展,收获社会效益,提供生态产品、生态服务和生态涵养等社会经济发展功能和生态安全维护功能为主,土地利用类型相对单一,不同国土空间利用系统之间的相互作用较弱;耦合度处于中等水平的区域($0.3<C\leqslant0.5$)空间分布相对分散,多分布在泰州、盐城等沿海平原地区;农业生产、经济发展与生态环境之间处于良性耦合强度的区域($0.5<C\leqslant0.8$)广泛分布于江苏境内,尤以里下河平原、徐淮平原等地区最为集中。

在协调度的空间分布方面(图 6-3e—h),研究期内协调度总体呈现由北到南增加的空间格局特征,表现为北部及中部的中低值聚集和沿长江两岸的高值聚集,反映了南部地区农业、经济与生态系统之间相互作用的协调程度优于中部及北部地区。数量结构演进上,2000 年、2005 年高水平协调区域(0.8＜D≤1)仅占 2.96% 和 0.72%,2010—2015 年增加明显,分别占比 9.86% 和 13.01%,且在空间上沿长江两岸分布,如扬州南部、镇江东北部、常州北部、无锡北部、泰州南部、苏州北部等。总体上,行政级别较高或沿江经济发达型城市农业生产、经济发展、生态保护三者之间的协调发展水平较高。究其原因在于此类城市通常地理位置、资源环境优越,科技发达,人才密集,社会经济发展水平高。较强的行政领导能力、雄厚的经济实力和完善的基础设施建设可为区域农业、经济、生态保护奠定坚实的资本和政策基础,不同国土空间利用系统之间呈现较高水平的协调发展状态。

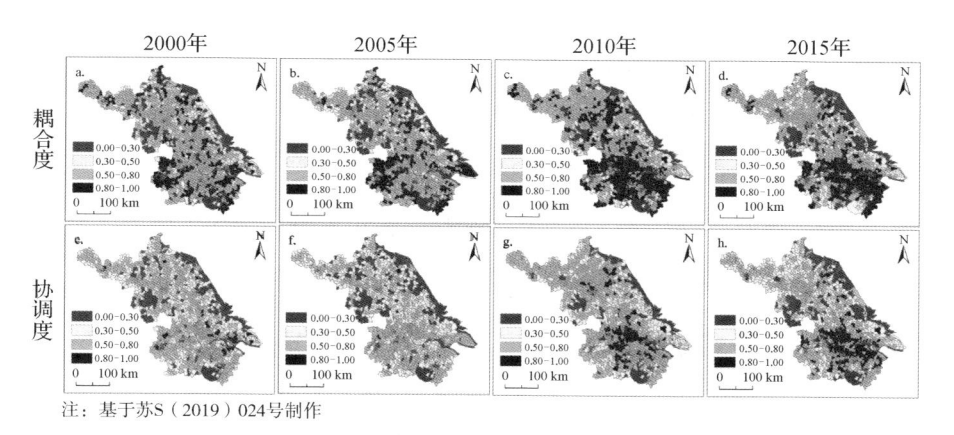

注：基于苏S(2019)024号制作

图 6-3 2000—2015 年江苏省农业—经济—生态耦合协调度时空格局

从各耦合协调度类型的数量结构来看(图 6-4),2000—2015 年江苏省农业生产效率、经济发展效率、生态维护效率之间的耦合度处于低水平耦合、中度耦合、良性耦合、高水平耦合的乡镇平均占比分别为 22.96%、13.77%、40.66%、22.61%,协调度处于低度协调耦合、中度协调耦合、良性协调耦合、高水平协调耦合的乡镇平均占比分别为 23.70%、29.03%、40.63%、6.64%,表明良性耦合、良性协调耦合分别是研究期内江苏省农业—经济—生态等国土空间利用系统之间相互作用强度、协调程度的主要类型。此外,在各耦合协调度类型数量结构的时间演进方面,研究期内江苏省农业—经济—生态之间相互作用强度呈高水平耦合、作用协调程度呈高水平协调的区域总体呈增加态势,表明伴随时间的演进,在可持续的土地利用框架内促进农业—经济—生态之间的耦合协调发展已逐渐受到更多区域政府及土地资源管理者的关注和重视,并在土地资源管理实践中取得了显著成效。

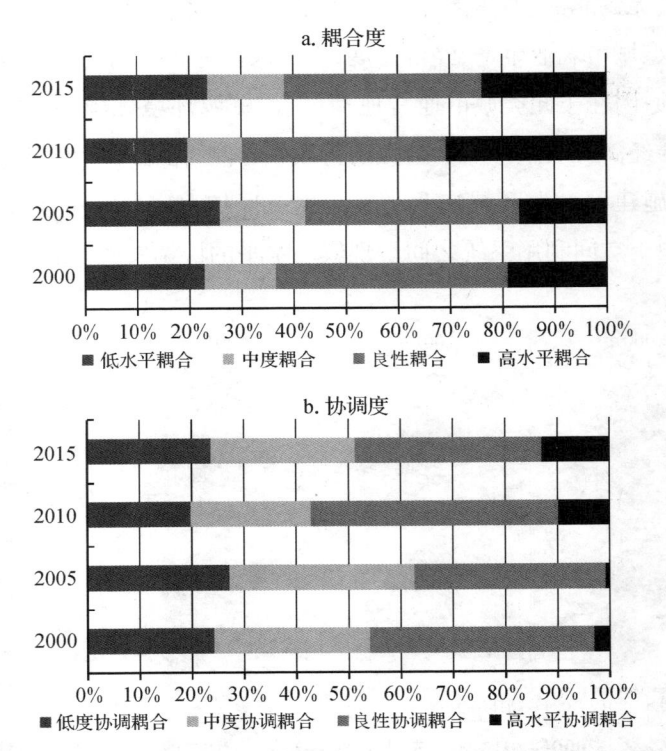

图 6-4 2000—2015 年江苏省农业—经济—生态耦合协调类型的数量结构比例

6.1.2 国土空间利用效率耦合协调发展的空间关联分析

为进一步揭示全局视角下江苏省农业生产效率、经济发展效率、生态维护效率之间协调度的空间集聚特征,运用 OpenGeoda 软件,以邻接标准计算得到 2000—2015 年江苏省农业—经济—生态协调度指数的全局 Moran's I 指数、G 统计量及其显著性(表 6-1)。通过测算,在 P 值等于 0.001 的情况下,2000—2015 年协调度指数的 Moran's I 指数显著为正且分别为 0.399 6、0.415 6、0.455 6 和 0.427 0,且其 G 指数估计值均为正。Moran's I 指数与 G 统计量均良好地阐释了在全局角度上,乡镇尺度下江苏省农业—经济—

生态的协调度指数在99.99%置信度下存在显著的空间正相关性,空间集聚现象显著,即相邻乡镇间存在显著的相互影响关系,空间上呈现高协调水平与高协调水平乡镇邻近、低协调水平与低协调水平乡镇邻近的集聚特点。进一步分析发现,研究期内江苏省农业—经济—生态协调度指数的Moran's I 指数由2000年的0.3996倒V式提高至2015年的0.4270,同时全局 G 统计量由2000年的0.0627持续上升至2015年的0.0648,这表明伴随时间的演进,研究期内江苏省农业—经济—生态协调度的空间集聚态势进一步增强,空间关联特征日益凸显。

表6-1 江苏省2000—2015年农业—经济—生态协调度的Moran's I 指数与全局 G 统计量

参数	2000年	2005年	2010年	2015年
全局Moran's I 指数	0.3996	0.4156	0.4556	0.4270
Moran's I 指数的 Z 得分	18.0447	20.54	32.7627	25.8112
Moran's I 指数 P 值	0.000	0.000	0.000	0.000
全局 G 统计量	0.0627	0.0622	0.0632	0.0648
全局 G 统计量的 Z 得分	3.994	2.8443	4.8249	7.7651
全局 G 统计量的 P 值	0.000	0.004	0.000	0.000

在给定的显著性水平下,全局空间自相关能有效反映农业生产效率、经济发展效率、生态维护效率协调度指数的空间集聚特征,而局部空间自相关可有效揭示协调度高低值簇的地域分布格局,进而识别农业—经济—生态协调度的空间关联类型。因此,在 Z 检验的基础上($P \leqslant 0.01$),运用局部空间自相关分析识别农业—经济—生态协调度LISA集聚分布状况,并根据乡镇尺度下农业—经济—生态协调度与其相邻单元协调状况之间的相对关系,将江苏省聚合为4类(图6-5):高—高集聚,自身和周边邻域单元的农业—经济—生态协调度指数均较高的显著正相关区域;高—低集聚,自身农业—经济—生态协调度指数较高,但其周边邻域单元协调度较低的显著负相关区域;低—高集聚,自身农业—经济—生态协调度指数较低,但其周边邻域单元协调度较高的显著负相关区域;低—低集聚,自身和周边邻域单元

的农业—经济—生态协调度指数均较低的显著正相关区域。总体上，研究期内江苏省农业—经济—生态协调度具有显著的空间集聚特点，尤其是高—高集聚类型空间集聚现象显著（图6-5）。

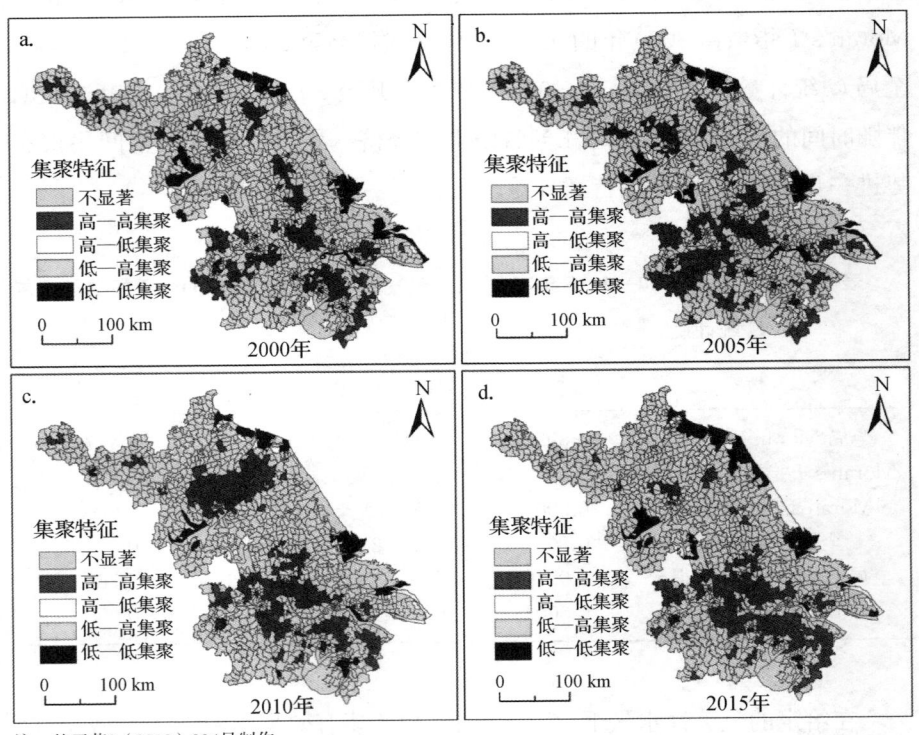

注：基于苏S（2019）024号制作

图6-5 江苏省2000—2015年农业—经济—生态协调度LISA图

在不同集聚类型的空间格局演变及乡镇数量方面（图6-5，表6-2），高—高集聚是江苏省2000—2015年间农业—经济—生态协调度空间关联类型的主要类型，且总体表现出以空间互不相邻且独立分布的集聚"点"为中心向四周扩散、蔓延形成集中连片集聚"面"的空间扩散过程，尤其是在沿长江两岸及环太湖地区，如南京中心城区、镇江北部、泰州南部、无锡北部及苏州北部等。研究期内属于高—高集聚类型的乡镇数量由2000年的225个倒V式上升至2015年的242个，且主要集中在沿长江两岸及环太湖地区，苏北地区高—高集聚类型数量较少。属于低—低集聚类型的乡镇由

2000 年的 140 个倒 V 式上升至 2015 年的 156 个,且多为城镇建成区的极核区、湖泊、主干河流及沿海滩涂等,土地利用功能单一,通常具有较强的社会经济功能和生态维护功能导向,不同国土空间利用系统之间的相互作用较弱。研究期内属于低—高集聚类型的乡镇呈 V 式下降趋势,由 2000 年的 18 个下降至 2015 年的 13 个,而高—低集聚类型则由 2000 年的 21 个波动上升至 2015 年的 29 个。

表 6-2　江苏省 2000—2015 年农业—经济—生态效率协调度不同集聚类型的乡镇数量(个)

	2000 年	2005 年	2010 年	2015 年
高—高集聚	225	245	267	242
高—低集聚	21	30	28	29
低—高集聚	18	16	8	13
低—低集聚	140	147	159	156

6.2　国土空间利用效率耦合协调发展的相互作用类型

在明确 2000—2015 年江苏省农业—经济—生态耦合协调发展的时序演进、空间分异及空间集聚特征基础上,进一步基于耦合度、协调度等级位序比较及耦合协调转移矩阵分析江苏省农业—经济—生态耦合协调发展的相互作用类型及其转移特征。

6.2.1　农业—经济—生态效率耦合协调发展类型

2000—2015 年,耦合协调同步型构成了江苏省农业—经济—生态之间相互作用类型的主体且乡镇数量呈 V 式增加趋势,占比分别为 64.90%、61.89%、65.96% 和 75.62%(图 6-6a—d,6—7a),表明江苏省多数区域农业—经济—生态三者之间相互作用的强度与其协调程度总体处于均衡发展的同步状态。在耦合协调同步型各子类的数量结构方面(图 6-7b),研究期内中度耦合—中度协调、高水平耦合—高水平协调占耦合协调同步型的结构比例均呈上升趋势,分别由 2000 年的 18.72%、4.46% 上升至 2015 年的 18.85%、17.2%,而低水平耦合—低水平协调、良性耦合—良性协调则呈下降趋势,分别由 2000 年的 35.12%、41.70% 下降至 2015 年的 30.67%、33.28%。同时,研究期内低水平耦合—低水平协调、中度耦合—中度协调、良性耦合—良性协调、高水平耦合—高水平协调占耦合协调同步型的平均比例分别为 34.17%、19.25%、37.14% 和 9.44%(图 6-7),上述结果表明 2000—2015 年间江苏省农业—经济—生态以低水平耦合—低水平协调、良性耦合—良性协调的耦合协调作用模式为主,但二者的乡镇数量总体呈减少趋势,相比之下,中度耦合—中度协调、高水平耦合—高水平协调型乡镇数量增加趋势明显。在空间分布上(图 6-6e—h),低水平耦合—低水平协调多为沿海、滨湖、沿江型乡镇或城市中心街道,区域内生态用地或城镇建设用地比例显著,土地利用类型相对单一,多承担以提供生态产品和生态服务为主的生态维护功能,及产生经济效益和支持人口承载为主的社会经济发展功能,不同国土空间利用系统之间的相互作用较弱;中度耦合—中度协调散乱分布于江苏境内;良性耦合—良性协调广泛分布在江苏境内,尤其以徐宿淮连地区最为集中且稳定;研究期内高水平耦合—高水平协调型乡镇呈现由 2000—2005 年空间分散、数量较少至 2010—2015 年空间集聚分布、数量显著增加的演变趋势,并呈现沿长江两岸、环太湖分布的空间集聚格局。

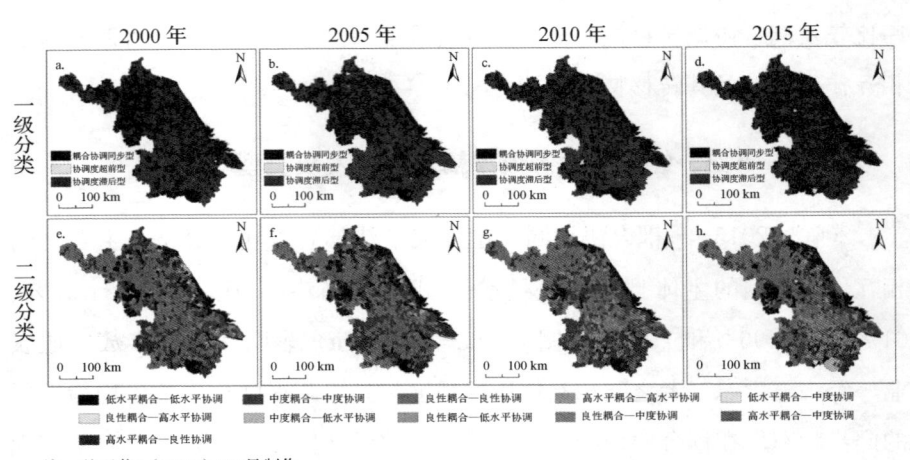

注:基于苏S(2019)024号制作

图 6-6 江苏省农业—经济—生态耦合协调发展类型

2000年、2005年、2010年、2015年江苏省协调度超前型乡镇分别为2个、3个、3个和5个,乡镇数量总体呈持续增加趋势,但增长速度较慢(图6-7c)。具体来看,研究期内江苏省共存在低水平耦合—中度协调、良性耦合—高水平协调两种子类别,其中,2005—2015年间均为低水平耦合—中度协调类型,表明2000—2015年间江苏省仅有极少量的乡镇农业—经济—生态之间处于和谐、有序的高水平发展状态,且多为低水平作用强度、中等协调程度的耦合协调关系。

2000年、2005年、2010年、2015年,协调度滞后型乡镇数量占比分别为34.96%、37.91%、33.84%和24.05%(图6-7a),总体呈倒V式降低趋势,表明研究期内江苏省农业—经济—生态三者之间相互作用强度滞后于其协调程度的乡镇总体呈减少态势。具体来看,研究期内江苏省共存在中度耦合—低水平协调、良性耦合—低水平协调、良性耦合—中度协调、高水平耦合—中度协调、高水平耦合—良性协调5个子类别(图6-6e—h),占协调度滞后型的平均比例分别为2.66%、0.1%、48.34%、0.72%和48.18%(图6-7d),不存在高水平耦合—低水平协调类型。其中,良性耦合—低水平协调类型仅存在于2010年,其余4种类型均存在于研究期内的各时间段。从协调度滞后型各子类的数量结构来看(图6-7d),研究期内良性耦合—中度协调、高水平耦合—中度协调占协调度滞后型的结构比例均呈上升趋势,分别由2000年的49.62%、0.75%上升至2015年的53%、1.37%,而中度耦合—低度协调、高水平耦合—良性协调则呈下降趋势,分别由2000年的4.14%、45.49%下降至2015年的1.91%、43.72%。上述结果表明,2000—2015年间江苏省农业—经济—生态以良性耦合—中度协调、高水平耦合—良性协调的耦合协调作用模式为主,但前者的乡镇数量总体呈增加趋势,后者总体呈减少趋势。在空间分布上(图6-6e—h),良性耦合—中度协调型空间分布零散,相对而言,2000年、2005年主要分布在苏中和苏南地区,2010年、2015年转移至苏北地区;高水平耦合—良性协调则总体呈现与良性耦合—中度协调型相反的集聚规律,且伴随时间的推移,南京建成区、沿长江两岸及环太湖地区集聚态势显著。

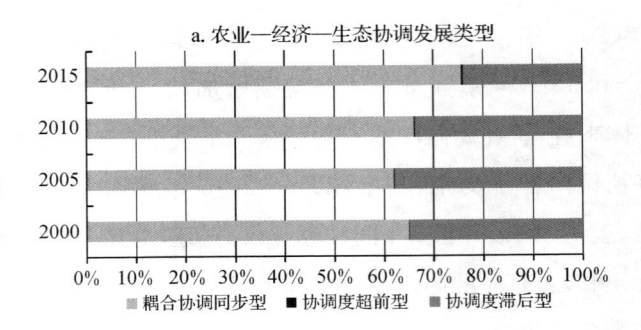

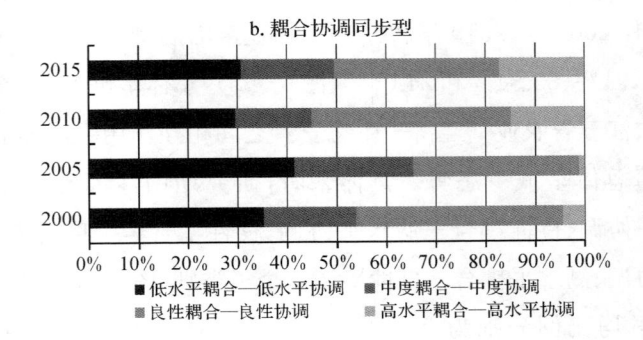

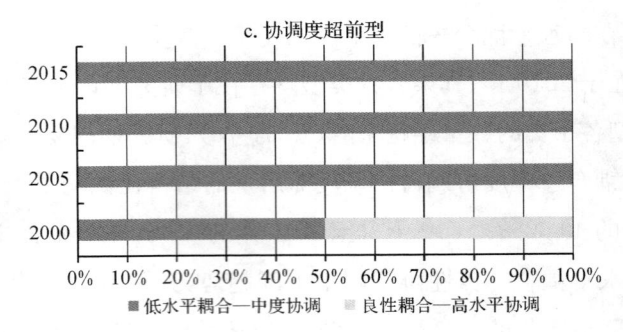

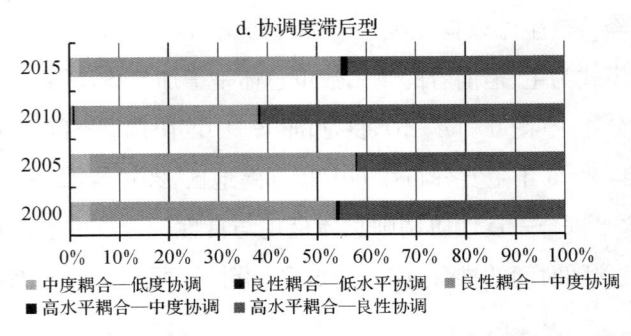

图6-7 江苏省农业—经济—生态耦合协调发展类型的结构组成

6.2.2 农业—经济—生态效率耦合协调发展类型转移特征

为明晰研究期内江苏省农业—经济—生态不同耦合协调类型之间相互转移的动态过程信息,以研究初期(2000年)和末期(2015年)江苏省农业—经济—生态耦合协调类型识别结果为基础,通过 Excel 中的数据透视表功能建立耦合协调类型转移矩阵,进而统计、分析研究期内江苏省农业—经济—生态不同耦合协调发展类型之间的转移关系及其特征(表 6-3)。

由表 6-3 可知,2000—2015 年间江苏省农业—经济—生态三者之间耦合协调作用类型的空间转化主要发生在耦合协调同步型与协调度滞后型的内部或两者之间的相互转化,尤以耦合协调同步型内部各子类别之间的相互转化最为突出,占比高达 52.54%,其次依次为协调度滞后型转变为耦合协调同步型(22.91%)、耦合协调同步型转变为协调度滞后型(12.11%)、协调度滞后型内部转化(11.97%)。具体来看,研究期内江苏省农业—经济—生态耦合协调同步型内部转化主要包含两类:耦合协调等级位序保持稳定不变和不同耦合协调等级位序之间的转化,累计占比分别为 34.67% 和 17.87%。其中,在耦合协调等级位序保持稳定不变的乡镇中,研究期内稳定保持低水平耦合—低水平协调、中度耦合—中度协调、良性耦合—良性协调和高水平耦合—高水平协调的乡镇占比分别为 17.47%、4.66%、11.42% 和 1.12%;在不同耦合协调等级位序进行转化的乡镇中,农业—经济—生态耦合协调相互作用等级向高等级、低等级位序转移的乡镇累计占比分别为 11.96% 和 5.91%。上述结果表明,研究期内江苏省农业—经济—生态耦合协调同步型内部转化以等级位序保持稳定不变为主,但不同耦合协调等级位序的转化主要发生在农业—经济—生态耦合协调关系由低等级位序向高等级位序的转化。具体的,研究期内约 5.58% 的良性耦合—良性协调乡镇转变为 2015 年的高水平耦合—高水平协调乡镇,转移比例居耦合协调同步型内部不同等级位序转移比例首位,其次为 2.76% 的低水平耦合—低水平协调乡镇转变为中度耦合—中度协调,2.43% 的中度耦合—中度协调乡镇转变为良性耦合—良性协调。

在农业—经济—生态协调度滞后型转变为耦合协调同步型的乡镇中,

表 6-3　2000—2015 年江苏省农业—经济—生态耦合协调发展类型转移矩阵（%）

2000年农业—经济—生态耦合协调发展类型		2015年农业—经济—生态耦合协调发展类型								
		耦合协调同步型				协调度超前型		协调度滞后型		总计
		低水平耦合低水平协调	中度耦合中度协调	良性耦合良性协调	高水平耦合高水平协调	低水平耦合中度协调	中度耦合良性协调	高水平耦合中度协调	高水平耦合良性协调	
耦合协调同步型	低水平耦合低水平协调	17.47	2.76	0.53	0.07	0.13	1.45	0.00	0.13	22.80
	中度耦合中度协调	1.84	4.66	2.43	0.59	0.13	1.71	0.07	0.66	12.16
	良性耦合良性协调	1.05	1.84	11.42	5.58	0.00	3.55	0.00	3.55	27.06
	高水平耦合高水平协调	0.07	0.26	0.85	1.12	0.00	0.13	0.00	0.46	2.89
	小计		52.54			00.26		12.11		64.91
协调度超前型	低水平耦合中度协调	0.00	0.00	0.07	0.00	0.00	0.00	0.00	0.00	0.07
	良性耦合高水平协调	0.00	0.00	0.07	0.07	0.00	0.00	0.00	0.00	0.07
	小计		00.14			0.00		0.00		00.14
协调度滞后型	中度耦合低水平协调	0.66	0.13	0.13	0.07	0.00	0.46	0.00	0.00	1.45

· 162 ·

第六章　国土空间利用效率耦合协调发展格局及其影响因素

（续　表）

2000年农业—经济—生态耦合协调发展类型	2015年农业—经济—生态耦合协调发展类型							
	耦合协调同步型			协调度超前型			协调度滞后型		
	低水平耦合—低水平协调	中度耦合—中度协调	良性耦合—良性协调	高水平耦合—高水平协调	低水平耦合—中度协调	中度耦合—低水平协调	良性耦合—中度协调	高水平耦合—中度协调	高水平耦合—良性协调	总计
良性耦合—中度协调	1.51	4.06	4.20	1.64	0.00	0.00	4.14	0.07	1.71	17.33
高水平耦合—中度协调	0.00	0.00	0.00	0.00	0.00	0.07	0.13	0.07	0.00	0.27
高水平耦合—良性协调	0.59	0.53	5.45	3.94	0.07	0.00	1.18	0.13	4.01	15.90
小计	23.19	22.91	25.15	13.01	00.07	0.47	12.75	11.97	10.52	34.95
总计		14.24%			0.33			0.34		100.00

· 163 ·

依据协调度滞后型各子类别的转出比例依次排序为良性耦合—中度协调（11.41％）、高水平耦合—良性协调（10.51％）、中度耦合—低水平协调（0.99％）和高水平耦合—中度协调（0.00％）。其中，研究期内分别有1.51％、4.06％、4.20％和1.64％的良性耦合—中度协调乡镇转变为低水平耦合—低水平协调、中度耦合—中度协调、良性耦合—良性协调和高水平耦合—高水平协调乡镇；分别有0.59％、0.53％、5.45％和3.94％的高水平耦合—良性协调乡镇转变为低水平耦合—低水平协调、中度耦合—中度协调、良性耦合—良性协调和高水平耦合—高水平协调乡镇。这表明，由良性耦合—中度协调向中度耦合—中度协调、良性耦合—良性协调转化，由高水平耦合—良性协调向良性耦合—良性协调、高水平耦合—高水平协调转化，是研究期内江苏省农业—经济—生态协调度滞后型转变为耦合协调同步型乡镇的主体。

在农业—经济—生态耦合协调同步型转变为协调度滞后型的乡镇中，依据耦合协调同步型各子类别的转出比例依次排序为良性耦合—良性协调（7.17％）、中度耦合—中度协调（2.61％）、低水平耦合—低水平协调（1.84％）和高水平耦合—高水平协调（0.07％）。其中，研究期内分别有3.55％的乡镇由2000年的良性耦合—良性协调转变为2015年的良性耦合—中度协调和高水平耦合—良性协调；分别有1.71％、1.45％的乡镇由2000年的中度耦合—中度协调、低水平耦合—低水平协调转变为2015年的良性耦合—中度协调。这表明，由良性耦合—良性协调、中度耦合—中度协调及低水平耦合—低水平协调向良性耦合—中度协调的转化是研究期内江苏省农业—经济—生态耦合协调同步型转变为协调度滞后型乡镇的主体。

研究期内江苏省农业—经济—生态协调度滞后型内部转化比例为11.97％。其中，耦合协调等级位序保持稳定不变和不同耦合协调等级位序之间进行转化的乡镇占比分别为8.22％和3.75％。具体的，研究期稳定保持良性耦合—中度协调、高水平耦合—良性协调的乡镇占比分别为4.14％和4.01％；农业—经济—生态耦合协调相互作用等级向高等级、低等级位序转移的乡镇累计占比分别为2.24％和1.51％，其中，研究期内1.71％的乡镇由2000年的良性耦合—中度协调转变为2015年高水平耦合—良性协调，而1.71％的乡镇由高水平耦合—良性协调转变为良性耦合—中度协调。上述结果表明,2000—2015年江苏省农业—经济—生态协调度滞后型内部转化亦以等级位序保持稳定不变为主,但不同耦合协调等级位序的转化主要发生在农业—经济—生态耦合协调关系由低等级位序向高等级位序的转化。

6.3 农业—经济—生态效率协调演变的影响因素分析

由6.1和6.2节内容可知,2000—2015年间江苏省农业—经济—生态三者之间相互作用的耦合协调状况存在显著的时空演变差异。因此,在明确研究期内农业生产效率、经济发展效率及生态维护效率耦合协调时空特征的基础上,立足国土空间利用系统内部要素的空间差异性,以2000—2015年各子类别效率为解释变量,以相应年份农业—经济—生态三者之间的协调度(D)为被解释变量,综合运用多元线性回归和地理探测器等方法,系统分析各影响因子对江苏省农业—经济—生态协调发展的作用属性、影响强度及其重要性的时间演替特征;在此基础上,交互探测研究期内影响农业—经济—生态协调发展的主导因素,并分析其作用机制。

6.3.1 协调度影响因素总体分析

将表3-3中农业生产效率、经济发展效率及生态维护效率对应的分项指标分别编号为x_1—x_{11},进而以2000—2015年农业—经济—生态之间的协调度(D)作为因变量,将相应年份区域农业生产、经济发展及生态维护各子类别效率(x_1—x_{11})作为解释变量,利用多元线性回归方法分析协调度(D)与各指标之间的关联特征,探讨自变量与因变量的统计学关系。在利用多元线性回归模型分析协调度D地域分异影响因素之前,需对研究期内各驱动因子进行多重共线性检验。研究发现,2000—2015年各驱动因子的方差膨胀因子(VIF)均小于6.033,表明因子之间基本不存在多重共线现象(表6-4)。在此基础上,为深入分析研究期内协调度(D)影响因素的动态过程信息及演变趋势,回归分析中分别对2000年、2005年、2010年和2015年因变量[协调度(D),Y]和11个自变量(x_1—x_{11})建立多元线性回归模型,方程的拟合优度R^2分别为0.800、0.812、0.845和0.795,并通过了总体

表6-4 2000—2015年江苏省农业—经济—生态协调发展影响因素的多元线性回归模型估计结果

研究期	影响因素类型	影响因素	非标准化系数(B)	标准误差(Std.Error)	t值	$Sigma$	VIF	调整后R^2
2000年	农业生产效率	耕地质量(x_1)	0.005	0.006	0.844	0.399	3.129	0.800
		粮食生产能力(x_2)	-0.108	0.012	-9.09	0.000	2.759	
		耕地复种指数(x_3)	0.117	0.015	7.791	0.000	3.615	
	经济发展效率	地均GDP(x_4)	-0.094	0.010	-9.659	0.000	3.016	
		人口密度(x_5)	-0.32	0.018	-17.361	0.000	2.093	
		二三产业贡献(x_6)	0.435	0.014	30.286	0.000	2.420	
	生态维护效率	植被覆盖(x_7)	0.082	0.026	3.219	0.001	4.930	
		水源涵养(x_8)	-0.004	0.007	-0.508	0.611	1.238	
		土壤保持(x_9)	-0.007	0.002	-4.524	0.000	1.103	
		气体调节(x_{10})	0.093	0.017	5.413	0.000	4.163	
		生物多样性保护(x_{11})	0.056	0.013	4.372	0.000	1.572	
		常数项	-0.080	0.011	-7.033	0.000	—	

第六章 国土空间利用效率耦合协调发展格局及其影响因素

（续 表）

研究期	影响因素类型	影响因素	非标准化系数(B)	标准误差(Std.Error)	t 值	$Sigma$	VIF	调整后 R^2
2005 年	农业生产效率	耕地质量(x_1)	0.025	0.007	3.533	0.000	3.605	0.812
		粮食生产能力(x_2)	−0.003	0.012	−0.243	0.808	3.205	
		耕地复种指数(x_3)	0.138	0.017	8.101	0.000	4.243	
		地均 GDP(x_4)	−0.184	0.012	−15.654	0.000	3.738	
	经济发展效率	人口密度(x_5)	−0.316	0.019	−16.769	0.000	2.716	
		二三产业贡献(x_6)	0.501	0.015	32.525	0.000	2.916	
	生态维护效率	植被覆盖(x_7)	0.121	0.026	4.672	0.000	6.033	
		水源涵养(x_8)	−0.060	0.01	−5.986	0.000	1.745	
		土壤保持(x_9)	−0.007	0.001	−5.797	0.000	1.067	
		气体调节(x_{10})	0.180	0.015	11.975	0.000	3.502	
		生物多样性保护(x_{11})	0.089	0.014	6.599	0.000	1.848	
	常数项		−0.072	0.011	−6.733	0.000	—	

（续　表）

研究期	影响因素类型	影响因素	非标准化系数(B)	标准误差(Std.Error)	t 值	$Sigma$	VIF	调整后 R^2
2010 年	农业生产效率	耕地质量(x_1)	0.021	0.007	2.933	0.003	3.447	0.845
		粮食生产能力(x_2)	−0.042	0.012	−3.436	0.001	3.704	
		耕地复种指数(x_3)	0.149	0.017	5.117	0.000	4.248	
	经济发展效率	地均 GDP(x_4)	−0.124	0.016	−7.662	0.000	4.886	
		人口密度(x_5)	−0.472	0.018	−26.044	0.000	2.720	
		二三产业贡献(x_6)	0.462	0.018	26.142	0.000	3.307	
	生态维护效率	植被覆盖(x_7)	0.238	0.022	10.965	0.000	3.607	
		水源涵养(x_8)	−0.002	0.008	−0.221	0.825	1.995	
		土壤保持(x_9)	−0.017	0.002	−7.764	0.000	1.141	
		气体调节(x_{10})	0.169	0.016	10.415	0.000	4.200	
		生物多样性保护(x_{11})	0.065	0.015	4.230	0.000	2.478	
	常数项		−0.037	0.011	−3.37	0.001	—	

第六章 国土空间利用效率耦合协调发展格局及其影响因素

（续　表）

研究期	影响因素类型	影响因素	非标准化系数(B)	标准误差(Std.Error)	t值	$Sigma$	VIF	调整后R^2
2015年	农业生产效率	耕地质量(x_1)	0.021	0.010	2.2	0.028	3.321	0.795
		粮食生产能力(x_2)	−0.032	0.016	−1.934	0.053	4.244	
		耕地复种指数(x_3)	0.163	0.018	6.474	0.000	3.756	
	经济发展效率	地均GDP(x_4)	−0.069	0.016	−4.314	0.000	4.804	
		人口密度(x_5)	−0.487	0.020	−23.840	0.000	3.332	
		二三产业贡献(x_6)	0.488	0.018	26.702	0.000	2.947	
	生态维护效率	植被覆盖(x_7)	0.371	0.029	12.857	0.000	5.780	
		水源涵养(x_8)	0.022	0.008	2.736	0.006	2.225	
		土壤保持(x_9)	0.010	0.003	2.912	0.004	1.225	
		气体调节(x_{10})	0.232	0.022	10.444	0.000	5.230	
		生物多样性保护(x_{11})	0.055	0.017	3.1970	0.001	2.404	
	常数项		−0.076	0.012	−6.268	0.000	—	

性显著性 F 检验；在 t 检验中，2000 年的耕地质量（x_1）和水源涵养（x_8）、2005 年的粮食生产能力（x_2）及 2010 年的水源涵养（x_8）由于指标不显著在相应年份的建模过程中予以剔除，其余指标均在 0.01、0.05 或 0.1 水平下显著。此外，为建立全回归模型，研究以"Enter 方法"进行协调度影响因素的回归模拟。2000—2015 年江苏省农业—经济—生态协调发展影响因素的多元线性回归模型估计结果见表 6-4，不同年份所构建的多元线性回归模型见表 6-5。

由表 6-4、表 6-5 可以看出，研究期内各影响因素对农业—经济—生态协调度 D 的作用属性和作用强度差异显著。总体上，农业生产因子和生态维护因子对农业—经济—生态的协调发展发挥正向促进作用，而经济发展因子多为负向抑制作用。从各影响因素对协调度的作用属性及方向来看（表 6-4），农业生产系统中的耕地复种指数、耕地质量水平对区域农业—经济—生态效率的协调发展均发挥正向促进作用，而粮食生产能力为负向抑制作用；社会经济发展系统中，研究期内二三产业贡献与区域农业—经济—生态效率的协调发展均具有显著的正相关关系，而人口密度和地均 GDP 均表现为显著的负相关关系；生态维护系统中，研究期内除水源涵养、土壤保持对协调度的作用方向由 2000—2010 年的统计负相关发展为 2015 年的统计正相关外，植被覆盖、固碳功能及生物多样性保护均与农业—经济—生态系统之间的协调发展具有显著的正相关关系。在各影响因素的作用强度方面（表 6-5），总体上，研究期内各年份回归系数较大的影响因素分别为耕地复种指数（x_3）、地均 GDP（x_4）、人口密度（x_5）、二三产业贡献（x_6）、植被覆盖（x_7）和气体调节（x_{10}）。

表 6-5 2000—2015 年江苏省农业—经济—生态协调发展影响因素的多元线性回归模型

年份	回归模型	调整后 R^2
2000 年	$Y_{2000}=-0.08-0.108x_2+0.117x_3-0.094x_4-0.32x_5+0.435x_6+0.082x_7+0.007x_9+0.093x_{10}+0.056x_{11}$	0.800
2005 年	$Y_{2005}=-0.072+0.025x_1+0.138x_3-0.184x_4-0.316x_5+0.501x_6+0.121x_7-0.06x_8+0.007x_9+0.18x_{10}+0.089x_{11}$	0.812

（续　表）

年份	回归模型	调整后 R^2
2010 年	$Y_{2010} = -0.037 + 0.021x_1 - 0.042x_2 + 0.149x_3 - 0.124x_4 - 0.472x_5 + 0.462x_6 + 0.238x_7 + 0.017x_9 + 0.169x_{10} + 0.065x_{11}$	0.845
2015 年	$Y_{2015} = -0.076 + 0.021x_1 - 0.032x_2 + 0.163x_3 - 0.069x_4 - 0.487x_5 + 0.488x_6 + 0.371x_7 + 0.022x_8 + 0.01x_9 + 0.232x_{10} + 0.055x_{11}$	0.795

为交叉验证各影响因素对被解释变量的作用强度，在多元线性回归结果的基础上，进一步应用地理探测器模型将表 6-4 中各指标（x_1—x_{11}）与协调度 D 进行空间探测分析，以测度各解释变量对被解释变量地域分异影响的空间决定力（表 6-6）。根据地理探测器模型，研究期内各因子对农业—经济—社会协调发展影响的平均决定力 q 分别为：0.440、0.563、0.559、0.201、0.563、0.666、0.533、0.072、0.017、0.537 和 0.439，平均决定力（q）较大的影响因素分别为二三产业贡献（x_6）、人口密度（x_5）、粮食生产能力（x_2）、耕地复种指数（x_3）、气体调节（x_{10}）和植被覆盖（x_7）。与回归分析结果相对照，对协调度 D 影响较大的指标未发生显著变化，表明上述模型结果具有较好的可靠性。

表 6-6　2000—2015 年江苏省农业—经济—生态协调发展影响因素的地理探测结果

影响因素类型	影响因素	2000 年	2005 年	2010 年	2015 年	平均决定力（q）
农业生产效率	耕地质量（x_1）	0.453	0.456	0.357	0.493	0.440
	粮食生产能力（x_2）	0.598	0.596	0.568	0.488	0.563
	耕地复种指数（x_3）	0.541	0.561	0.563	0.572	0.559
经济发展效率	地均 GDP（x_4）	0.199	0.182	0.236	0.185	0.201
	人口密度（x_5）	0.556	0.534	0.572	0.591	0.563
	二三产业贡献（x_6）	0.612	0.625	0.760	0.667	0.666
生态维护效率	植被覆盖（x_7）	0.525	0.526	0.538	0.542	0.533
	水源涵养（x_8）	0.073	0.145	0.028	0.041	0.072
	土壤保持（x_9）	0.020	0.012	0.020	0.014	0.017
	气体调节（x_{10}）	0.530	0.513	0.594	0.511	0.537
	生物多样性保护（x_{11}）	0.388	0.416	0.519	0.433	0.439

6.3.2 影响因子对协调度作用强度的时间变化

回归模型中非标准化系数(B)的绝对值代表了解释变量对被解释变量作用程度的强弱,可有效反映不同影响因素对被解释变量的影响强度差异。因此,在对协调度影响因素进行总体分析的基础上,综合多元线性回归模型和地理探测器探测结果,将研究期内各影响因素非标准化系数(B)的绝对值和空间决定力(q)进行时间序列可视化(图6-8),进一步探究各影响因素(x_1—x_{11})对协调度作用强度的时间演变趋势。

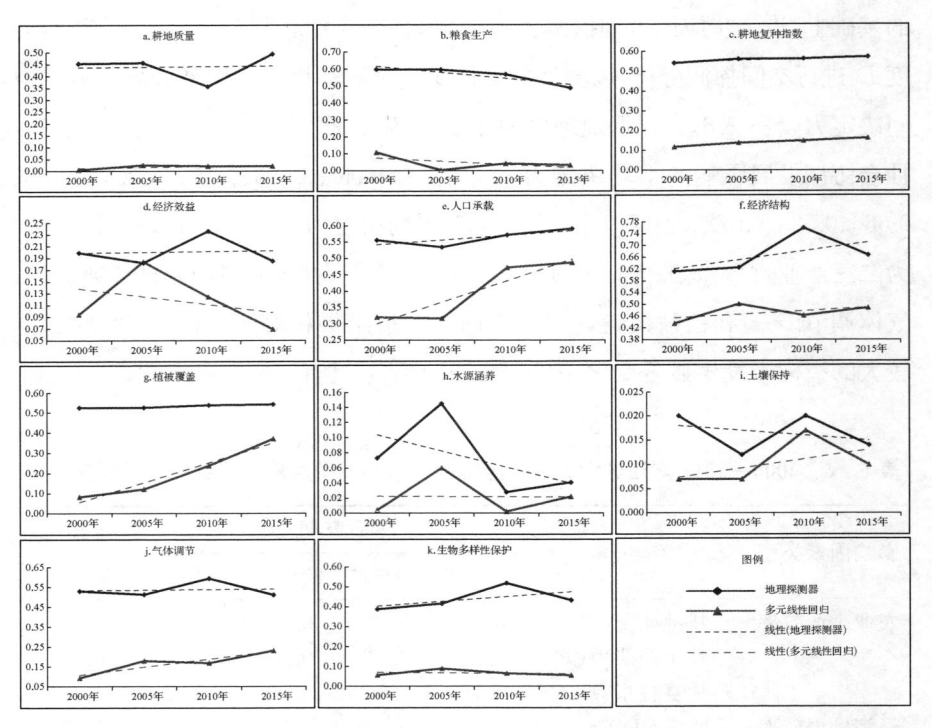

注:多元线性回归为非标准化系数(B)的绝对值,不考虑其空间作用属性;△代表相应年份的指标未通过显著性检验。

图6-8 江苏省农业—经济—生态协调发展影响因素作用强度的时间演变

由图6-8可知,农业生产系统中,耕地质量与耕地复种指数对区域农业—经济—生态协调发展的影响强度均随时间的演进呈增强趋势,尤其是耕地复种指数影响强度的持续增强态势较明显,表明研究期内耕地集约利用水平对农业—经济—生态协调发展的正向促进作用持续增强。相比之下,粮食生产能力对农业—经济—生态协调发展的影响强度随时间的演进总体呈下降态势,表明其对农业—经济—生态协调发展的负向抑制作用总体呈减弱趋势。

社会经济发展系统中,研究期内人口承载和二三产业贡献对区域农业—经济—生态协调发展的影响强度均随时间的演进呈波动增强态势,而地均 GDP 的影响强度呈波动减弱趋势,表明 2000—2015 年间人口密度和地均 GDP 对江苏省农业—经济—生态协调发展的负向抑制作用随时间的演进分别呈增强和减弱趋势,而经济结构优化对三者协调发展的正向促进作用呈增强态势。

生态维护系统中,水源涵养、土壤保持对区域农业—经济—生态协调发展的影响强度呈现一定的波动性,但随时间的演进总体表现为波动下降,而植被覆盖的影响强度总体呈增强态势,气体调节和生物多样性总体趋于稳定,表明 2000—2015 年间水源涵养、土壤保持对江苏省农业—经济—生态协调发展的负向抑制作用总体呈减弱态势,而植被覆盖对农业—经济—生态协调发展的正向促进作用随时间的演进呈增强态势。

整体来看,除人口密度外,研究期内对江苏省农业—经济—生态协调发展发挥正向促进作用的影响因素其影响强度均随时间的演进呈增强态势,如耕地质量、耕地复种指数、二三产业贡献、植被覆盖等;而对农业—经济—生态协调发展发挥负向抑制作用的影响因素其影响强度均随时间的演进呈减弱趋势,如粮食生产能力、地均 GDP 和水源涵养等。

6.3.3　影响因子对协调度影响重要性的时间演替

多元线性回归模型中的 $Beta$ 分析结果(标准化系数,$Beta$)表征了各解释变量对被解释变量影响的重要程度及其作用属性,其绝对值的大小可有效反映各影响因素的重要性差异。因此,在明确研究期内各影响因子对江苏省农业生产、经济发展和生态维护协调发展影响属性及作用强度时间演变趋势的基础上,综合多元线性回归模型与地理探测器结果,将 11 项影响因素对农业—经济—生态协调度的影响程度及排序状况进行统计(图 6-9),交叉验证农业—经济—生态协调度影响因素的空间探测结果。具体来说，首先将2000年、2005年、2010年和2015年各影响因素的标准化系数（Beta）和空间决定力（q）依据其绝对值由大到小逆序排列，并将其排序位次编号为1,2,3,…,11。在此基础上，根据研究期内各影响因子重要性排序位次演变趋势分析其对农业—经济—生态协调发展影响重要性的时间演替特征。

由图6-9可知，研究期内各影响因子对农业—经济—生态协调度发展影响的重要性存在交替演化现象。具体从各影响因子的重要性演替趋势来看，研究期内农业生产系统中的粮食生产能力对农业—经济—生态协调发展影响的Beta重要性排序由2000年的第4位下降至2015年的第9位，空间决定力（q）位序由2000年的第2位持续降低至2015年的第7位，表明粮食生产能力对江苏省农业—经济—生态协调发展影响的重要性呈降低趋势；相比之下，耕地质量和耕地复种指数均对农业—经济—生态协调发展影响的重要性呈上升趋势，空间决定力（q）位序分别由2000年的第7位、第4位上升至2015年的第6位、第3位。经济发展系统中，研究期内地均GDP的Beta重要性排序由2000年的第3位降低至2015年的第6位，空间决定力（q）位序稳定在第9位，这在一定程度上表明地均GDP对农业—经济—生态协调发展影响的重要性呈降低趋势；相比之下，研究期内人口密度和二三产业贡献对农业—经济—生态协调发展影响的重要性稳定保持前列或呈进一步增强态势。生态维护系统中，研究期内植被覆盖对农业—经济—生态协调发展影响的Beta重要性排序由2000年的第7位持续上升至2015年的第3位，空间决定力（q）位序由2000年的第6位波动上升至2015年的第4位，表明植被覆盖对江苏省农业—经济—生态协调发展的影响重要性进一步强化；水源涵养的影响重要性总体保持稳定不变状态，土壤保持呈轻微下降趋势；而气体调节和生物多样性保护对农业—经济—生态协调发展影响的重要性呈增强态势，Beta重要性排序分别由2000年的第6位、第8位上升至2015年的第4位、第7位。总体上，2000—2015年间经济发展因子对国土空间利用系统耦合协调发展影响的重要性较稳定且始终优先于农业生产因子和生态维护因子，而农业生产因子和生态维护因子对国土空间利用系统耦合协调发展的重要性随时间的演进愈加凸显。

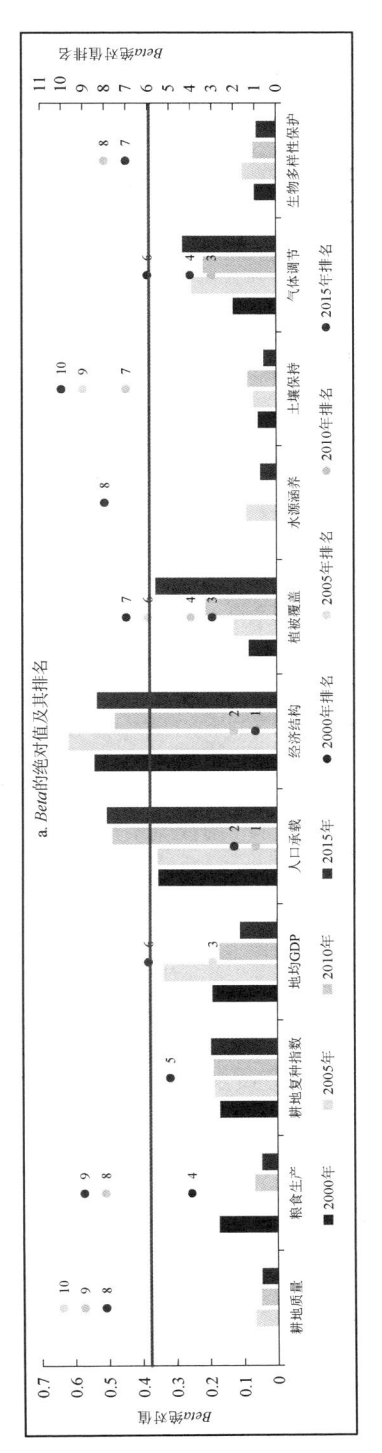

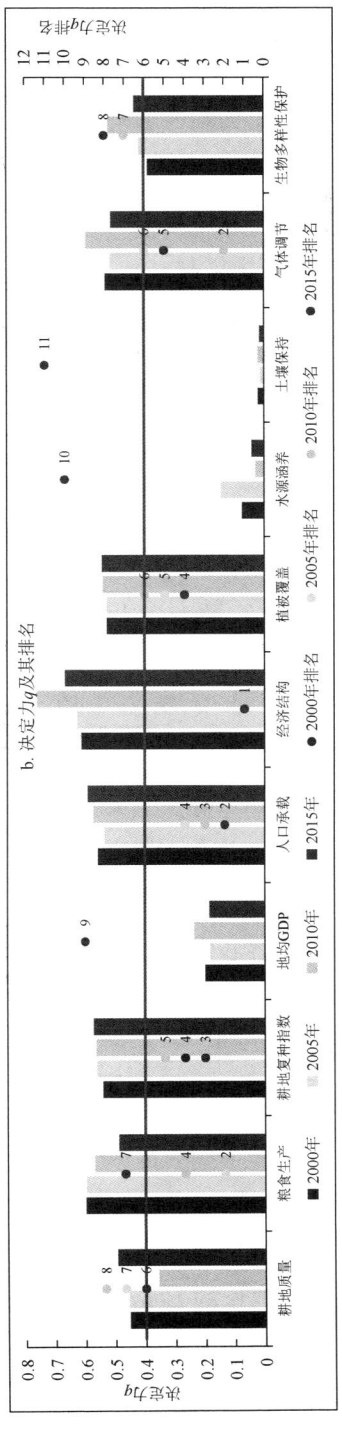

第六章 国土空间利用效率耦合协调发展格局及其影响因素

图6-9 2000—2015年江苏省农业—经济—生态协调发展影响因素相对重要程度统计

6.3.4 协调度演变的主导因素识别

综合多元线性回归与地理探测器结果,进一步计算研究期内各影响因素 Beta 重要性排序及空间决定力(q)位序的平均排序位次(图 6-10),据此识别研究期内影响江苏省农业—经济—生态协调发展状况地域分异的主导因素,并分析其作用机制。

从研究期内各影响因子对农业—经济—生态协调发展影响重要性的平均位序排列来看(图 6-10),2000—2015 年间耕地质量(x_1)、粮食生产能力(x_2)、耕地复种指数(x_3)、地均 GDP(x_4)、人口密度(x_5)、二三产业贡献(x_6)、植被覆盖(x_7)、水源涵养(x_8)、土壤保持(x_9)、气体调节(x_{10})、生物多样性保护(x_{11})对农业—经济—生态协调发展影响的 Beta 重要性平均排名依次为第 9 位、第 7 位、第 5 位、第 4.5 位、第 1.75 位、第 1.25 位、第 5 位、第 8 位、第 8.75 位、第 4.25 位和第 7.5 位,平均位次排列如下:$x_6 > x_5 > x_{10} > x_4 > x_3 = x_7 > x_2 > x_{11} > x_8 > x_9 > x_1$;空间决定力($q$)的平均排名依次为第 7 位、第 3.75 位、第 3.75 位、第 9 位、第 3 位、第 1 位、第 5.25 位、第 10 位、第 11 位、第 4.5 位和第 7.75 位,平均位次排列如下:$x_6 > x_5 > x_3 = x_2 > x_{10} > x_7 > x_1 > x_{11} > x_4 > x_8 > x_9$。整体来看,与生态因子相比,经济因子和农业因子对农业—经济—生态协调发展影响的重要性更为突出,特别是二三产业贡献(x_6)、人口密度(x_5)和耕地复种指数(x_3),这表明经济结构优化和耕地资源集约利用水平提高对农业—经济—生态协调发展的促进作用更为突出。同时,多元线性回归和地理检测器的交叉验证结果亦表明,在所有测量因子中,二三产业贡献(x_6)、人口密度(x_5)、耕地复种指数(x_3)、气体调节(x_{10})及植被覆盖(x_7)等对研究期内江苏省农业—经济—生态之间的协调发展发挥重要作用。

具体来看,农业生产系统中,耕地复种指数、耕地质量水平对区域农业—经济—生态效率的协调发展具有正向促进作用,尤其是耕地复种指数对协调度影响重要性的 Beta 绝对值和空间决定力(q)的平均排名均居前 5 位。这主要是因为较高的耕地复种指数在一定程度上反映出区域耕地资源集约利用水平较高、农业生产活力旺盛,通过在特定耕地面积上提高农作物

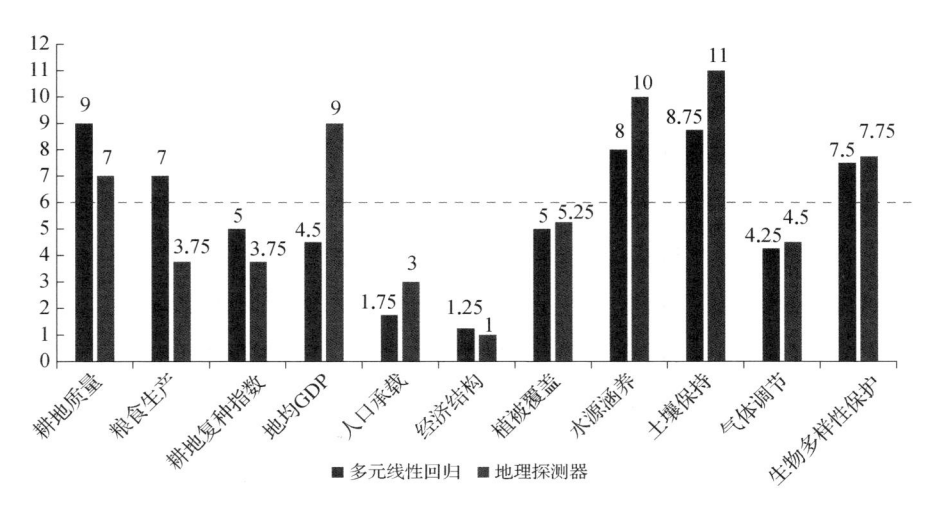

第六章 国土空间利用效率耦合协调发展格局及其影响因素

图 6-10 2000—2015 年间各因子对江苏省农业—经济—生态协调发展影响重要性的 *Beta*、决定力 *q* 平均排名

播种面积可为协调区域经济发展和环境保护提供有效支撑；粮食生产能力对区域农业—经济—生态效率的协调发展具有抑制作用，究其原因在于单位面积粮食生产能力越高，在一定程度上表征了区域以从事农业生产活动为主，土地利用类型相对单一，不同国土空间利用系统之间的相互作用较弱。上述结果与相关研究取得了相似的认识，即耕地复种指数和耕地质量的提高可通过激发耕地利用潜力、提高耕地利用效率，有效遏制水土流失等生态环境问题，进而实现粮食安全和生态安全共赢并促进国土空间的有序、可持续发展[1]。

相对而言，社会经济因子对国土空间利用系统的耦合协调发展影响突出，无论是基于多元线性回归结果还是地理探测器结果，其平均排名分别为第 2.5 位和第 4.33 位。其中，二三产业贡献与区域农业—经济—生态效率的协调发展具有显著的正相关关系，且影响强度和重要性均居首位，而人口密度和地均 GDP 具有显著的负相关关系。这表明，经济总量提高和人口数量增加并非促进农业—经济—生态协调发展的必要条件，片面追求经济效益和人口集聚可能导致资源消耗过度、空间发展无序和环境破坏等问题，进而制约国土空间利用系统的协调发展。这与相关区域研究的实证结果相似,即片面追求工业 GDP 和工业劳动力数量的增加导致中国工业用地利用效率下降并造成严重的工业污染[76,161]。相似地,人口数量每增加 1%,城市土地利用效率将降低 0.012% 左右[294]。相反,通过发展绿色、集约、高效的现代工业和服务业降低环境污染、减小资源消耗而实现的经济结构优化对国土空间可持续利用发挥重要促进作用,亦可为区域农业生产和生态维护提供资金、技术,支持促进农业—经济—生态的协调发展。

生态安全维护系统中,除水源涵养、土壤保持在研究期内对农业—经济—生态系统之间协调发展的作用属性呈现一定的不稳定性外,植被覆盖、气体调节和生物多样性保护等生态过程通过提供支持、调节等多种生态服务,为国土空间利用系统的稳定、有序运行提供先决条件,对农业—经济—生态系统之间的协调发展发挥显著的正向促进作用。在这种情况下,生态系统结构的优化和生态环境的改善可有效促进区域农业—经济—生态系统之间的协调发展,这也印证了"发展中国家土地分离策略比土地共享更适合"的观点[210,274],即通过对生态系统的管理和优化提高单位面积农业生产能力和经济发展能力可实现更大规模的农业—经济—生态协同效应。

综合而言,通过社会经济发展提高人民生活水平、增强综合国力是实现人类福祉的重要途径,但这个过程必须以粮食安全和生态安全作为一切发展的基石。研究发现,尽管围绕可持续的国土空间利用,研究期内江苏省仍存在较大的国土空间利用潜力,但这些利用潜力的挖掘不能以过度掠夺自然资源和生态环境为代价来实现其可持续发展目标,进而导致国土空间利用系统丧失修复和再生能力,最终对生态系统生物多样性和人类自身利益造成威胁[295]。同时,国土空间利用系统之间耦合协调状况的影响因素分析结果表明,研究期内无论是基于多元线性回归模型(农业、经济、生态维度对国土空间利用系统协调发展的影响程度平均排名为第 7 位、第 2.5 位和第 6.7 位)还是地理探测器结果(农业、经济、生态维度对国土空间利用系统协调发展的决定力平均排名为第 4.83 位、第 4.33 位和第 7.7 位),经济社会的发展对农业—经济—生态系统之间的耦合协调发展具有显著的影响,尤其是产业结构和人口规模,其中产业结构具有显著的正效应,人口规模具有显著的负效应。这些发现表明,社会经济的发展可能通过资金、技术等方式反哺、支持区域农业发展和生态保护,进而促进三者的协调共生。而具体来说,促进产业结构的转型升级及控制人口规模和分散人口压力可能通过优化国土空间利用系统的空间结构、减少人类活动对国土空间利用系统的干预以显著促进三者之间的协调发展。因此,科学合理挖掘国土空间利用潜力、提高土地资源利用效率必须综合关注区域资源集约利用、经济结构优化和生态环境平衡。

第七章　国土空间优化利用调控策略及政策建议

7.1　不同国土空间利用效率情形优化建议与对策

区域期望视角下的国土空间利用效率分析框架表明了国土空间利用潜力与国土空间利用效率呈现相反的地域分异规律。研究结果表明,2000—2015年江苏省大部分区域的农业生产效率、经济发展效率及生态维护效率均小于1(即,潜力盈余),这意味着江苏省国土空间利用潜力较大,潜力盈余现象普遍。而国土空间利用效率≥1的情形(即,潜力不足)呈现出显著的维度差异,其中,农业生产效率≥1的区域主要集中在徐淮平原中东部及沿江平原地区;经济发展效率≥1的区域广泛分布于江苏省县级市的建成区内,尤其是在南京、镇江、常州、无锡、苏州等苏南地区,呈现围绕长江两岸线性分布的空间集聚特征;生态维护效率≥1的区域在西南低山丘陵地区较为稳定。正如2.2节所述,区域土地利用在农业生产、经济发展和生态维护等方面的当前土地利用绩效水平与区域期望的相对关系差异意味着需针对不同类别的国土空间利用系统实施差异化的土地利用管理策略。

7.1.1　国土空间利用潜力盈余

对于农业生产效率、经济发展效率和生态维护效率小于1的情形,这意味着区域当前的土地利用绩效尚未达到期望的土地资源利用水平,国土空间尚存在较大且合理的利用潜力,这些潜力的实现可能需要政府和地方部门的联合行动。对于政府而言,应加大对区域农业生产、经济发展及生态维护等方面的政策扶持和财政支持力度。如在农业生产方面,为进一步激发区域农业生产潜力,提高耕地资源利用质量,建议:① 鼓励耕地经营权有序流转,以提高耕地复种和集约利用水平,扩大适度规模经营。② 引导农民合理控制农业生产过程中化肥、农药、地膜等化学品的投入和使用,以降低耕地污染,提高耕地质量;鼓励有机肥、动物粪便等绿色肥料的推广和使用,以增加土壤有机物含量,合理调节土壤理化性质;加快耕地污染治理技术创新,如秸秆还田技术、畜禽粪便肥料化生产技术、农药残留降解技术、农药减量控害技术等,以增强耕地可持续生产能力。③ 完善耕地基础设施建设,改善田间道路、农田水利等农业生产条件,建立粮食生产规模奖励机制,激发粮食生产积极性。

在经济发展方面,政府应通过一定的行政手段增强人口、产业等经济要素的空间集聚,以激活区域国土空间利用潜力,如宏观资源配置、资金支持、人口迁移政策等。对地方部门而言,应从整个江苏省的社会经济发展考虑,打破行政区界线,树立大区域发展概念;依据区域资源禀赋和产业结构特点,积极培育地方特色优势产业,统筹规划、统一招商,促进区域产业结构优化和升级;设立人才引进奖励机制、企业入驻优惠政策等,通过多元产业、资本、劳动力的引入,为生产要素(劳动力、资本和技术等)的区域间流动创造条件,增强经济发展活力。

在生态维护方面,在严格保护现有生态空间(如森林、河流、湖泊等)的同时,亦需重视耕地资源在调节气候、蓄养水分、土壤保持、维持生物多样性和景观异质性等方面的生态服务功能。实践中结合农田生态系统特点,严格控制农业生产过程中的化肥、农药施用量,逐步推进绿色化、清洁化及无公害生产;着力完善农村生态系统廊道,保护物种栖息环境,保持生物资源多样性,促使农业空间成为保障粮食安全、保护生物多样性、保障城乡有序发展的绿色空间和生态屏障[296]。当前,土地整治已成为协调区域资源环境问题与社会经济发展目标之间关系的重要举措,也是破解现代化建设进程中经济发展与生态保护、城镇建设与耕地保护等土地利用问题的政策工具。因此,土地整治活动需在遵循自然生态规律和景观生态学原理的基础上,注重区域尺度的生态网络和绿色基础设施建设及微观尺度生境质量提高和景观多样性[297]。此外,应进一步加强城乡生活空间的生态体系构建和绿化设施建设,提高绿地率。

7.1.2 国土空间利用潜力不足

对于农业生产效率≥1或生态维护效率≥1的情形,这意味着区域凭借当前资源禀赋和生产技术条件能够在人类福祉的粮食生产和生态维护方面提供优于/高于区域期望的产品或服务,因此区域土地利用管理应注重改善或至少维持现有资源环境条件。具体来说,政府、企业、公民应通过调控自身的主观行为对区域资源利用过程进行干预与响应,进而促使区域国土空间利用绩效进一步提高或保持当前水平。这些行为包括政府政策的引导与有效实施、环保技术的应用、市场机制的引导、公众环保意识的强化等。

对于经济发展效率≥1的情形(如苏南沿江两岸地区),这意味着社会经济的快速发展在一定程度上可能对区域资源环境产生消极影响。在这种情况下,在保持或进一步发展当前社会经济成就的同时[295],通过宏观调控、内部挖潜,促进土地资源节约集约利用、提高土地利用效率,应成为未来此类区域国土空间利用及管理政策的重点关注内容。对政府而言,可通过实施一定的行政手段(如空间管制、规划调控、转变经济发展方式等)分散人类经济活动强度、减缓区域资源承载压力,实现对秩序国土空间的调控和管理。具体而言:① 在严格保护生态环境和耕地资源的前提下,积极探索集约型土地开发模式和绿色土地利用模式,合理控制城市规模,优化建设用地结构和布局;② 结合未来产业发展趋势,加快实施创新驱动战略,以创新驱动代替要素驱动,转变经济发展方式,完善和优化产业结构;③ 摆脱低效、粗放的土地利用模式,通过旧城改造、城中村开发、盘活存量用地、闲置低效土地再开发等途径挖掘城市土地利用潜力,提高土地集约利用水平[298];④ 积极出台、完善人口流动和迁移政策,缓解区域资源环境承载压力。

7.2 权衡/协同效应对土地利用的启示

7.2.1 土地利用中生态环境保护的突出地位

我们的研究发现，农业生产、经济发展及生态维护等土地利用活动中多数的协同关系（64.58%）以及权衡关系（84.62%）均与生态维护效率有关。这有力地佐证了"绿水青山就是金山银山"科学论断及其发展理念的科学性，同时也在一定程度上证明了当前世界范围内通过国际公约制定（例如，《气候变化公约》）、研究计划实施（例如，生物多样性计划等）、群众意识强化、政策设计等途径加强生态环境保护的科学性及必要性。因为，通过生态环境的改善可以显著促进与农业生产及经济发展等有关的要素优化和能力提升，从而促进更大尺度上的协同效应以及土地利用多目标的共赢，尤其是在植被覆盖、土壤保持及气体调节方面（5.1 节、5.2 节）。这意味着未来加强生态保护几乎是所有土地利用景观单元提高其利用有效性和可持续性的有效措施。为此，需进一步强化生态环境保护规划的编制、修订、完善和落实，尤其需提高对具备独特且重要生态功能的土地用途管制执行力，如森林、水域等。

7.2.2 经济发展对农业生产和生态维护的关键影响

我们的研究从时间和空间尺度有力地证明了土地利用在农业生产、经济发展及生态维护之间的交互作用，尤其识别了经济发展效率对区域农业生产效率和生态维护效率在时间尺度、空间尺度上均具有显著的权衡抑制影响。其中，社会经济效率对农业生产效率的权衡抑制作用日益强化且在空间上形成了农业生产效率下降、经济发展效率上升为主要特征的权衡增益型广泛分布于江苏省各城市的中心城区内（5.2.1 节和 5.3.1 节）。经济发展效率对生态维护效率的权衡抑制强度虽有所减弱但仍以权衡为主，尤其是以经济总量扩大、人口数量增多和产业结构升级为表征的区域社会经济发展水平的提高对区域生物多样性保护、生境质量维持等方面产生了稳定且持续增强的消极影响(5.2.2节)。上述发现在一定程度上表明,研究期内以牺牲农业生产换取经济效率提升的现象广泛发生在江苏省的城市中心区内。与此同时,近年来社会经济发展过程中采取的系列生态保护措施虽取得了一定的管理实践成效且在一定程度上缓解了经济发展对生态环境的负向影响,但经济发展对生物多样性损害的情形依然不容乐观。

本研究采用的土地利用效率分析框架主要涉及建设用地、耕地及生态用地等三类土地利用类型。近几十年,以建设用地无序扩张推动的快速城镇化已成为经济发展中存在的众所周知的不可持续现象[3,299-300]。多维效率之间权衡与协同的分析结果,尤其是经济效率对农业效率和生态效率的权衡抑制作用在一定程度上反映出以建设用地迅速扩张推动的社会经济发展水平提高在一定程度上是以牺牲耕地和生态用地为代价,从而铸造了经济发展对农业生产和生态维护的权衡。因此,这为执行土地资源管理与景观规划的行动者提供了有益信息,即限制城镇建设用地扩张对耕地及生态用地的空间挤占、侵蚀可在一定程度上减小土地利用中的权衡效应。为此,未来土地利用及景观管理中一方面应注重建设用地审批程序的完善,以严格限制城镇建设用地规模扩张;另一方面在加强农业及生态空间保护的同时亦需严格限制非农建设占用耕地及生态用地。此外,还需加强建设用地景观上生态体系构建和绿化设施建设,提高绿地率,以改善城乡人居环境并缓解市区经济对生态的权衡。

7.2.3 农业与生态之间协同/权衡效应的时空尺度差异

与相关研究[168,301-302]得出的农业生产(食物供给)与气体调节、生物多样性保护等生态服务存在显著的权衡关系的结论不同,我们的工作揭示了农业生产效率与生态维护效率之间的权衡/协同关系存在显著的时空尺度(或整体与局部)差异,表现为时间上(或整体上)二者呈现稳定的相互增益的协同关系,而在空间上的局部地区则以此消彼长的权衡关系为主。时间上二者之间的协同关系可能与江苏省作为国家生态文明建设及农业现代化建设先行地区为促进可持续发展采取的系列生态保护与绿色农业生产管理政策有关,而空间上局部地区二者之间的权衡关系可能与社会发展的不平衡及资源环境条件的区域差异有关。我们的结果证实了部分学者的观点[303]，即在可持续管理实践下，农业供给服务与其他生态服务之间的权衡关系并非不可避免，且存在着转为协同关系和"双赢"的可能，尤其是农业系统可以为促进生物多样性提供典型环境。这意味着，除在保障食物供给方面的突出作用外，农业系统在增加植被覆盖、调节气候、维持生物多样性和景观异质性等方面的生态服务功能亦需引起景观规划者及政府的高度重视并付诸行动。具体的，对于景观管理与规划者而言，需综合考虑不同土地利用效率之间交互作用关系的整体与局部差异，尤其需依据局部地域特征制定因地制宜的管理决策和区划安排，以实现有效和可持续管理。而对于地方政府来说，实践中根据农田生态系统的特点，政府可通过政策引导、知识宣传等途径进一步减弱农业生产与生态维护之间的权衡效应并增强协同效应。例如，引导农民控制农业生产过程中的化肥、农药施用量，以逐步推进绿色化、清洁化及无公害生产，同时增强农民农业生产中的生态保护意识；此外，政府还应致力于完善农村生态系统廊道建设以保护物种栖息环境，保持生物资源多样性，促使农业空间成为保障粮食安全、保护生物多样性的绿色空间和生态屏障。

7.3 不同区域国土空间利用效率优化建议与对策

1. 苏北地区

农业生产优势明显、经济发展水平较低是苏北片区典型的区域特点，且区域内水源涵养与以粮食生产为代表的农业生产效率的权衡关系突出。作为江苏省乃至全国重要的粮食主产区，苏北片区粮食产量占全省61.49%（2015年），是保障江苏省粮食安全的重要"粮仓"。然而，研究发现，尽管苏北在保障区域农业生产能力、维护粮食安全等方面发挥了重要作用，但研究期内区域在耕地质量、粮食生产、耕地资源集约利用等方面仍分别存在约23.24%、11.04%、11.38%的农业生产潜力空间。从全省的产业发展结构来看，继续巩固苏北地区的区域"粮仓"角色是江苏省促进社会经济可持续发展的理想选择。与此同时，亦需意识到相较苏中和苏南地区，水资源是制约该区域农业生产的主要因素，突出表现为水资源不足且农业灌溉用水效率较低。因此，针对区域农业发展及资源禀赋状况，除 7.1.1 节中提到的提高农业生产效率的措施与建议外，该区域仍需：① 适当调整区域播种习惯、种植方式及种植结构，促进耐旱、节水等农产品种植技术的推广及示范；② 加强农业科技创新，注重现代化新技术在区域农业种植生产中的推广和应用，如由传统的大水漫灌向喷灌、滴灌等节水灌溉方式转变，积极发展设施农业、资源集约型农业，提高农业生产效率。

2. 苏中地区

作为连接苏北和苏南地区的纽带，苏中片区位居长江沿岸，地处上海经济圈和南京都市区的双重辐射区，工业化经济稳定发展、区域优势独特是苏中片区典型的区域特点。与区域期望的国土空间利用目标相比，研究期内苏中地区在农业生产、经济发展和生态维护等方面的平均潜力空间分别为 30.09％、35.54％和 32.8％，国土空间利用潜力较大。因此，充分发挥区位优势、优化经济空间联动环境是苏中地区提高区域土地利用效率、挖掘国土空间利用潜力的有效途径。如在经济发展方面，依据区域产业结构特点，以技术创新为内在发展机制，积极打造区域支柱产业（如建筑业）和优势产业（如制造业），优化产业结构；与此同时，面对苏北地区得天独厚的资源优势及苏南地区产业结构转型升级的需求，苏中应充分发挥其纽带经济优势，借助苏北资源优势（如劳动力、土地资源等），积极开展区域合作，建立苏中、苏北城市群体系，创建地域生产力结构优势，带动苏北经济共同发展；同时，积极接受苏南地区的产业转移、技术辐射等，提高城市化水平。

在农业生产方面，与苏北地区相似，仍存在较大的潜力挖掘空间（30.09％），且研究期内苏中片区在耕地质量、粮食生产、耕地复种等方面的平均潜力空间分别为 34.76％、27.18％和 29.9％，这在一定程度上可能与苏中地区所处的社会经济发展阶段有关。一方面，苏中地区正处于经济快速发展期，城镇建设扩张对耕地资源的空间挤占作用明显；另一方面，伴随大量农村人口通过进城务工实现人口非农转移及生计兼业化，农民收入不断增加,也在一定程度上降低了农民从事农业生产的积极性。耕地资源面临污染、退化、抛荒及遭受挤占等忧患。因此,为进一步激发区域农业生产潜力,提高耕地资源利用质量,政府应该:① 鼓励耕地经营权有序流转;② 发展租赁经营、集体经营、股份合作等多种经营模式的中等规模农业;③ 严格控制非农业开发和城市建设占用耕地。

在生态保护方面,该区域尤其需重视耕地资源在调节气候、土壤保持、水分蓄养及生物多样性保护等方面的生态服务功能。

3. 苏南地区

社会经济发展水平高、生态环境良好是苏南片区典型的区域特点。与区域期望的国土空间利用目标相比,研究期内苏南地区在农业生产、经济发展及生态维护等方面的平均潜力空间分别为 45.48%、12.68% 和 37.44%,国土空间利用潜力两极分化严重,尤其是农业生产潜力和社会经济发展潜力,且二者在研究期内主要表现为农业生产效率下降、经济发展效率上升的权衡增益关系,尤其集中于南京中心城区及苏锡常都市区及其周围县域。该区在产业布局、人口承载等方面压力较大,未来主要面临社会经济发展需求与资源空间供给不足之间的发展困境。因此,在保持或进一步发展现有社会经济成就的同时,应通过严格控制城镇建设用地规模扩张、非农建设占用耕地等途径干预社会经济系统对农业生产系统产生的权衡抑制作用,促进二者之间的协调有序发展。

7.4　国土空间规划运作模式及政策建议

7.4.1　完善国土空间规划运作模式

研究结果表明,2000—2015 年江苏省国土空间利用效率呈现出显著的时空差异,尤其是经济发展效率和农业生产效率。历史发展基础的不同和生产要素(如劳动力、资本和技术等)流动的不充分在一定程度上导致了区域社会经济的非均衡发展和空间分异。以苏南地区为例,围绕可持续的国土空间利用，由于社会经济的快速发展在一定程度上牺牲了资源和环境，该区部分地区的土地利用在一定程度上已呈现不可持续的利用状态，突出表征为国土空间过度超载、社会经济发展对土地资源的刚性需求及资源空间的供给不足。在这种情况下，政府通过土地利用政策、规划法规和规划方案等的制定促进土地资源在更大范围的优化配置是实现可持续发展的核心问题[295]。

完善国土空间规划运作模式，将国土空间利用效率纳入区域土地利用规划决策和社会经济发展政策制定势在必行。首先，政府应将区域国土空间利用效率作为国土空间规划和社会经济发展规划的科学依据，并提高其执行力以充分发挥其方向引导作用，如土地利用规划、国民经济发展规划、农业发展规划、生态环境保护规划等。其次，相关规划的调整、修订或重新编制应充分考虑国土空间利用效率的区域差异，尤其是潜力空间，并以此作为土地指标分配（如建设用地、新增耕地等）、区域发展战略确定等的依据。再次，政府应科学认知不同区域国土空间利用效率的基本模式、关键问题、空间潜力，在此基础上制定差异化的国土空间利用政策，以缩小区域发展差距、挖掘国土空间利用潜力，如宏观经济布局政策、产业发展政策、投融资政策等。最后，政府应重视区域国土空间利用效率的空间差异性及相互作用关系，逐步消除行政壁垒，优化土地资源利用的空间联动环境[304]，充分发挥国土空间利用效率高值集群的空间溢出效应，以带动邻近区域土地利用效率的提高，鼓励并扶持低值集群区充分利用自身资源禀赋，提高区域开放度，积极接受效率高值区的空间辐射。

7.4.2 土地利用指标分配及跨区域调剂

土地资源是区域一切社会经济活动的空间载体，土地利用指标分配是否有效、合理与国家或地区的农业、经济、社会及生态可持续发展密切相关[155]。江苏省在农业生产、经济发展及生态维护等方面的国土空间利用效率及其潜力的巨大空间差异（第四章及 7.2 节），反映出依据区域资源禀赋状况制定因地制宜的区域性国土空间利用规划可能更符合未来中国社会经济发展的现实需求。

从江苏省的区域实证分析可知,中国应改变当前土地利用规划中不同地类(如建设用地、基本农田建设、生态用地等)指标分配的管理模式。以建设用地的空间分配为例,苏北地区与苏南地区国土空间利用在社会经济发展效率方面的两极分化在一定程度上反映出区域建设用地分配的空间错配,进而在一定程度上反映出中国土地利用规划的制定主要依据人口和社会经济发展状况[155],但未充分考虑区域资源利用水平、资源存量及其他社会经济因素。因此,建设用地的空间分配不仅要考虑当地经济发展需求,亦需注重区域发展强度与资源供给能力之间的协调[155]。如在经济欠发达区域(如苏中及苏北地区),在保护环境的前提下,应适当增加建设用地供应以促进区域发展和提高土地利用效率;而针对经济发展水平高且国土空间利用潜力有限的经济发达区(如苏南部分地区),应严格控制建设用地规模扩张及对农业、生态空间的占用,实践中通过盘活闲置、低效用地利用及严格控制城市规模等途径满足经济发展对土地资源的需求,以协调区域农业系统、经济系统及生态系统之间的相互关系。区域及国家等更大尺度上的土地利用分配过程应亦是如此[2,155]。

此外,鼓励土地利用指标跨区域协商、调剂以实现土地资源在更大范围内的优化配置是缓解当前城市扩张与耕地保护、经济发展与生态保护之间矛盾和困境的有效途径,尤其针对新增耕地和城乡建设用地。其中,建设用地指标的空间调剂应充分考虑区域发展政策和资源承载能力[155],如省重点帮扶县、扶贫开发重点片区和黄河故道流域、黄桥茅山革命老区等,通过允许上述类型地区将区域内节余建设用地指标在省域、市域等不同地区之间的转移或交换以弥补建设用地资源短缺地区的建设用地指标不足,并补充欠发达地区的社会经济发展财政支持[2]。

参考文献

[1] ZHOU D, XU J C, LIN Z L. Conflict or coordination? Assessing land use multi functionalization using production-living-ecology analysis[J]. Science of the Total Environment, 2017, 577: 136-147.

[2] LIU J, JIN X B, XU W Y, et al. Spatial coupling differentiation and development zoning trade-off of land space utilization efficiency in eastern China[J]. Land Use Policy, 2019, 85: 310-327.

[3] LIU J, JIN X B, XU W Y, et al. A new framework of land use efficiency for the coordination among food, economy and ecology in regional development[J]. Science of the Total Environment, 2020, 710: 135670.

[4] 樊杰.中国主体功能区划方案[J].地理学报,2015,70(2):186-201.

[5] 樊杰.我国主体功能区划的科学基础[J].地理学报,2007,(4):339-350.

[6] 秦大河.进入21世纪的气候变化科学:气候变化的事实、影响与对策[J].科技导报,2004,(7):4-7.

[7] 陆大道."未来地球"框架文件与中国地理科学的发展:从"未来地球"框架文件看黄秉维先生论断的前瞻性[J].地理学报,2014,69(8):1043-1051.

[8] GAO L, BRYAN B. Finding pathways to national-scale land-sector sustainability[J]. Nature, 2017, 544(7649): 217-222.

[9] 龙花楼,李婷婷.中国耕地和农村宅基地利用转型耦合分析[J].地理学报,2012,67(2):201-210.

[10] 刘纪远,张增祥,徐新良,等.21世纪初中国土地利用变化的空间格局与驱动力分析[J].地理学报,2009,64(12):1411-1420.

[11] 刘纪远,宁佳,匡文慧,等.2010—2015年中国土地利用变化的时空格局与新特征[J].地理学报,2018,73(5):789-802.

[12] 陈丽.黄淮海平原耕地多功能效应及保护补偿研究[D].北京:中国农业大学,2016.

[13] 陈峰,李红波,张安录.基于生态系统服务的中国陆地生态风险评价[J].地理学报,2019,74(3):432-445.

[14] TURNER B L, KASPERSON R E, MATSON P A, et al. A framework for vulnerability analysis in sustainability science [J]. Proceedings of the National Academy of Sciences of the United States of America,2003,100(14):8074-8079.

[15] ZHOU N Q, ZHAO S. Urbanization process and induced environmental geological hazards in China[J]. Natural Hazards,2013,67(2):797-810.

[16] 史培军,宋长青,程昌秀.地理协同论——从理解"人—地关系"到设计"人—地协同"[J].地理学报,2019,74(1):3-15.

[17] WANG L, LIU H. Comprehensive evaluation of regional resources and environmental carrying capacity using a PS-DR-DP theoretical model[J]. Journal of Geographical Sciences,2019,29(3):363-376.

[18] 王金凤,武桃丽.漳河上游径流变化特征及其归因分析[J].干旱区资源与环境,2019,33(10):165-171.

[19] 李广东,方创琳.中国县域国土空间集约利用计量测度与影响机理[J].地理学报,2014,69(12):1739-1752.

[20] XU W, TAN K C. Reform and the process of economic restructuring in rural China:a case study of Yuhang, Zhejiang[J]. Journal of Rural Studies,2001,11:165-181.

[21] 吴一凡,刘彦随,李裕瑞.中国人口与土地城镇化时空耦合特征及驱动机制[J].地理学报,2018,73(10):1865-1879.

[22] 熊鹰,陈云,李静芝,等.基于土地集约利用的长株潭城市群建设用地供需仿真模拟[J].地理学报,2018,73(3):562-577.

[23] YAO X, CHRISTENSEN M J, BAO G, et al. A toxic endophyte-infected grass helps reverse degradation and loss of biodiversity of over-grazed grasslands in northwest China[J]. Scientific Reports, 2015, 5(1): 647-652.

[24] YI Z, CANNON C H, CHEN J, et al. Developing indicators of economic value and biodiversity loss for rubber plantations in Xishuangbanna, southwest China: a case study from Menglun township[J]. Ecological Indicators, 2014, 36: 788-797.

[25] 王向东,刘卫东.中国空间规划体系:现状、问题与重构[J].经济地理,2012,32(5):7-15.

[26] MASINI E, TOMAO A, BARBATI A, et al. Urban growth, land-use efficiency and local socioeconomic context: a comparative analysis of 417 metropolitan regions in Europe[J]. Environmental Management, 2019, 63(3): 322-337.

[27] ALEXANDER H, THANH N T, AUSSEIL A E, et al. Assessing resource-use efficiency of land use[J]. Environmental Modelling & Software, 2018, 107: 34-49.

[28] 高金龙,包菁薇,刘彦随,等.中国县域土地城镇化的区域差异及其影响因素[J].地理学报,2018,73(12):2329-2344.

[29] 刘新卫,张定祥,陈百明.快速城镇化过程中的中国城镇土地利用特征[J].地理学报,2008,63(3):301-310.

[30] 刘晶,金晓斌,范业婷,等.基于"城—村—地"三维视角的农村居民点整理策略——以江苏省新沂市为例[J].地理研究,2018,37(4):678-694.

[31] 张学珍,赵彩杉,董金玮,等.1992—2017年基于荟萃分析的中国耕地撂荒时空特征[J].地理学报,2019,74(3):411-420.

[32] XU W Y, JIN X B, JIN J X, et al. Analysis of changes and potential characteristics of cultivated land productivity based on MODIS

EVI：a case study of Jiangsu province，China[J]. Remote Sensing，2019，11(17)：2041.

[33] 崔学刚,方创琳,张蔷.山东半岛城市群高速交通优势度与土地利用效率的空间关系[J].地理学报,2018,73(6):1149-1161.

[34] YU Z, LIU L, ZHANG H, et al. Exploring the factors driving seasonal farmland abandonment：a case study at the regional level in Hunan Province，Central China[J]. Sustainability，2017,9(2)：1-18.

[35] 定光平,刘成武,黄利民.惠农政策下丘陵山区弄地边际化的理论分析与实证:以湖北省通城县为例[J].地理研究,2009,28(1):109-117.

[36] 李涛,廖和平,潘卓,等.主体功能区国土空间开发利用效率评估——以重庆市为例[J].经济地理,2015,35(9):157-164.

[37] 卞凤鸣,刘彦彤,赵玲.吉林省土地利用空间均衡度评价研究[J].中国土地科学,2015,29(12):74-80.

[38] 谭术魁,刘琦,李雅楠.中国土地利用空间均衡度时空特征分析[J].中国土地科学,2017,31(11):40-46.

[39] 何好俊,彭冲.城市产业结构与土地利用效率的时空演变及交互影响[J].地理研究,2017,36(7):1271-1282.

[40] SPALDING A K. Exploring the evolution of land tenure and land use change in Panama：linking land policy with development outcomes[J]. Land Use Policy, 2017, 61：543-552.

[41] MERTZ O, MERENS C F. Land sparing and land sharing policies in developing countries drivers and linkages to scientific debates[J]. World Development，2017，98：523-535.

[42] WANG J, LIN Y, GLENDINNING A，et al. Land-use changes and land policies evolution in China's urbanization processes[J]. Land Use Policy，2018，75：375-387.

[43] HEIJUNGS R, 2007. From thermodynamic efficiency to eco-efficiency[M]. In：Huppes, G.,：Ishikawa, M. （Eds.），Quantified Eco-efficiency. Springer, Dordrecht, pp. 79103. http://dx.doi.org/10.1007/1-

4020-5399-1_3. (Accessed 16/06/2016).

[44] 张荣天,焦华富.中国省际耕地利用效率时空格局分异与机制分析[J].农业工程学报,2015,31(2):277-287.

[45] 白颖,王红瑞,许新宜,等.水资源利用效率及评价方法若干问题研究[J].水利经济,2010,28(3):1-4.

[46] 杨浩昌.产业聚集对中国制造业绩效的影响研究[D].南京:东南大学,2018.

[47] COELLI T J. An Introduction to Efficiency and Productivity Analysis[M]. New York:Springer,2005.

[48] DEILMANN C, HENNERSDORF J, LE HMANN I, et al. Data envelopment analysis of urban efficiency-Interpretative methods to make DEA a heuristic tool[J]. Ecological Indicators,2018,84:607-618.

[49] 李汝资,刘耀彬,谢德金.中国产业结构变迁中的经济效率演进及影响因素[J].地理学报,2017,72(12):2179-2198.

[50] JIN G, DENG X Z, ZHAO X D, et al. Spatiotemporal patterns in urbanization efficiency within the Yangtze River Economic Belt between 2005 and 2014[J]. Journal of Geographical Science,2018,28(8):1113-1126.

[51] 汪疆玮,孟吉军.基于DEA的乌审旗退耕政策实施效率的多尺度差异及影响因素分析[J].中国水土保持科学,2014,12(4):73-80.

[52] HALLEUX J M, MARCINCZAK S. The adaptive efficiency of land use planning measured by the control of urban sprawl:the cases of the Netherlands,Belgium and Poland[J]. Land Use Policy,2012,29(4):887-898.

[53] CAPELLO R. Recent theoretical paradigms in urban growth[J]. European Planning Studies,2013,21(3):316-333.

[54] 盛彦文,骆华松,宋金平,等.中国东部沿海五大城市群创新效率、影响因素及空间溢出效应[J].地理研究,2020,39(2):257-271.

[55] 胡彪,王锋,李健毅,等.基于非期望产出的SBM的城市生态文明建

设效率评价实证研究:以天津市为例[J].干旱区资源与环境,2015,29(4):13-18.

[56] 龙亮军.综合福利视角下中国生态文明建设绩效评价及国际比较[J].自然资源学报,2019,34(6):1259-1272.

[57] 周亮,车磊,周成虎.中国城市绿色发展效率时空演变特征及影响因素[J].地理学报,2019,74(10):2027-2044.

[58] 汪文雄,余利红,刘凌览,等.农地整治效率测度研究——基于标杆管理和DEA模型[J].中国人口资源与环境,2014,24(6):103-113.

[59] 金晓斌,周寅康,李学瑞.中部土地整理区土地整理投入产出效率评价[J].地理研究,2011,30(7):1198-1296.

[60] 王耕,李素娟,马奇飞.中国生态文明建设效率空间均衡性及格局演变特征[J].地理学报,2018,73(11):2198-2209.

[61] 孙才志,马奇飞,赵良仕.基于GWR模型的中国水资源绿色效率驱动机理[J].地理学报,2020,75(5):1022-1035.

[62] 陈关聚,白永秀.基于随机前沿的区域工业全要素水资源效率研究[J].资源科学,2013,8(35):1593-1600.

[63] 姜蓓蕾,耿雷华,卞锦宇,等.中国工业用水效率水平驱动因素分析及区划研究[J].资源科学,2014,36(11):2231-2239.

[64] SUN C Z, ZHAO L S, ZOU W, et al. Water resource utilization efficiency and spatial spillover effects in China[J]. Journal of Geographical Sciences, 2014, 24(5): 771-788.

[65] YANG Z S, WEI X X. The measurement and influences of China's urban total factor energy efficiency under environmental pollution: based on the game cross-efficiency DEA [J]. Journal of Cleaner Production, 2019, 209: 439-450.

[66] 王腾,严良,何建华,等.环境规制影响全要素能源效率的实证研究——基于波特假说的分解验证[J].中国环境科学,2017,37(4):1571-1578.

[67] 蒋闯.基于全要素框架的资源型城市能源效率测度研究[D].北京:中国地质大学,2017.

[68] 刘丹丹,赵颂扬旸,郭耀.全要素视角下中国西部地区能源效率及影响因素[J].中国环境科学,2015,35(6):1911-1920.

[69] 关爱萍,师军,张强.中国西部地区省际全要素能源效率研究——基于超效率DEA模型和Malmquist指数[J].工业技术经济,2014,33(2):32-40.

[70] 刘天宇,王美强.基于DEA博弈交叉效率模型的运输型物流上市企业绩效评价[J].物流技术,2014,33(15):162-165+222.

[71] SCHIAVINA M, MELCHIORRI M, CORBANE C, et al. Multi-scale estimation of land use efficiency (SDG 11.3.1) across 25 years using global open and free data[J]. Sustainability, 2019, 11:5674.

[72] 岳立,李文波.环境约束下的中国典型城市土地利用效率——基于DDF-Global Malmquist-Luenberger指数方法的分析[J].资源科学,2017,39(4):597-607.

[73] VERBURG P H, BERKEL D B V, DOORN A M V, et al. Trajectories of land use change in Europe: a model-base exploration of rural futures[J]. Landscape Ecology, 2010, 25(2):217-232.

[74] 王向东,刘小茜,裴韬,等.基于技术效率测算的京津冀城市土地集约利用潜力评价[J].地理学报,2019,74(9):1853-1865.

[75] LANGPAP C, HASCIC I, WU J J. Protecting watershed ecosystems through targeted local land use policies[J]. American Journal of Agricultural Economics, 2008, 90(3):684-700.

[76] XIE H L, CHEN Q R, WANG W, et al. Analyzing the green efficiency of arable land use in China[J]. Technological Forecasting & Social Change, 2018, 133:15-28.

[77] XIE H L, ZHANG Y W, CHOI Y. Measuring the cultivated land use efficiency of the main grain-producing areas in China under the constraints of carbon emissions and agricultural nonpoint source pollution[J]. Sustainability, 2018, 10:1932.

[78] 林丽群,李娜,李国煜,等.基于主体功能区的福建省城镇建设用地

利用效率研究[J].自然资源学报,2018,33(6):1018-1028.

[79] 洪惠坤."三生"功能协调下的重庆市乡村空间优化研究[D].重庆:西南大学,2016.

[80] CHAPIN F S, KAISER E J. Urban Land Use Planning[M]. 3rd ed. Illinois: University of Illinois Press, 1967.

[81] JOHNSON H M. Sociology: A Systematic Introduction[M]. Paris: Allied Publishers, 1960.

[82] 刘盛和,吴传钧,陈田.评析西方城市土地利用的理论研究[J].地理研究,2001,1:111-119.

[83] 赵晓波.中国全要素土地利用效率计量分析[D].沈阳:辽宁大学,2013.

[84] SAUER U, FISCHER A. Willingness to pay, attitudes and fundamental values—on the cognitive context of public preferences for diversity in agricultural landscapes[J]. Ecological Economics, 2010, 70(1): 1-9.

[85] IRWIN E G, GEOGHEGAN J. Theory, data, methods: developing spatially explicit economic models of land use change[J]. Agriculture, Ecosystems & Environment, 2001, 85(13): 7-24.

[86] TURNER B L, MATSON P A, MCCARTHY J J, et al. Illustrating the coupled human-environment system for vulnerability analysis: three case studies[J]. Proceedings of the National Academy of Sciences, 2003, 100(14): 8080-8085.

[87] 杨思思.重庆沙坪坝区耕地利用效率研究[D].重庆:西南大学,2017.

[88] 税丽.长江经济带城市土地利用效率时空差异及影响因素研究[D].成都:四川师范大学,2018.

[89] FONSECA R. Performance criteria for evaluating the efficiency of land use development proposals on urban sites[J]. International Journal for Housing Science and Its Applications, 1981, 5(3): 185-194.

[90] HASSE J E, LATHROP R G. Land resource impact indicators of urban sprawl[J]. Applied Geography, 2003, 23: 159-175.

[91] ZITTI M, FERRARA C, PERINI L, et al. Long-term urban growth and land use efficiency in Southern Europe: implications for sustainable land management[J]. Sustainability, 2015, 7(3): 3359-3385.

[92] CUADRADO C S, DURÀ G A, SALVATI L. Not only tourism: unravelling suburbanization, second-home expansion and "rural" sprawl in Catalonia, Spain[J]. Urban Geography, 2017, 38: 66-89.

[93] KIM J H. Measuring the containment and spillover effects of urban growth boundaries: the case of the portland metropolitan area[J]. Growth and Change, 2013, 44: 650-675.

[94] BHATTA B, SARASWATI S, BANDYOPADHYAY D. Quantifying the degree-of-freedom, degree-of-sprawl, and degree-of-goodness of urban growth from remote sensing data[J]. Applied Geography, 2010, 30: 96-111.

[95] HEPINSTALL C J, COE S, HUTYRA L R. Urban growth patterns and growth management boundaries in the Central Puget Sound, Washington, 1986-2007[J]. Urban Ecosystems, 2013, 16: 109-129.

[96] DOWNS A. What does smart growth really mean? [J]. Planning, 2001, 67(4): 20-25.

[97] HANDY S. Smart growth and the transportation-land use connection: what does the research tell us? [J]. International Regional Science Review, 2005, 28(2): 146-167.

[98] STEVEN A G, JOSÉ A F, GLENN E M. A multiobjective optimization approach to smart growth in land development[J]. Socio-Economic Planning Sciences, 2005, 40(3): 212-248.

[99] 陈荣.城市土地利用效率论[J].城市规划汇刊,1995,4:28-34.

[100] 刘传明,李红,贺巧宁.湖南省土地利用效率空间差异及优化对策[J].经济地理,2010,30(11):1890-1896.

[101] 鲍新中,刘澄,张建斌.城市土地利用效率的综合评价[J].城市问题,2009,4:46-50.

[102] 林坚,马珣.中国城市群土地利用效率测度[J].城市问题,2014,5:9-14,60.

[103] 陈伟,吴群.长三角地区城市建设用地经济效率及其影响因素[J].经济地理,2014,34(9):142-149.

[104] 徐美,邓运员,刘春腊."两型社会"背景下长株潭城市群土地利用效率评价[J].亚热带资源与环境学报,2009,4(2):24-31.

[105] 孙莉.城市土地利用结构变化对用地效率的影响研究[D].南京:南京大学,2016.

[106] HENDERSON J V, WANG H G. Urbanization and city growth: the role of institutions[J]. Regional Science and Urban Economics, 2007, 3: 283-313.

[107] CUI X Z, WANG X T. Urban land use change and its effect on: social metabolism: an empirical study in Shanghai[J]. Habitat International, 2015, 49: 251-259.

[108] WU C Y, WEI Y D, HUANG X J, et al. Economic transition, spatial development and urban land use efficiency in the Yangtze River Delta, China[J]. Habitat International, 2017, 63: 67-78.

[109] 方先知.土地利用效率测度的指标体系与方法研究[J].系统工程,2004,12:22-26.

[110] 陈丹玲,卢新海,匡兵.长江中游城市群城市土地利用效率的动态演进及空间收敛[J].中国人口资源与环境,2018,28(12):106-114.

[111] 李佳佳,罗能生.城镇化进程对城市土地利用效率影响的双门槛效应分析[J].经济地理,2015,35(7):156-162.

[112] 卢新海,陈丹玲,匡兵.产业一体化与城市土地利用效率的时空耦合效应——以长江中游城市群为例[J].中国土地科学,2018,32(9):66-73.

[113] 李璐,董捷,张俊峰.长江经济带城市土地利用效率地区差异及形成机理[J].长江流域资源与环境,2018,27(8):1665-1675.

[114] 王良健,李辉,石川.中国城市土地利用效率及其溢出效应与影响因素[J].地理学报,2015,70(11):1788-1799.

[115] 罗能生,彭郁,罗富政.土地市场化对城市土地综合利用效率的影响[J].城市问题,2016,11:21-28.

[116] YU J Q, ZHOU K L, YANG S L. Land use efficiency and influencing factors of urban agglomerations in China[J]. Land Use Policy,2019,88:104-143.

[117] 金贵,邓祥征,赵晓东,等.2005—2014年长江经济带城市土地利用效率时空格局特征[J].地理学报,2018,73(7):1242-1252.

[118] 王国刚,刘彦随,方方.环渤海地区土地利用效益综合测度及空间分异[J].地理科学进展,2013,32(4):649-656.

[119] 陈伟.湖北省城市建设用地扩张及利用效率研究[D].武汉:华中师范大学,2012.

[120] GONG J, CHEN W, LIU Y, et al. The intensity change of urban development land:implications for the city master plan of Guangzhou, China[J]. Land Use Policy, 2014,40:91-100.

[121] 杨海泉,胡毅,王秋香.2001—2012年中国三大城市群土地利用效率评价研究[J].地理科学,2015,35(9):1095-1100.

[122] DU J F, THILL J C, PEISER R B. Land pricing and its impact on land use efficiency in post-land-reform China:a case study of Beijing[J]. Cities,2016,50:68-74.

[123] LIU Y, LUO T, LIU Z, et al. A comparative analysis of urban and rural construction land use change and driving forces:implications for urbanerural coordination development in Wuhan, Central China [J]. Habitat International,2015,47:113-125.

[124] 梁流涛,赵庆良,陈聪.中国城市土地利用效率空间分异特征及优化路径分析——基于287个地级以上城市的实证研究[J].中国土地科学,2013,27(7):48-54.

[125] 张银岭.江汉平原耕地资源利用效率研究[D].武汉:华中农业大

学,2009.

[126] AGEGNEHU G, GHIZAW A, SINEBO W. Yield potential and land-use efficiency of wheat and faba bean mixed intercropping[J]. Agronomy for Sustainable Development, 2008, 28: 257 - 263.

[127] BINAM J N, TONYE J, WANDJI N, et al. Factors affecting the technical efficiency among smallholder farmers in the slash and burn agriculture zone of Cameroon[J]. Food Policy, 2004, 29: 531 - 545.

[128] AGEGNEHU G, GHIZAW A, SINEBO W. Yield performance and land-use efficiency of barley and faba bean mixed cropping in Ethiopian highlands[J]. European Journal of Agronomy, 2006, 05(2): 202 - 203.

[129] DUCHENE O, VIAN J F, CELETTE F. Intercropping with legume for agroecological cropping systems: complementarity and facilitation processes and the importance of soil microorganisms. A review[J]. Agriculture, Ecosystems and Environment, 2017, 240: 148 - 161.

[130] RUSINAMHODZI L, CORBEELS M, NYAMANGARA J, et al. Maize-grain legume intercropping is an attractive option for ecological intensification that reduces climatic risk for smallholder farmers in central Mozambique[J]. Field Crops Research, 2012, 136: 12 - 22.

[131] RIJIB M Z, JBARA O K. Measuring the technical efficiency and the rate of change in the tfp for farms rain-fed wheat in the region in light of differing size area[J]. Iraqi Journal of Agricultural Sciences, 2016, 47(6): 1475 - 1485.

[132] DEVKOTA K P, PASUQUIN E, MABILANGAN A E, et al. Economic and environmental indicators of sustainable rice cultivation: a comparison across intensive irrigated rice cropping systems in six Asian countries[J]. Ecological Indicators, 2019, 105: 199 - 214.

[133] HOSSAIN M F, WHITE S K, ELAHI S F, et al. The efficiency of nitrogen fertiliser for rice in Bangladeshi farmers' fields[J]. Field Crops Research, 2005, 93(1): 94 - 107.

[134] HUSSAIN G, AL-JALOUD A A, KARIMULLA S. Effect of treated effluent irrigation and nitrogen on yield and nitrogen use efficiency of wheat[J]. Agricultural Water Management, 1996, 30(2): 175–184.

[135] CONRADIE B, PIESSE J, STEPHENS J. The changing environment: efficiency, vulnerability and changes in land use in the South African Karoo, 2012–2014[J]. Environmental Development, 2019, 32: 100453.

[136] NGUYEN T T, DO T L, PARVATHIC P, et al. Farm production efficiency and natural forest extraction: evidence from Cambodia[J]. Land Use Policy, 2018, 71: 480–493.

[137] 叶浩,濮励杰.我国耕地利用效率的区域差异及其收敛性研究[J].自然资源学报,2011,26(9):1467–1474.

[138] 刘玉海,武鹏.转型时期中国农业全要素耕地利用效率及其影响因素分析[J].金融研究,2011,7:114–127.

[139] 姜晗,杨皓然,吴群.东部沿海经济区耕地利用效率的时空格局分异及影响因素研究[J].农业现代化研究,2020,41(2):321–330.

[140] 张立新,朱道林,谢保鹏,等.中国粮食主产区耕地利用效率时空格局演变及影响因素——基于180个地级市的实证研究[J].资源科学,2017,39(4):608–619.

[141] 王良健,李辉.中国耕地利用效率及其影响因素的区域差异——基于281个市的面板数据与随机前沿生产函数方法[J].地理研究,2014,33(11):1995–2004.

[142] 梁流涛,曲福田,王春华.基于DEA方法的耕地利用效率分析[J].长江流域资源与环境,2008,2:242–246.

[143] 杨朔,于文海,李世平.基于DEA非有效改进的陕西省耕地生产效率研究[J].中国土地科学,2013,27(10):62–68.

[144] 李在军,管卫华,臧磊.山东省耕地生产效率及影响因素分析[J].世界地理研究,2013,22(2):167–175.

[145] 匡兵,卢新海,韩璟,等.考虑碳排放的粮食主产区耕地利用效率区域差异与变化[J].农业工程学报,2018,34(11):1–8.

[146] 李鑫,欧名豪,马贤磊.基于景观指数的细碎化对耕地利用效率影响研究——以扬州市里下河区域为例[J].自然资源学报,2011,26(10)：1758-1767.

[147] 陈丹玲,卢新海,匡兵.基于随机森林的耕地利用效率测度模型构建及其应用[J].自然资源学报,2019,34(6)：1331-1344.

[148] HUANG Z J, HE C F, WEI-DENNIS Y H. A comparative study of land efficiency of electronics firms located within and outside development zones in Shanghai[J]. Habitat International, 2016, 56：63-73.

[149] WANG L, LI C C, YING Q, et al. China's urban expansion from 1990 to 2010 determined with satellite remote sensing[J]. China Science Bulletin, 2012, 57：2802-2812.

[150] MENG Y, ZHANG F R, AN P L, et al. Industrial land-use efficiency and planning in Shunyi, Beijing[J]. Landscape and Urban Planning, 2008, 85：40-48.

[151] 张雅杰,金海.长江中游地区城市建设用地利用效率及驱动机理研究[J].资源科学,2015,37(7)：1384-1393.

[152] 张立新,朱道林,杜挺,等.基于DEA模型的城市建设用地利用效率时空格局演变及驱动因素[J].资源科学,2017,39(3)：418-429.

[153] CHEN Y, CHEN Z G, XU G L, et al. Built-up land efficiency in urban China：insights from the general land use plan (2006-2020)[J]. Habitat International, 2016, 51：31-38.

[154] YE Y Y, ZHANG H G, SU Y X, et al. Spatial-temporal dynamics of the economic efficiency of construction land in the Pearl River Delta Megalopolis from 1998 to 2012[J]. Sustainability, 2018, 10：63.

[155] LIU Y S, ZHANG Z W, ZHOU Y. Efficiency of construction land allocation in China：an econometric analysis of panel data[J]. Land Use Policy, 2018, 74：261-272.

[156] TU F, YU X F, RUAN J Q. Industrial land use efficiency under government intervention：evidence from Hangzhou, China[J].

Habitat International, 2014, 43: 1-10.

[157] CHEN W, SHEN Y, WANG Y N, et al. The effect of industrial relocation on industrial land use efficiency in China: a spatial econometrics approach[J]. Journal of Cleaner Production, 2018, 205: 525-535.

[158] XIE H L, CHEN Q R, LU F C, et al. Spatial temporal disparities, saving potential and influential factors of industrial land use efficiency: a case study in urban agglomeration in the middle reaches of the Yangtze River[J]. Land Use Policy, 2018, 75: 518-529.

[159] 王静.基于DEAP2.1软件的姑婆山国家森林公园旅游用地效率评价研究[J].经济研究导刊,2014,19: 232-234.

[160] KYTZIA K, WALZ A, WEGMANN M. How can tourism use land more efficiently? A model-based approach to land-use efficiency for tourist destinations[J]. Tourism Management, 2011, 32(3): 629-640.

[161] XIE H L, CHEN Q R, LU F C, et al. Spatial-temporal disparities and influencing factors of total-factor green use efficiency of industrial land in China[J]. Journal of Cleaner Production, 2019, 207: 1047-1058.

[162] 李冬青.关中城市群建设用地利用效率的空间规律及其跨区再配置[D].咸阳:西北农林科技大学,2017.

[163] 金云峰,陶楠.国土空间规划体系下风景园林规划研究[J].风景园林,2020,27(1): 19-24.

[164] 海涛.科学认知"国土空间"[J].科学,2015,67(5): 42-44.

[165] 黄金川,林浩曦,漆潇潇.面向国土空间优化的三生空间研究进展[J].地理科学进展,2017,36(3): 378-391.

[166] 金贵.国土空间综合功能分区研究[D].武汉:中国地质大学,2014.

[167] NGUYEN T T, PHAN V D, TENHUNEN J. Linking regional land use and payments for forest hydrological services: a case study of Hoa Binh Reservoir in Vietnam[J]. Land Use Policy, 2013, 33: 130-140.

[168] MEA（Millennium Ecosystem Assessment）. Ecosystems and Human Well-being：Synthesis[R]. Washington, DC：Island Press, 2005.

[169] 牛星.土地利用系统演化分析与调控管理[M].上海：上海交通大学出版社,2012.

[170] BACH P M, STAALESEN S, MCCARTHY D T, et al. Revisiting land use classification and spatial aggregation for modelling integrated urban water systems[J]. Landscape Urban Planning, 2015, 143：43-55.

[171] VERSTEGEN J A, KARSSENBERG D, VAN DER HILST F, et al. Detecting systemic change in a land use system by Bayesian data assimilation[J]. Environmental Modelling Software, 2016, 75：424-438.

[172] 李广东,方创琳.城市生态—生产—生活空间功能定量识别与分析[J].地理学报,2016,71(1)：49-65.

[173] LI H, ZHANG X L, ZHANG X, et al. Utilization benefit of cultivated land and land institution reforms：Economy, society and ecology[J]. Habitat International, 2018, 77：64-70.

[174] LI W, SAPHORES J D M, GILLESPIE T W, et al. A comparison of the economic benefits of urban green spaces estimated with NDVI and with high-resolution land cover data[J]. Landscape and Urban Planning, 2015, 133：105-117.

[175] 杨俊,宋振江,李争.基于PSR模型的耕地生态安全评价—以长江中下游粮食主产区为例[J].水土保持研究,2017,24(3)：301-307,313.

[176] LOVELL S T, DESANTIS S R, NATHAN C A, et al. Integrating agroecology and landscape multifunctionality in Vermont：an evolving framework to evaluate the design of agroecosystems[J]. Agricultural Systems, 2010, 103(5)：327-341.

[177] de GROOT R. Function analysis and valuation as a tool to assess land use conflicts in planning for sustainable, multifunctional landscapes[J]. Landscape and Urban Planning, 2006, 75(3/4)：175-186.

[178] COSTANZA R, DARGE R, de GROOT R, et al. The value of the world's ecosystem services and natural capital[J]. Nature, 1997, 387: 253-260.

[179] BARBOSA J A, BRAGAN A L, MATEUS R. Assessment of land use efficiency using BSA tools: development of a new index[J]. Journal of Urban Planning and Development, 2015, 141: 1-9.

[180] 栗滢超,刘红娟.河南省城市土地利用效率评价[J].中国农学通报,2015,31(2):276-282.

[181] DU J, THILL J C, PEISER R B. Land pricing and its impact on land use efficiency in post-land-reform China: a case study of Beijing[J]. Cities, 2016, 50: 68-74.

[182] 姚飞,陈龙乾,王秉义,等.合肥市产业结构与土地经济密度的关联协调研究[J].中国土地科学,2016,30(5):53-61.

[183] STULL W J. Land zoning in urban economy[J]. American Economic Review, 1974, 64: 337-347.

[184] ERIC K. The dark side of efficiency: Johnson v. M'Intosh and the expropriation of: American Indian lands[M]. University of Pennsylvania Law Review, 2000, 148: 1065-1190.

[185] 秦波.上海市产业空间分布的密度梯度及影响因素研究[J].人文地理,2011,26(1):39-43.

[186] 田柳,陈江龙,高金龙.城市空间结构紧凑与土地利用效率耦合分析——以南京市为例[J].长江流域资源与环境,2017,26(1):26-34.

[187] 刘书畅,叶艳妹,肖武.基于随机前沿分析的中国城市土地利用效率时空分异研究[J].中国土地科学,2020,34(1):61-69.

[188] YANG X D, WU Y X, DANG H. Urban land use efficiency and coordination in China[J]. Sustainability, 2017, 9(3): 410.

[189] MOUTINHO V, MADALENO M, ROBAINA M. The economic and environmental efficiency assessment in EU cross-country: evidence from DEA and quantile regression approach[J]. Ecological

Indicators,2017,78:85-97.

[190] JAEGER J A,BERTILLER R,SCHWICK C,et al. Suitability criteria for measures of urban sprawl[J]. Ecological Indicators,2010,10:397-406.

[191] SALVATI L. Urban expansion and high-quality soil consumption-an inevitable spiral[J]. Cities,2013,31:349-356.

[192] PILI S,GRIGORIADIS E,CARLUCCI M,et al. Towards sustainable growth? A multi-criteria assessment of (changing) urban forms[J]. Ecological Indicators,2017,76:71-80.

[193] 彭文英,刘念北.首都圈人口空间分布优化策略——基于土地资源承载力估测[J].地理科学,2015,35(5):558-564.

[194] CECCARELLI T,BAJOCCO S,PERINI L,et al. Urbanisation and land take of high quality agricultural soils-exploring long-term land use changes and land capability in northern Italy[J]. International Journal Environmental Research,2014,8:181-192.

[195] COLANTONI A,GRIGORIADIS E,SATERIANO A,et al. Cities as selective land predators? A lesson on urban growth, deregulated planning and sprawl containment[J]. Science of the Total Environment,2016,545:329-339.

[196] ZAMBON I,BENEDETTI A,FERRARA C,et al. Soil matters? A multivariate analysis of socioeconomic constraints to urban expansion in Mediterranean Europe[J]. Ecological Economics,2018,46:173-183.

[197] JAEGER J A,BERTILLER R,SCHWICK C,et al. Suitability criteria:for measures of urban sprawl[J]. Ecological Indicators,2010,10:397-406.

[198] 张英浩,陈江龙,高金龙,等.经济转型视角下长三角城市土地利用效率影响机制[J].自然资源学报,2019,34(6):1157-1170.

[199] WANG Z,CHEN J C,ZHENG W T,et al. Dynamics of land

use efficiency with ecological intercorrelation in regional development[J]. Landscape and Urban Planning, 2018, 177: 303-316.

[200] 朱巧娴,梅昀,陈银蓉,等.基于碳排放测算的湖北省土地利用结构效率的 DEA 模型分析与空间分异研究[J].经济地理,2015,35(12):176-184.

[201] UNESCAP (United Nations Economic and Social Commission for Asia and the Pacific): 2009. Eco-efficiency Indicators: Measuring Resource-use Efficiency and the Impact of Economic Activities on the Environment[R]. United Nations Publication ST/ESCAP/ 2561. http://www.unescap.org/sites/default/files/eco%20efficiency%20indicators%202009.pdf. (Accessed 19/02/2015).

[202] HUPPES G, ISHIKAWA M. Quantified Eco-efficiency: An Introduction with Applications[M]. London: Springer, 2007.

[203] MCDONOUGH W, BRAUNGART M. The next industrial revolution[J]. Atl. Mon, 1998, 282(4): 82-92.

[204] 何念鹏,徐丽,何洪林.生态系统质量评估方法——理想参照系和关键指标[J].生态学报,2020,40(6):1877-1886.

[205] 段建南,刘思涵,李萍,等.土地功能研究进展与方向的思考[J].中国土地科学,2020,34(1):8-16.

[206] 吕荣芳.宁夏沿黄城市带生态系统服务时空权衡关系及其驱动机制研究[D].兰州:兰州大学,2019.

[207] BARBIER E B, KOCH E W, SILLIMAN B R, et al. Coastal ecosystem—based management with nonlinear ecological functions and values[J]. Science, 2008, 319: 321-323.

[208] 李双成,张才玉,刘金龙,等.生态系统服务权衡与协同研究进展及地理学研究议题[J].地理研究,2013,32(8):1379-1390.

[209] 戴尔阜,王晓莉,朱建佳,等.生态系统服务权衡/协同研究进展与趋势展望[J].地球科学进展,2015,30(11):1250-1259.

[210] 任国平,刘黎明,李洪庆,等.都市郊区乡村景观多功能权衡——

协同关系演变[J].农业工程学报,2019,35(23):273-285.

[211] 李鹏,姜鲁光,封志明,等.生态系统服务竞争与协同研究进展[J].生态学报,2012,32(16):5219-5229.

[212] 李欣,方斌,殷如梦,等.江苏省县域"三生"功能时空变化及协同/权衡关系[J].自然资源学报,2019,34(11):2363-2377.

[213] 杨雅惠.河南省城市土地利用效益与城市化耦合协调发展研究[D].武汉:华中师范大学,2019.

[214] 姜磊,柏玲,吴玉鸣.中国省域经济、资源与环境协调分析——兼论三系统耦合公式及其扩展形式[J].自然资源学报,2017,32(5):788-799.

[215] 黄丽娟,马晓冬.江苏省县域经济与乡村转型发展的空间协同性分析[J].经济地理,2018,38(6):151-159.

[216] 欧向军,叶磊,张洵,等.江苏省县域经济发展差异与极化比较[J].经济地理,2012,32(7):24-29.

[217] 张景鑫.基于"三生空间"的区域国土空间利用质量及耦合协调度评价研究[D].南京:南京农业大学,2017.

[218] 丁明军,陈倩,辛良杰,等.1999—2013年中国耕地复种指数的时空演变格局[J].地理学报,2015,70(7):1080-1090.

[219] FOLEY J A, RAMANKUTTY N, BRAUMAN K A, et al. Solutions for a cultivated planet[J]. Nature, 2011, 478(7369): 337-342.

[220] 孙小祥,杨桂山,欧维新,等.太湖流域耕地变化及其对生态服务功能影响研究[J].自然资源学报,2014,29(10):1675-1685.

[221] RAMANKUTTY N, EVAN A T, MONFREDA C, et al. Farming the planet: geographic distribution of global agricultural lands in the year 2000[J]. Global Biogeochemical Cycles, 2008, 22(1): GB/003.

[222] TILMAN D, BALZER C, HILL J, et al. Global food demand and the sustainable intensification of agriculture[J]. Proceedings of the National Academy of Sciences, 2011, 108(50): 20260-20264.

[223] BLOOM D E, CANNING D, FINK G. Urbanization and the wealth of nations[J]. Science, 2008, 319: 772-775.

[224] STORPER M, SCOTT A J. Current debates in urban theory: a critical assessment[J]. Urban Studies, 2016, 53(6): 1114-1136.

[225] STEEL G, VAN NOORLOOS F, KLAUFUS C. The urban land debate in the global South: new avenues for research[J]. Geoforum, 2017, 83: 133-141.

[226] 欧阳志云,朱春全,杨广斌,等.生态系统生产总值核算:概念、核算方法与案例研究[J].生态学报,2013,33(21):6747-6761.

[227] 孙艺杰,任志远,赵胜男,等.陕西河谷盆地生态系统服务协同与权衡时空差异分析[J].地理学报,2017,72(3):521-532.

[228] 傅伯杰,于丹丹.生态系统服务权衡与集成方法[J].资源科学,2016,38(1):1-9.

[229] 李文华,张彪,谢高地.中国生态系统服务研究的回顾与展望[J].自然资源学报,2009,24(1):1-10.

[230] 傅伯杰,周国逸,白永飞,等.中国主要陆地生态系统服务功能与生态安全[J].地理科学进展,2009,24(6):571-576.

[231] CHEN Y Q, LI X B, TIAN Y J, et al. Structural change of agricultural land use intensity and its regional disparity in China[J]. Journal of Geographical Sciences, 2009, 19(5): 545-556.

[232] HUANG D Q, HONG L X, LIANG J S. Analysis and evaluation of industrial land efficiency and intensive use in Fujian Province[J]. Acta Geographica Sinica, 2009, 64(4): 479-486.

[233] WANG M, QU F T. Indicator system for land use intensity assessment of industrial enterprises in Kunshan development zone[J]. China Land Science, 2004, 18(6): 22-27.

[234] 冀咏赞,闫慧敏,刘纪远,等.基于MODIS数据的中国耕地高中低产田空间分布格局[J].地理学报,2015,70(5):766-778.

[235] 刘忠,李保国.基于土地利用和人口密度的中国粮食产量空间化[J].农业工程学报,2012,28(9):1-8.

[236] 商令杰.基于NPP数据的山东省耕地产能时空格局分析[D].济

南:山东师范大学,2018.

[237] 刘文超,颜长珍,秦元伟,等.近20a陕北地区耕地变化及其对农田生产力的影响[J].自然资源学报,2013,28(8):1373-1382.

[238] 闫慧敏,刘纪远,黄河清,等.城市化和退耕还林草对中国耕地生产力的影响[J].地理学报,2012,67(5):579-588.

[239] 黄玫,季劲钧,彭莉莉.青藏高原1981—2000年植被净初级生产力对气候变化的响应[J].气候与环境研究,2008,13(5):608-616.

[240] 彭建,李慧蕾,刘焱序,等.雄安新区生态安全格局识别与优化策略[J].地理学报,2018,73(4):701-710.

[241] 江东.人文要素空间化研究进展[J].甘肃科学学报,2007,19(2):91-94.

[242] ELVIDGE C D, BAUGH K E, KIHN E A, et al. Relation between satellite observed visible-near infrared emissions, population, economic activity and electric power consumption[J]. International Journal of Remote Sensing, 1997, 18(6):1373-1379.

[243] ELVIDGE C D, IMHOFF M L, BAUGH K E, et al. Nighttime lights of the world: 1994-1995[J]. ISPRS Journal of Photogrammetry and Remote Sensing, 2001, 56(2):81-99.

[244] GHOSH T, ANDERSON S, POWELL R, et al. Estimation of Mexico's informal economy and remittances using nighttime imagery[J]. Remote Sensing, 2009, 1(3):418-444.

[245] 韩向娣,周艺,王世新,等.夜间灯光遥感数据的GDP空间化处理方法[J].地球信息科学学报,2012,14(1):128-136.

[246] 韩向娣,周艺,王世新,等.基于夜间灯光和土地利用数据的GDP空间化[J].遥感技术与应用,2012,27(3):396-405.

[247] 包玉斌,李婷,柳辉,等.基于InVEST模型的陕北黄土高原水源涵养功能时空变化[J].地理研究,2016,35(4):664-676.

[248] 李双成,刘金龙,张才玉,等.生态系统服务研究动态及地理学研究范式[J].地理学报,2011,66(12):1618-1630.

[249] 李琰,李双成,高阳,等.连接多层次人类福祉的生态系统服务分类框架[J].地理学报,2013,68(8):1038-1047.

[250] 潘韬,吴绍洪,戴尔阜,等.基于InVEST模型的三江源区生态系统水源供给服务时空变化[J].应用生态学报,2013,24(1):183-189.

[251] 吴健生,曹祺文,石淑芹,等.基于土地利用变化的京津冀生境质量时空演变[J].应用生态学报,2015,26(11):3457-3466.

[252] 黄从红,杨军,张文娟.生态系统服务功能评估模型研究进展[J].生态学杂志,2013,32(12):3360-3367.

[253] 傅斌,徐佩,王玉宽,等.都江堰市水源涵养功能空间格局[J].生态学报,2013,33(3):789-797.

[254] 顾铮鸣,金晓斌,沈春竹,等.近15a江苏省水源涵养功能时空变化与影响因素探析[J].长江流域资源与环境,2018,27(11):2453-2462.

[255] ZHANG L, HICKEL K, DAWES W R. A rational function approach for estimating mean annual evapotranspiration[J]. Water Resources Research, 2004, 40(2):W02502.

[256] 李天宏,郑丽娜.基于RUSLE模型的延河流域2001—2010年土壤侵蚀动态变化[J].自然资源学报,2012,27(7):1164-1175.

[257] 陈思旭,杨小唤,肖林林,等.基于RUSLE模型的南方丘陵山区土壤侵蚀研究[J].资源科学,2014,36(6):1288-1297.

[258] 怡凯,王诗阳,王雪,等.基于RUSLE模型的土壤侵蚀时空分异特征分析——以辽宁省朝阳市为例[J].地理科学,2015,35(3):365-372.

[259] 彭双云,杨昆,洪亮,等.基于USLE模型的滇池流域土壤侵蚀时空演变分析[J].农业工程学报,2018,34(10):138-146,305.

[260] 章文波,付金生.不同类型雨量资料估算降雨侵蚀力[J].资源科学,2003,25(1):35-41.

[261] 刘智方,唐立娜,邱全毅,等.基于土地利用变化的福建省生境质量时空变化研究[J].生态学报,2017,37(13):4538-4548.

[262] TALLIS H, RICKETTS T, GUERRY A, et al. InVEST 2.6.0 User's Guide: Integrated Valuation of Environmental Services and Trade-

offs[R]. Stanford: The Natural Capital Project, 2013.

[263] 钟莉娜, 王军. 基于 InVEST 模型评估土地整治对生境质量的影响[J]. 农业工程学报, 2017, 33(1): 250-255.

[264] 吴健生, 毛家颖, 林倩, 等. 基于生境质量的城市增长边界研究——以长三角地区为例[J]. 地理科学, 2017, 37(1): 28-36.

[265] THEOBALD D M, CROOKS K R, NORMAN J B. Assessing effects of land use on landscape connectivity: loss and fragmentation of western US forests[J]. Ecological Applications, 2011, 21: 2445-2458.

[266] PETROSILLO I, ZACCARELLI N, SEMERARO T, et al. The effectiveness of different conservation policies on the security of natural capital[J]. Landscape and Urban Planning, 2009, 89: 49-56.

[267] WU J, FENG Z, GAO Y, et al. Hot spot and relationship identification in multiple landscape services: a case study on an area with intensive human activities[J]. Ecological Indicators, 2013, 29: 529-537.

[268] 吴健生, 冯喆, 高阳, 等. 基于 DLS 模型的城市土地政策生态效应研究——以深圳市为例[J]. 地理学报, 2014, 69(11): 1673-1682.

[269] 李晶, 李红艳, 张良. 关中—天水经济区生态系统服务权衡与协同关系[J]. 生态学报, 2016, 36(10): 3053-3062.

[270] 刘利花, 尹昌斌, 钱小平. 稻田生态系统服务价值测算方法与应用: 以苏州市域为例[J]. 地理科学进展, 2015, 34(1): 92-99.

[271] 杨一鹏, 曹广真, 侯鹏, 等. 城市湿地气候调节功能遥感监测评估[J]. 地理研究, 2013, 32(1): 73-80.

[272] 全国农业区划委员会. 中国综合农业区划[M]. 北京: 农业出版社, 1981.

[273] SHEMSHADI A, SHIRAZI H, TOREIHI M, et al. A fuzzy VIKOR method for supplier selection based on entropy measure for objective weighting[J]. Expert Systems with Applications, 2011, 38: 12160-12167.

[274] 钱彩云, 巩杰, 张金茜, 等. 甘肃白龙江流域生态系统服务变化及

权衡与协同关系[J].地理学报,2018,73(5):868-879.

[275] 刘海,武靖,陈晓玲.丹江口水源区生态系统服务时空变化及权衡协同关系[J].生态学报,2018,38(13):4609-4624.

[276] ZHANG L W, LU Y H, FU B J, et al. Mapping ecosystem services for China's ecoregions with a biophysical surrogate approach[J]. Landscape and Urban Planning, 2017, 161:22-31.

[277] CAI W B, DAVID G, ZHANG L, et al. Identifying hot spots and management of critical ecosystem services in rapidly urbanizing Yangtze River Delta Region, China[J]. Journal of Environmental Management, 2017, 191:258-267.

[278] 彭建,胡晓旭,赵明月,等.生态系统服务权衡研究进展：从认知到决策[J].地理学报,2017,72(6):960-973.

[279] 王鹏涛,张立伟,李英杰,等.汉江上游生态系统服务权衡与协同关系时空特征[J].地理学报,2017,72(11):2064-2078.

[280] 关伟,许淑婷.辽宁省能源效率与产业结构的空间特征及耦合关系[J].地理学报,2014,69(4):520-530.

[281] BELLIN A, MAJONE B, CAINELLI O, et al. A continuous coupled hydrological and water resources management model[J]. Environmental Modelling Software, 2016, 75:176-192.

[282] LI Y, LI Y, ZHOU Y, et al. Investigation of a coupling model of coordination between urbanization and the environment[J]. Journal of Environmental Management, 2012, 98:127-133.

[283] TANG Z. An integrated approach to evaluating the coupling coordination between tourism and the environment[J]. Tourism Management, 2015, 46:11-19.

[284] 马丽,金凤君,刘毅.中国经济与环境污染耦合度格局及工业结构解析[J].地理学报,2012,67(10):1299-1307.

[285] 刘浩,张毅,郑文升.城市土地集约利用与区域城市化的时空耦合协调发展评价——以环渤海地区城市为例[J].地理研究,2011,30(10):

1805-1817.

[286] GETIS A, ORD J K. The analysis of spatial association by the use of distance statistic[J]. Geographical Analysis, 1992, 24(5): 189-206.

[287] ANSELIN L. Local indicators of spatial association: LISA[J]. Geographical Analysis, 1995, 27(2): 93-115.

[288] 刘纪远,匡文慧,张增祥,等.20世纪80年代末以来中国土地利用变化的基本特征与空间格局[J].地理学报,2014,69(1):3-14.

[289] WANG J F, HU Y. Environmental health risk detection with GeoDetector[J]. Environmental Modeling & Software, 2012, 33(7): 114-115.

[290] 刘彦随,李进涛.中国县域农村贫困化分异机制的地理探测与优化决策[J].地理学报,2017,72(1):161-173.

[291] 金雨泽,李禕,李焕.南京郊区化发展的时空演化特征初探[J].现代城市研究,2015(2):11-17.

[292] 冯健,周一星.近20年来北京都市区人口增长与分布[J].地理学报,2003,6:903-916.

[293] 俞路,张善余,韩贵锋.上海市人口分布变动的空间特征分析[J].中国人口资源与环境,2006(5):83-87.

[294] 卢新海,匡兵,周敏.城市建设用地利用效率的空间非均衡及影响因素[J].中国人口资源与环境,2016,26(11):45-52.

[295] LU X H, KE S G. Evaluating the effectiveness of sustainable urban land use in China from the perspective of sustainable urbanization[J]. Habitat International, 2018, 77: 90-98.

[296] 郧文聚,宇振荣.中国农村土地整治生态景观建设策略[J].农业工程学报,2011,27(4):1-6.

[297] 龙花楼.论土地整治与乡村空间重构[J].地理学报,2013,68(8):1019-1028.

[298] 张志辉.中国城市土地利用效率研究[J].数量经济技术经济研究,2014,31(7):134-149.

[299] LU X H, KUANG B, LI J. Regional difference decomposition

and policy implications of China's urban land use efficiency under the environmental restriction[J]. Habitat International, 2018, 77: 32-39.

[300] PENG J, LIU Y X, WU J S, et al. Linking ecosystem services and landscape patterns to assess urban ecosystem health: a case study in Shenzhen City, China[J]. Landscape and Urban Planning, 2015, 143: 56-68.

[301] YANG G F, GE Y, XUE H, et al. Using ecosystem service bundles to detect tradeoffs and synergies across urban-rural complexes[J]. Landscape and Urban Planning, 2015, 136: 110-121.

[302] SAYER J, CASSMAN K G. Agricultural innovation to protect the environment[J]. Proceedings of the National Academy of Sciences of the United States of America, 2013, 110(21): 8345-8348.

[303] AMETZAGA-ARREGI I. Land use efficiency through analysis of agrological capacity and ecosystem services in an industrialized region (Biscay, Spain)[J]. Land Use Policy, 2018, 78: 650-661.

[304] 陈丹玲,李菁,胡碧霞.长江中游城市群城市土地利用效率的空间关联特征[J].城市问题,2018,09: 55-64.